U0128080

經學研究叢書

歸○解易十六講

第二集

廖慶六　著

陳序

　　一般而言，學術之研究雖然有「求異」與「求同」的兩大層面，但兩者往往形成『二元對待』的螺旋關係，也就是說，『求異』多少，既可以徹上『求同』多少；同理，『求同』多少，既可以徹下『求異』多少。這樣循環不已，就拓展了學術的領域和成果。廖先生這本《歸〇解易十六講》的大作，初看只是解析《周易》六十四卦中的十六卦，為徹下的「求異」之作，卻能徹上「求同」，──「歸〇」，因此就有既「求異」又「求同」的特色：

　　一、這本書不論卦象、不談易傳。如果以易經之形式與內容作區分，《周易》一書大致可以分成「文字卦」及「數字卦」兩個部分：「文字卦」是指經文內容，它以歷史典故及哲理意涵做為敘述主體；而「數字卦」是指數字、卦象與符號，它以卜筮及數術之論述見長。而本書之解易內容純以「文字卦」為主，不涉及象數、卦象、易例、占卜、或風水等各種易學觀點之研究。針對精簡之文字卦內容，作者期以精準之詮釋法，逐一解開經文之意涵為目的，其解易之觀念與方法，確實相當獨特。這在「求異」中又涉「求同」。

　　二、中、法兩大古文字學家郭沫若先生及法國馬伯樂教授（Henri Maspero），他們都強調中國的訓詁之學，其實就是要注意「說的字」，而不是「寫的字」。傳統易經之注釋，都偏限於「寫的字」；而本書對於內容之詮釋，頗多借助於臺灣話「說的字」之功效，並全面性深入經文「形、音、義」之考證。例如：乾卦之「亢龍」，坤卦之「不

習」，訟卦之「有孚」，大有卦之「交」、「彭」，豐卦之「蔀」，巽卦之「床」，等等字詞為是。這主要在「求異」。

三、清儒章學誠早有「六經皆史」之創見，以蒙卦及師卦為例，內有商末周初之史事關聯性，因為兩卦分別論述箕子及姜太公，兩人與周武王之間的奧妙關係；另外需卦及訟卦，則是記載紂王之子祿父，他與「三監」與「封侯」變易之間的微妙互動。近人鄒昌林亦有「六經皆禮」之論說，以豐卦為例，其中就有針對殷人重視祭祀禮儀之敘述。以史證易，以禮論易，這是作者詮釋「文字卦」經文內容，相當具有說服力之處。這主要在「求同」。

四、本書係以客觀手法撰寫而成的學術研究論文，論文撰寫格式與文章講述順序，一律分成五個段落，其中「卦爻辭之解釋」、「關鍵字辭之解釋」、及「六十四卦之聯通」三個段落，這是組構本書各講之核心內容。在撰寫各篇文章內容時，作者依科學性的學術研究方法，各篇論文之研究方法與考證依據，均參酌易經每卦內容之差異性，分別採用最妥切之研究途徑。本書雖以語言文字及歷史文獻之研究方法為多見，但對於獨特之易卦，均分別採用更有效益之研究方法。以「乾」卦為例，因為卦爻辭之意涵，隱含聖人對「宇宙」兩字的認知與詮釋。因此本書作者就利用社會學家的結構主義理論及其系統分析法，以做印證乾卦整體意涵之設計；該文就是運用語言文字、天文星象及結構主義之分析理論與研究方法，進行探索及佐證乾卦經文之意涵。再以「坤」卦為例，本卦係以月球運行及朔望天象之變化作為核心內容，論述在朔日、望日所產生的日蝕、月蝕等特殊天文景象，以及其中所蘊含的有關世事變化之義理。本文即以語言文字及天文曆法之科學研究文獻與方法應用，進行解讀坤卦之卦、爻辭。再以漸卦為例，本卦係以候鳥習性為物象，以鴻雁循序漸進為意象；對於鴻雁之遷徙、棲息、配對、繁殖、飛行，均依照六爻之順序，逐一詮釋其文

字內容。作者指出，鴻雁是大自然界候鳥之一，我們應該效法大自然精神，並以候鳥生態為師，從觀察學習中得到啟發；因此本文即以生態環境觀察法，進一步解讀「漸」卦之意涵。這在「求異」也涉「求同」。

五、書名《歸○解易十六講》，「○」象徵太極（含無極），「歸○解易」代表作者撰寫解易論文的一個期望與做法。本書是以易經原典作為唯一範本，並模擬回歸經典原著年代的時空情境，回溯三千年前作者所用語言文字的文化層次。作者也都能逐一舉證並探索易卦經文之意涵，並藉此發掘聖人原創、純正，而且充滿智慧的哲理。這主要在「求同」。

六、本書雖只收錄易經十六卦，但最重要之前八卦，最精華之乾坤兩卦，皆已收錄在本書第一集內容之中，「以有限表現無限」了。這在「求異」又「求同」。

以上特色，如以「（○）一（太極〔含無極〕）←→ 二（兩儀）←→ 多（四象、八卦、六十四卦）」的螺旋結構切入，則「求異」屬於「多 ←→ 二」、「求同」屬於「一（○）」。如此看待本書的整體思想架構，是最能突顯其重大價值的。

在出版這種好書之前夕，忝為萬卷樓圖書公司董事長兼總編輯，特為此說一些話，突出本書特色與價值，以表慶賀之意。

陳滿銘

序於萬卷樓圖書公司董事長室

2013 年 5 月 21 日

目次

第一講
淺釋易經泰卦

一　前言

　　《易經》「泰」卦，表示事事都能亨通，與他人進行交往可以通暢無阻，但是也要有適量的付出，及有充分的準備作為前提才行。「泰」字，含有通泰、安泰、天下太平之意，這是一個吉祥徵兆，它的最高表現，就是達到「國泰民安」之境界。俗話常說「三陽開泰」，正說明將有一個好的開始，表示通泰好運道即將開展。位在臺中市的國立自然科學博物館，裡面的「中國科學廳」曾設有中國人的心靈生活展示區，當中就有很多主題是與《周易》卦名或經傳內容有關，例如乾卦大象傳之「天行健，君子自強不息」；而「三陽開泰」或「三陽交泰」之「三陽」，正與泰卦之內卦，具有三個陽爻之卦象相符；另外「否極泰來」一詞，與泰卦、否卦之意涵，同樣有所關聯。事實上，中國人的宇宙觀、人生觀、社會觀，多多少少含有易經的科學精神和哲學思想，因此自古以來，中國的醫學、曆法、軍事、政治、文化，無不受到易經哲理的深遠影響。

　　大家都生活在同一個地球上，不管地域大小、距離遠近，情誼親疏，利害厚薄，包括人與人、國與國，及公司與公司、社團與社團；彼此之間的交往，都應具有基本而正確的態度與觀念，其中禮尚往來之舉動，更是拓展雙方情誼不可或缺的作法。俗話常說，抓雞總會蝕

把米，這句話是在提醒我們，如果想去追求較大利益，就必須先有付出之心理準備；如果只是拿出一點小小的成本，就能獲得較大的回報，那就與泰卦「小往大來」之哲理，互相吻合了。本文試以語言文字及歷史文獻之研究方法，探索「泰」卦經文之意涵，並依照卦爻辭之解釋、關鍵字辭之解釋、六十四卦之聯通，三個段落順序，分別撰述個人鄙見，並就教於方家。

二　卦、爻辭之解釋

卦辭：泰：小往大來，吉，亨。
譯文：論通泰之卦：付出去的較少，回報的反而較多；這是吉祥徵兆，將會得到亨通與福澤。

初九：拔茅，茹以其彙，征吉。
譯文：一面拔除田地上的茅草，同時還可吃這些茅草之根莖；拔茅草具有一舉數得之功效，對於出門遠行或征戰者，也都能因它而得到平安吉祥。

九二：包荒用，馮河不遐；遺朋亡，得尚于中行。
譯文：衣袍內很空虛，身上沒有攜帶禮物或用品；就如僅憑兩隻空手就想橫渡大河，這樣是無法闊步邁向遠方的；發一點小錢、施予一些恩惠，行事作風很忠厚踏實，因此能得到他人的尊崇。

九三：無平不陂，無往不復，艱貞無咎，勿恤其孚，于食有福。
譯文：不構築蓄水池塘，水就無法平靜；得不到對方的好意回報，是因為你沒有先對他付出善意；事情做起來備感艱辛，但只要表

現出你的智慧，就不會有禍害的；他人的誠信，不用你存疑憂慮，就讓大家一起來分享宴食與幸福吧。

六四：翩翩，不富以其鄰，不戒以孚。

譯文：態度坦蕩蕩，對待鄰邦不要炫耀你的財富；雙方如能以誠信相待，就不用互相戒惕與猜疑了。

六五：帝乙歸妹，以祉元吉。

譯文：商王帝乙迎娶后、妃生子，繁衍皇族血緣，將可以為國家帶來安康福祉，這是大好而吉祥之徵兆。

上六：城復于隍，勿用師，自邑告命，貞，吝。

譯文：高大城牆傾倒而地面回歸平坦，以後不再興兵打仗就是了；頒布命令把自己城邦百姓都管理好，這樣做很聰明，但更要謹慎小心。

三　關鍵字辭之解釋

　　在易經「泰」卦卦辭中，「泰」字，表示希望常保吉利與亨通的好現象。卦辭「小往大來」之意思，代表付出去的比較小、比較少，但所獲得的回報，卻是比較大、比較多；這代表一種吉祥之徵兆，因此事事都能順利亨通，且能得到外來的護佑與祝福。在「泰」卦之六個爻辭中，作者舉出各種不同之情境，用以說明「泰」字的真正意涵，尤其是在處理一國大事的時候，領導者之態度要能誠惶誠恐，並嚴守戒慎與誠信；與他國往來要能顧及互惠互利，並了解付出的真正意義與價值所在。祈求國泰民安，這才是為政者求「泰」的最高境界與最

終目的。在卦中，作者分別以日常生活及家國大事做為典範，聖人具體而明確的道出「泰」字的真諦。有關卦中之關鍵字辭，分別解析如下：

拔茅，茹以其彙

　　初九爻辭：「拔茅，茹以其彙，征吉。」「拔茅」，就是指拔除田間白茅草之工作，這是計畫開拓荒地或準備耕種前的一項農事。「茹以其彙」，表示可以吃白茅草的根莖。「征吉」，表示在外工作或征戰，都能因它而獲得平安吉祥。彙，植物伸展盤結之根，臺灣話發音RUI₁。茹，食也；稱呼「吃齋、吃素」的人，可以簡稱「茹素」。語文學家陳冠學（1934-2011）注解「茹」字：以臺灣話發音，「茹」（DZIAH₈），是「即」（食）TSIAH的去聲；而「食」（sit）是文言，「茹」（tsiah）是白話。[1]

　　白茅易生快長，它具有一物多用途之功能，是各地鄉間比較常見到的多年生草本科植物。白茅，又稱白茅草，學名Imperata cylindrical，俗名茅草、絲茅、茅柴、地筋。白茅的根莖曬乾以後，稱為白茅根，主治涼血止血，清熱解毒；醫藥文獻另有不同的別名，包括：茅根、蘭根、茹根（《神農本草經》），地菅、地筋（《名醫別錄》），白花茅根（《日華子本草》），地節根（《青海藥材》），茅草根（《江蘇植藥志》），甜草根（《河北藥材》），絲毛草根（《中藥志》）。[2]根據鄉土研究調查發現，白茅草從頭到尾，整枝都具有效用；白茅草之生長、特性與功用，大致如下：

　　　莖：地下莖發達，長而多節，地上部莖直立，簇生。
　　　葉：葉片狹長，呈線狀，葉緣粗糙。

花：總狀花序聚集成緊縮的圓錐花序。

果：披針形的穎果，有白色絹毛……。

分布：低海拔至平地的向陽開闊地、海濱、田埂等。

用途：食用、藥用、建築材料……。

特性：白茅喜歡陽光充足的開闊地，一片地如果被白茅佔據後，其他植物很難再立足，因為它生長綿密，且地下莖異常發達，不論以割草機割除或以火燒方式都很難根除它。……以前農村建造房子，建材幾乎全來自大自然，茅草由於葉片狹長，禾稈細緻而且輕巧，所以它常被利用為屋頂的覆蓋或牆壁的遮掩……還沒有麻疹疫苗的年代，麻疹是常見的流行疾病，尤其是小孩童，疹子伴隨高燒，常令父母擔心異常，這時常見老人帶回白茅根，和著冬瓜糖熬湯給出疹的小孩吃，因為茅根具利尿解熱、清血用。平常亦可挖出白茅的地下莖，洗淨曬乾，作為不時之需，遇有發燒或排尿不順，可以加水煎服，但身體虛寒的人，不宜服用太多。它的花採來後曬乾，置入鍋中乾炒至黑，亦可止血，有外傷時，它便派得上用場。白茅的地下莖洗淨後，細看真像甘蔗的縮小版…，湯汁甘而微甜。[3]

從以上文章可以幫助我們體會白茅或白茅根的特殊用途，以及了解如何善用白茅的各種益處。事實上，對我們來自鄉下的人而言，這些針對茅草的敘述，都是我們曾經聽過、看過、經歷過的常識與記憶。在易經泰卦之首爻，聖人就以拔白茅作為物象，讓我們知道農夫做這種整地除草工作，是相當具有多重意義的，因為他們可以一面拔除田間的茅草，同時還可利用這些茅草的根莖部分，充作蔬菜或藥物之用。

從此讓人聯想到「拔茅，茹以其彙」，是在敘說「一舉數得」之淺顯
道理。再者，對於出征遠行者來說，因為糧食供應與消熱解渴，是最
大考驗與需要面對的難題，但如果能隨時隨地採取應變措施，當有需
要之時，可以隨地拔茅草來吃它的根莖。這是懂得善用就地取材充飢
解渴之好辦法；這項舉動，頗為類似現代人的野外求生，藉此可以透
露出聖人闡述「窮則變、變則通」之人生哲理，更是作為爻辭「征吉」
兩字的最佳寫照。

包荒用，馮河不遐

　　九二爻辭：「包荒用，馮河不遐；遺朋亡，得尚于中行」。這一
爻辭之大意是，想出遠門跟人打交道，衣服口袋卻是空空如也，身上
也沒有攜帶一點小禮物或路上盤纏；若僅憑兩隻空手就想橫涉大川，
這樣做是無法邁向遠方或遠渡大地的。總要發一點小錢，施一點小恩
惠，行事作風忠厚踏實，這樣才能得到他人的尊崇。本爻辭之關鍵
字詞：包，袍也，指身上之衣袍；荒，虛、空也。不，否也；遐，遠
方。遺，棄、忘、亡失；朋，錢幣；亡，花掉。得尚，受到尊崇；中
行，忠誠踏實。

　　有一句成語「暴虎馮河」，暴虎，空手搏虎；馮河，涉水過河。
這是比喻有勇無謀，憑他空手而魯莽出去冒險的意思。《詩經·小
雅·小旻》曰：「不敢暴虎，不敢馮河；人知其一，莫知其他。」《論
語·述而》曰：「暴虎馮河，死而無悔者，吾不與也。」引申之意，
指要出遠門的人，衣袍內竟然是空空的；身上都沒有準備小禮物或必
需用品，那就像僅憑兩隻空手就想橫渡大河闖天下，這樣的吝嗇小氣
作風，是無法讓你走得很遠的。交友做人的基本道理，就是要懂得出
門前先花點小錢，隨身攜帶一點禮物，如此才會得到對方的善意與尊

崇，對於強者、富者而言，如此才能真正達到持盈保泰的最大目的。

　　古人對於「包荒」者之評語，在《全唐詩》卷二百二十五〈空囊〉篇中，有詩記曰：「翠柏苦猶食，晨霞高可餐。世人共鹵莽，吾道屬艱難。不爨井晨凍，無衣床夜寒。囊空恐羞澀，留得一錢看」。宋人劉宰〈代束促陳居士歸〉記曰：「一棹東遊久未歸，羞囊應已典春衣。淡烟疏柳鱸魚市，底事流涎對落暉。」這些詩句描述一個落魄文人，或窮困書生外遊遠行，因為身上袍囊窘乏而難堪之景況。另外，清人百一居士之《壺天錄・卷上》曰：「阮囊羞澀，行止兩難。」其用詞似乎來自宋人陰時夫《韻府群玉・十陽韻》：「晉阮孚家貧，曾攜一黑色囊遊會稽山，客問囊中何物，阮曰：『但有一錢守囊，恐其羞澀。』」這也是描寫自己貧困窘乏，身上一無所有之窘狀；對於金錢的匱乏，都會讓人感到囊中羞赧。

　　我們都知道日本人很懂交友之道，當他們要出門拜訪客戶或親友時，手中一定會攜帶一點伴手禮。有一句臺灣話，提醒拜訪親友絕對不能「空手否遐」，其說話之意境，與泰卦爻辭「包荒用，馮河不遐」之意涵，最為相似。「空手」等於「包荒」、「馮河」；「否遐」等於「不遐」。臺灣話，否認的「否」，音HOU$_2$，與「虎」之發音相同；遐邇的「遐」，音HEI$_5$，與「蝦」之發音相同。記得小時候在臺灣南部家鄉地方，曾經與童伴玩過一種「擲木比遠」之競技遊戲；當一方擲打半尺長木棒前，都必須大喊一聲「遐不遐」，表示要先讓對方知道位置「遠不遠」而預做接木棒之準備。

無平不陂，無往不復

　　九三爻辭：「無平不陂，無往不復，艱貞無咎，勿恤其孚，于食有福。」這一爻辭之大意是，如果不構築一個蓄水池塘，水就無法獲得平

靜；得不到對方的好意回報，是因為你沒有先對他付出善意；事情做起來感覺艱困難行，就必須要表現出你的大智慧，這樣才不會有禍害發生。還有，對他人的誠信，你不用去懷疑或憂慮，如此才能一起安享宴食與幸福。本爻辭之關鍵字詞，平、陂、恤。平，指水平；陂，水塘、蓄水池；恤，憂慮。水之特性是往低處流，中國地形西高東低，因此黃河、長江之水向東流。地球有公轉、自轉之現象，加上有月球之影響，因此大海之水，必有潮汐升降之效應。「秤水平」是木匠師傅做水平測量之用語，在一固定容器或較小地域範圍內，水才能有平靜或平準之狀態可言。小如水缸蓄水，中如陂塘蓄水，大如水庫蓄水，都能形成水平之效應或狀態。從水平效應或狀態引申而知，人與人、國與國、公司與公司，雙方若要保持關係平穩、往來平安，就需要預先營造一個氛圍或條件。「無平不陂，無往不復」，這就是謀求通泰之淺顯道理。

　　過去臺灣經濟以農業生產為主之時代，各地都興建有很多陂圳或水庫。早期的陂圳，或稱為埤圳，它是用來灌溉水稻蔬果的水利設施。「陂」字，與「埤」字通，臺灣話發音 PI₁；用在地名，如福建詔安之官陂，臺灣雲林之大埤。陂是天然或人工所建成的貯水池；「圳」則是經過人工的開鑿而成的水利設施。從過去先民來到臺灣的開墾歷史來看，全臺從北到南，各地都留下很多知名的陂圳，以清同治十年《淡水廳志》為例，就有記載內湖十四份陂圳、大安陂圳、後龍溪龜山大陂圳、永豐陂圳……。在我的南部家鄉，雲林縣斗六市境內也有石榴班陂圳、柴裡陂，從眾多陂圳的開設，可以窺探臺灣的水利事業史，可以了解開墾土地及發展農業的關聯性，及理解先民來到臺灣開墾之艱苦經歷。

不富以其鄰，不戒以孚

　　六四爻辭：「翩翩，不富以其鄰，不戒以孚。」翩翩，意指態度坦蕩蕩；不富以其鄰，是對待鄰邦不要炫耀你的財富；不戒以孚，敘說雙方如能以誠信相待，就不用互相戒惕與猜疑了。本爻辭敘說大國、強國，如何善待小國、鄰邦、弱國之道。《管子·重令》有曰：「地大國富，人眾兵彊，此霸王之本也，然而與危亡為鄰矣。天道之數，人心之變。天道之數，至則反，盛則衰。人心之變，有餘則驕。驕則緩怠。夫驕者，驕諸侯，驕諸侯者，諸侯失於外。緩怠者，民亂於內。諸侯失於外，民亂於內，天道也，此危亡之時也。若夫地雖大，而不並兼，不擾奪。人雖眾，不緩怠，不傲下。國雖富，不侈泰，不縱欲。兵雖彊，不輕侮諸侯。動眾用兵，必為天下政理；此正天下之本，而霸王之主也。」國雖富，不侈泰，不縱欲；這正是泰卦所要傳達的哲理。

　　《孝經·諸侯》亦曰：「在上不驕，高而不危；制節謹度，滿而不溢。高而不危，所以長守貴也。滿而不溢，所以長守富也。富貴不離其身，然後能保其社稷，而和其民人。蓋諸侯之孝也。《詩經》云：『戰戰兢兢，如臨深淵，如履薄冰。』」先秦文獻都在強調「富貴不離其身，然後能保其社稷，而和其民人」，這就是古代當政者追求「國泰民安」的最佳寫照。

帝乙歸妹，以祉元吉

　　依清人朱駿聲註解「帝乙歸妹」一詞，其文曰：「昔湯嫁妹之詞曰：『無以天子之尊乘諸侯，無以天子之富驕諸侯。陰從陽，女順夫，

本天地之義也。往事爾夫，必以禮義。」[4]朱以「商湯嫁妹」解「帝乙歸妹」，其解未註明原文出處，其說似有疑慮之虞。事實上，「無以天子之尊乘諸侯，無以天子之富驕諸侯」一語，恐有參考《白虎通得論‧嫁娶》之處，據東漢班固《白虎通得論》卷九〈嫁娶〉之內容，其文曰：

> 人道所以有嫁娶何？以為情性之大，莫若男女。男女之交，人情之始，莫若夫婦。《易》曰：「天地氤氳，萬物化淳。男女構精，萬物化生。」人承天地施陰陽，故設嫁娶之禮者，重人倫、廣繼嗣也。《大戴禮記‧保傳》記曰：「謹為子孫，嫁妻娶女，必擇孝悌世世有仁義。」……王者嫁女，必使同姓諸侯主之何？婚禮貴和，不可相答，為傷君臣之義，亦欲使女，不以天子尊乘諸侯也。《春秋傳》曰：「天子嫁女於諸侯，必使諸侯同姓者主之；諸侯嫁女於大夫，使大夫同姓者主之。」以其同宗共祖可以主親也，故使攝父事。不使同姓卿主之何？尊加諸侯，為威厭不得舒也。不使同姓諸侯就京師主之何？諸侯親迎入京師，當朝天子，為禮不兼。《春秋傳》曰：「築王姬觀於外。」明不往京師也。所以必更築觀者何？尊之也，不於路寢，路寢本所以行政處，非婦人之居也。小寢則嫌群公子之捨則已卑矣，故必改築於城郭之內。《傳》曰：「築之，禮也。於外，非禮也。」

針對爻辭「帝乙歸妹，以祉元吉」，帝乙是指何人？歷來學者專家約有二說之分：一指開創商朝之首位皇帝、大乙〔商湯〕，一指末代皇帝紂王之父親、帝乙〔名羨〕。若以先王、先公、先妣之「旬祭」及《史記‧殷本記》名單為依據，從紂王父親帝乙以上，歷代帝王諡名含有「乙」字者，計有四人；包括：報乙（二）、大乙（七）、祖乙（十八）、小乙（二六），其中數字代表出土卜辭中的祭祀次序。另外，雖

名列《史記‧殷本記》歷代商王之世次，卻未見於出土卜辭之皇帝者，只有排在最後面的武乙、帝乙兩人。[5]本爻辭之「帝乙」，是針對殷商帝王而說，但其目的與結果，卻是為了求得「福祉」，它含有藉婚嫁生子以繁衍皇族世系血統之最大祈願與福祉。《易經》泰卦敘述強國長治久安、富人追求國泰民安之各種作為，並以三千年以前的殷商王朝作為一個案例，從此特殊案例去佐證當時皇帝娶親，都是為了得到福祉之美好結果。其後周朝之禮儀更加完備，但是到秦漢卻又變質了，因此才有東漢史學家荀悅（148-209）改制之議。《後漢書‧荀韓鍾陳列傳》，載述荀悅之言曰：

> 尚主之制非古。釐降二女，陶唐之典。歸妹元吉，帝乙之訓。王姬歸齊，宗周之禮。以陰乘陽違天，以婦陵夫違人。違天不祥，違人不義。……臣聞有夫婦然後有父子，有父子然後有君臣，有君臣然後有上下，有上下然後有禮義。禮義備，則人知所厝矣。夫婦人倫之始，王化之端，故文王作易，上經首乾、坤，下經首咸、恆。孔子曰：「天尊地卑，乾坤定矣。」夫婦之道，所謂順也。〈堯典〉曰：「釐降二女於媯汭，嬪于虞。」降者下也，嬪者婦也。言雖帝堯之女，下嫁於虞，猶屈體降下，勤修婦道。《易》曰：「帝乙歸妹，以祉元吉。」婦人謂嫁曰歸，言湯以娶禮歸其妹於諸侯也。春秋之義，王姬魯主之，不以天子之尊加於諸侯也。今漢承秦法，設尚主之儀，以妻制夫，以卑臨尊，違乾坤之道，失陽唱之義。孔子曰：「昔聖人之作易也，仰則觀象於天，俯則察法於地，睹鳥獸之文，與地之宜。近取諸身，遠取諸物，以通神明之德，以類萬物之情。」今觀法於天，則北極至尊，四星妃后。察法於地，則崑山象夫，卑澤象妻。睹鳥獸之文，鳥則雄者鳴鴝，雌能順服；獸則牡為

唱導，牝乃相從。近取諸身，則乾為人首，坤為人腹。遠取諸
物，則實屬天，根荄屬地。陽尊陰卑，蓋乃天性。且詩初篇實
首關雎；禮始冠、婚，先正夫婦。天地六經，其旨一揆。宜改
尚主之制，以稱乾坤之性。遵法堯、湯，式是周、孔。合之天
地而不謬，質之鬼神而不疑。人事如此，則嘉瑞降天，吉符出
地，五難咸備，各以其敘矣。

從尊卑禮制出發，因此古人有尚左、尚白、尚主之說；以婚姻制度而
言，漢承秦制，乃有尚主之儀、尚主之制。秦漢娶公主為妻者，因尊
帝王之女，不敢言娶，故云「尚主」。尚，承奉，有奉事或仰攀之意
思。據《史記・外戚世家》記載：「是時，平陽主寡居，當用列侯尚
主」。此事表明漢武帝在位時，因平陽公主寡居，故有其左右，議找一
位諸侯來「尚主」，也就是以卑就尊、以男配女之意也。東漢荀爽於
延熹九年對策陳，力陳其弊；他的姪子荀悅作《申鑒》五篇，乃申奏
於朝，帝覽而善之。在傳統中華文化中，做人嚴守尊卑之制，這是做
人的基本禮儀與價值觀念問題，也是維持良好社會秩序的基石。上文
有關荀悅之言論，重點在於批評「尚主」說之謬，因此陳議皇帝嫁公
主，應先有降格請同姓諸侯代王主婚之禮，再有婚後從其夫婿之儀，
依古俗夫妻都以男為主，妻子雖貴為皇室公主，一但下嫁給諸侯以
後，就要以其夫婿為主，這樣才不會違背三代禮俗舊制。

四　六十四卦之聯通

易經除了卦名「泰」之外，全部經文都沒有再提到一個「泰」
字；按，甲骨、金文，「泰」字闕。泰卦上六爻「勿用師」，「師」字在
易經共有十一見，其中以師卦六見為最多，其他尚有同人九五爻「大

師克相遇」，謙卦卦上六爻「利用行師」，豫卦辭「利建侯行師」，復卦上六爻「用行師」。這些「師」字，除師卦兼具王師與軍師之意外，包括泰卦及其他諸卦之「師」，都指向軍隊或用兵之意。泰卦六四爻辭，及謙卦六五爻辭之「不富以其鄰」，表示大富強國者，絕不能以傲氣對待鄰邦；小畜卦九五爻辭「富以其鄰」，表示雖是小畜之邦，但可以和鄰國共同分享富有。關於泰卦之聯通關係，茲簡要介紹如下：

泰、否

　　亨通曰泰，閉塞曰否。泰卦與否卦，兩卦排序相鄰，如從卦象觀之，它們既是綜卦又呈錯卦之關係。《易經》六十四卦，具有這種雙重卦象關係者，只有四組共計八卦，包括泰與否，隨與蠱，漸與歸妹，既濟與未濟。泰卦與否卦，從卦辭中，可以看出兩卦所呈現的極端差異性之意涵：泰卦是「小往大來」，否卦則是「大往小來」。泰者「小往大來」，以小換大，得到的是吉、亨；否者「大往小來」，先否後喜，先有貞，才能吉。

　　在兩卦之爻辭中，卻也出現幾個相同的關鍵字詞，包括：「拔茅茹以其彙」，及「祉」與「包」兩字。以「拔茅茹以其彙」為例，泰卦曰「征吉」，否卦曰「貞吉」；兩者動作雖然相同，但適用對象與時地不同，就會產生不同之意義與結果。強富而亨通之人，出門遠行有它而得「征吉」；弱勢而幽閉之人，因逢艱難而懂得利用它，是謂「貞吉亨」。再者，泰卦是「歸妹以祉」，否卦有「疇離祉」；按，「祉」字，似以用在家族婚姻之祝福或讚美者為多見，例如《詩經・小雅・六月》：「吉甫燕喜，既多受祉」；《詩經・周頌・烈文》：「烈文辟公、錫茲祉福」；《國語・周語下》：「皇天嘉之，祚以天下，賜姓曰『姒』、氏曰『有夏』，謂其能以嘉祉殷富生物也」。另外，泰卦有「包荒」，

否卦則是「包承」、「包羞」。《易經》一字多義,「包」字,可假借為袍、胞、匏、庖等字。泰、否兩卦之「包」字,似以「衣袍」為物象,口袋與財物常被聯想在一起,要懂得如何取得與利用錢財,這才是做人的一大學問。

歸妹

泰卦六五爻辭:「帝乙歸妹,以祉元吉」。「歸妹」兩字,僅見於泰卦及歸妹卦,這兩卦均有「帝乙歸妹」之詞。「歸」字,有嫁女、返回、償還之義;「妹」字,甲骨文,從母從未,羅振玉認為:「妹從女,此從母者,古文母與女通用。」[6]據此,古文「妹」之義,意指女弟子而言。另外,易經所用「女」字,可作「你」解,如漸卦之「女歸」,意指「你」回來了;姤卦之「女壯」,意指「你」很強壯。臺灣話稱「你」為LI₂,女、你,音義完全相同。

爻辭雖然同樣是以「帝乙歸妹」為意象,但泰卦強調的是「以祉元吉」;按,「祉」字,用在家族婚姻之祝福或讚美,因此泰卦得到「元吉」。另一方面,歸妹卦強調的是「其君之袂,不如其娣之袂良」;此一爻辭之意涵,概指商王帝乙在不同時間迎娶后、妃時,新娘們所穿的禮服布料有所不同;當他迎娶君夫人時,她的衣飾比不上後來迎娶的女弟所穿之衣飾質料好看。「袂」字,指女子結婚所穿之禮服而言。

五　結論

泰卦首揭「小往大來,吉,亨」之卦辭,聖人藉此強調世間擁有最多、最好者,包括強國、富人,以及至尊的帝王,他們都想持盈保

泰，可以享有「國泰民安」之福祉。因擁有最多、最好而通泰之人，如果能從他們身上做出一點奉獻，這只能算是小事一樁，這就是卦辭「小往」之意涵。在另一方面，他們所得到的回報，可能是讓他們得以持盈保泰，並繼續享有國泰民安，天下太平之最佳狀況，這才是真正的「大來」。

　　古代有「動循矩法」之舉，因此泰卦有「帝乙歸妹，以祉元吉」之爻辭。女之相夫育子，本天地之義，古人稱這項舉動，遵循規矩禮法，合乎道德規範；就如《新唐書・諸帝公主傳》曰：「襄城公主，下嫁蕭銳，性孝睦，動循矩法。」古人有「禮尚往來」之說，表示雙方交往，不要輕忽見面之禮，對富人、強者來說，送點小禮物，或給一點援助，都可得到對方的尊敬。《易經》經文，除有一字多義、一語雙關之特色外，還具有一句「多斷」之特點。例如，初九爻辭：「拔茅茹以其彙征吉」，及九二爻辭：「包荒用馮河不遐遺朋亡得尚于中行」，自古以來之解易者，對這兩句爻辭就曾做出多種不同之斷句。古文字學家郭沫若（1892-1978）曾說：中國的訓詁之學，其實就是要注意「說的字」，而不是「寫的字」；他也引用法國漢學家馬伯樂（Henri Maspero, 1882-1945）之言論，指中國人現在還不知道在古文字的考釋以外，要注意的乃是說的字，而不是寫的字。[7]以泰卦之爻辭「拔茅茹以其彙」、「包荒用馮河不遐」為例，其中即含有臺灣話「說的字」，如「茹素」、「彙」及「空手否遐」；這些都是屬於臺灣話之「說的字」，據此再拿去對照泰卦之爻辭，即可幫助我們正確詮釋易卦經文之內容。

注釋

1　陳冠學：《臺語之古老與古典》（高雄市：第一出版社，1984 年），頁 4-5、169。

2　百度百科〈白茅根〉（http://baike.baidu.com/view/30977.htm），2013/6/1。

3　南瀛探索網頁：
http://ltrc.tnc.edu.tw/modules/tadbook2/view.php?book_sn=4&bdsn=523。

4　朱駿聲：《六十四卦經解》（臺北市：頂淵文化公司，2006 年），頁 54。

5　常玉芝：《商代周祭制度》（北京市：中國社會科學出版社，1987 年），頁 134-135。

6　羅振玉：《殷虛書契考釋》（臺北市：藝文印書館，1975 年），卷中，頁 23。

7　郭沫若：〈答馬伯樂教授〉，《郭沫若全集》（北京市：人民出版社，1984 年），歷史編，卷 3，頁 313-317。

第二講
淺釋易經否卦

一　前言

　　《易經》「否」卦，表示身處閉塞不通之環境，就像蠶被繭包住一樣。事實上，蠶（Silkworm）並沒有因被繭包住而停止生命跡象，牠還是不停地在進行牠的蛹化與羽化過程，直到破繭而出的蛾產卵子，此一時刻代表新的生命已經誕生。由此可知，如果命運不幸遭逢閉塞的人，只要他能奮鬥不懈，等他把利空出盡的那一刻，就是讓他翻身改運的時候了。相信在小學生時代，大家都有過養蠶之經驗，我們知道家蠶的一個世代，約有五十五至六十天。觀察家蠶的一生進化過程，若是從卵孵化成「蟻蠶」開始，小蠶必須不停的進食桑葉，並經過四到五齡後，才能進入最後的「熟蠶」階段。此時的大蠶，牠已擁有一條大大的身軀（五點五公分），再經過吐絲、結繭、蛹化、羽化程序後，一隻母蛾可繁殖約五百條小小的蠶寶寶（三公釐）；而大小蠶之體重，兩者前後相差竟達一萬倍之多。[1]在「否」卦中，另有「其亡其亡，系于苞桑」之爻辭，從此更可加深理解，否卦似有藉大蠶羽化成小蠶之過程，以做生命真正意義與價值之詮釋。事實上，當大蠶進入最後階段，牠必須先吐絲作繭包住自己，再經蛹化、羽化成蛾之後，這樣才能完成「大蠶死去、小蠶誕生」之一世代歷程。吾人若以家蠶的吐絲作繭現象，拿來對照《易經》卦名「否」字之意涵；及其羽化

再生前後之身軀與體重之差距，做為佐證卦辭「大往小來」之義理，即可明瞭家蠶與「否」卦，兩者確實具有非常奧妙與相似之意境。

　　「否」字，含有不或閉塞之負面意思表示，對人而言，「否」卦之精闢哲理，確可提供一個正面之啟示或訓勉，它教人處事必須要具有遠大目標與高尚智慧。當我們了解生命的真正意義以後，對於不利的環境變化，才能有逆來順受之心理準備，並甘願為將來或下一代，做出最大的奉獻與犧牲。在臺灣俗話中，「有命無得比」之意涵，可以反映古人「死生有命，富貴在天」之哲理。「否」卦中之物象，包括茅、桑、蠶，雖然都屬於平凡而易見之生物，但是它們同樣都具有較高的利用價值，它們與上古先民之生活，同樣具有相當密切之關係。本文試以語言文字、生物生態及歷史文獻之研究方法，探索「否」卦經文之意涵，並依照卦爻辭之解釋、關鍵字辭之解釋、六十四卦之聯通，三個段落順序，分別撰述個人鄙見，並就教於方家。

二　卦、爻辭之解釋

卦辭：否之匪人，不利君子；貞，大往小來。

譯文：以家蠶〔非人〕吐絲作繭來論述否卦意涵，而君子貴人有時也會因閉塞不通而處於不利之環境；人要有智慧，才能看清牠〔家蠶〕是犧牲大大身軀，並換來小小生命之羽化過程，這就是生命的真正意義。

初六：拔茅，茹以其彙，貞吉、亨。

譯文：一面拔除田地上的茅草，同時還可利用這些茅草之根莖；拔茅草之工作可以獲得多重功效，是充滿智慧之舉，且能得到吉祥與護佑。

六二：包承，小人吉，大人否，亨。

譯文：袍中有饋贈品，低層人士因此可以得到吉祥，但高官大人就必
　　　需拒絕接受奉承，如此才能獲得護佑。

六三：包羞。

譯文：享有福報的人，就如袍〔庖〕中常有饌羞美食。

九四：有命無咎；疇離祉。

譯文：命好、命壞是由先天註定的，這不是你的錯；只要能利用丘
　　　陵、山坡種植桑麻，並於黃鶯鳥鳴叫後，開始養蠶繅絲，這樣
　　　就會帶來溫暖與幸福。

九五：休否，大人吉；其亡其亡，系于苞桑。

譯文：大蠶停止進食並吐絲作繭，此時人民可以開始繅絲紡紗了，而
　　　高官大人也能因稅收無虞而得到吉祥；牠不見了！牠不見了！
　　　其實牠〔蠶〕的大大身軀，已經包在與桑葉相互牽連的繭苞之
　　　中了。

上九：傾否；先否，後喜。

譯文：蛹化、羽化成蛾，並使盡力氣、破繭而出；這就是先有閉塞，
　　　後有歡喜之感人畫面與結局。

三　關鍵字辭之解釋

　　「否」字，含有不、閉塞、及否認等多種意思。「否」字，作「閉
塞」解者，臺灣話發音為PHI$_2$；作「不」或「否認」解者，臺灣話發

音為 HOU₂，與「虎」之發音相同。清人顧炎武對《易經》否卦上九爻辭：「傾否；先否，後喜」之「否」，注曰：「古音，方彼反」。[2]古音「方彼反」，與臺灣話 PHI₂之發音同，在此作「閉塞不通」解。對於傷口即將癒合前所長出的一層肉芽組織，臺灣人稱它為「粒仔否」（LIAP₈ A₂ PHI₂）；「粒仔否」之否，一當它脫落之後，患者就會感到很舒服。另外，對於黏在煮飯大鍋底部的鍋粑，臺灣人稱它為「鼎否」（TIAN₂ PHI₂），鍋粑是過去很多鄉下人喜愛的零食之一。易經「否」卦，是以家蠶的成長與繁殖作為物象；而高級官員或貴族，或因運勢不佳，或處於閉塞不順，此時就必須善用他的智慧以對。

　　在卦中，分別有君子大人及種桑養蠶之經文內容，並以文學上的「互置」筆法（Juxtaposition）敘述爻辭之文字，作者很具體呈現「否」字之意象，並突顯先天命運及生命繁殖的意涵。全卦「否」字共有五見，卦辭首見「否之匪人」，「匪人」等於非人，「非人」在此卦中，應指家蠶為是。爻辭「大人否」之否，表示高官「不可以」接受饋贈之意思。爻辭「休否」，描述大蠶停止進食並吐絲作繭；「休」是暫停，有如休息或休克，但蠶的生命機能，卻還在繼續運作中。爻辭「傾否」，則指大蠶已進入蛹化、羽化之終極階段，最後成蛾之後，牠還要使盡力氣，並破繭而出產卵；「傾」是盡全力衝出，「否」是指蠶繭，「傾否」就是指使盡全力破繭而出之意思。最後作者再以「先否後喜」一詞，為「否」卦畫下一個完滿之結局。有關卦中之關鍵字辭，分別解析如下：

包承

　　包承之「承」字，甲骨文字形，象兩手共捧一人；《說文解字》注曰：奉也、受也。奉者，承也；受者，相付也；含有迎合、奉承之意

思。古有一例句曰：承之羞，承之以劍，皆相付之訓也。[3]「承」之古音，《唐韻》曰：署陵切，音丞；臺灣話為SHIUN（ŋ）₅，含有迎合或寵愛晚輩或下屬之意思。否卦六二爻辭：「包承，小人吉，大人否，亨。」表示社會低層人士之衣袍中裝有禮物，代表他能得到長官的特別關愛與饋贈，這也是他能得到吉祥的一個好徵兆。另一方面，「否」有「不」之意思，如果是高官大人的話，他就不能接受屬下之奉承或賄賂，這樣才能安享一生的護佑與尊嚴。再看泰卦有一「小往大來」之卦辭，這是拿來訓勉富人、尊者，高官、強國，他們要懂得對屬下或弱者施予小惠或援助，這樣才能得到更多、更大的回報，這也是營造與維繫國泰民安的重要基石。

包羞

　　爻辭「包羞」之「包」字，一字多義，在此卦中可作衣袍或庖廚解釋；「包羞」兩字，則代表那些享有福份的幸運者，在他們的家中庖廚，或外出旅遊之衣袍中，都會有饌羞美食之供應或隨行。「羞」字，甲骨文字形，象手持一物以進。《說文解字》注曰：進獻也。「羞」字之臺灣話發音，為TSAU₁，若指食物很豐盛、很精美的樣子，可稱之為「膳羞」（TSEN₁ TSAU₁）。[4]多種美味，謂之庶羞。《周禮・天官・膳夫》有曰：膳夫，掌王之食飲膳羞；鄭玄注曰：膳，牲肉也；羞，有滋味者。

　　在泰卦九二爻有「包荒」一詞，意為衣服口袋空空；兩手空空就想要去見親友客戶，這是很失禮的。否卦六三爻有「包羞」，意為庖廚有美食，或衣服口袋常有好吃的東西，代表先天好命，或不時有人向他進獻。泰卦論交友保泰之道，「包荒」，絕不是富人應該有之作為；否卦「包羞」兩字，像是送給天生好命之人的一句稱羨好話。在古代

歷史文獻中，有較多記載庶羞與禮儀相關之語句，例如《儀禮‧公食大夫禮》曰：公與賓皆復初位，宰夫膳稻於粱西。士羞庶羞皆有大，贊者辨取庶羞之大，以授賓。《禮記‧王制》曰：庶人無故不食珍。庶羞不逾牲，燕衣不逾祭服，寢不逾廟。《大戴禮‧亡國》曰：夫遠求賢而不用之，何哉？賢者之為物也，非若美嬪麗姿之可觀於目也，非若端冕帶裳之可加於身也，非若嘉肴庶羞之可實於口也。《儀禮‧宴禮》曰：公以賓及卿、大夫皆坐，乃安。羞庶羞。大夫祭薦。《荀子‧禮論》曰：饗，尚玄尊而用酒醴，先黍稷而飯稻粱。祭，齊大羹而飽庶羞，貴本而親用也。謹列數語如上，以供研究參考。

有命無咎；疇離祉

　　九四爻辭：「有命無咎；疇離祉」；本爻之意涵，在於敘述人生命運之好壞，如果命運是由先天所註定的，這也不是一個人的錯；只要你能力耕種桑，並依照時序養蠶繅絲，你就能享有溫暖與幸福。依字書解釋，「田、疇」兩字，是指經過墾殖以供農作物生長的土地；據甲骨文字形研判，「田」字像平地上之耕地，區塊大而平坦；「疇」字則像丘陵山坡地之耕地，類似梯田一般。[5]平地上之耕地，取水灌溉很方便；而山坡地之耕地，則排水性較佳。據字書注釋：樹穀曰田，它就是指種植水稻穀類的地方。《說文解字》云：田，陳也，樹穀曰田，象四口；十，阡陌之制也。「田，象四口；十，阡陌之制」，正是依「田」字甲骨文之字形作解釋。另段玉裁《說文解字注》云：疇，耕治之田也；有謂麻田曰疇者，《疏》曰：穀田曰田，麻田曰疇。[6]在實務上，平地取水容易，適合種植稻、麥，而山坡地排水性較佳，適合種植桑、麻。《管子‧牧民》曰：「藏於不竭之府者，養桑麻、育六畜也」；植桑養蠶就是為了生產蠶絲，而種植黃麻或苧麻則是要剝取纖

維。桑、麻這兩項農作物，正是古人衣著布料的最主要來源，同時也是種在平野及低海拔山區的經濟性作物。「離」，應是「黃離」或「離黃」之簡稱。據《說文解字》云：離黃，倉庚也，鳴則蠶生；從隹离聲。[7]按，倉庚，就是指黃鸝鳥，又名黃鶯或黃離；清人厲荃撰《事物異名錄・禽鳥・鶯》曰：黃離，黃鸝的別名。[8]「祉」字，福也，意指得到福祉。

　　根據研究指出，中國的養蠶術在五千多年前，由黃帝的元妃螺祖教給人民的。甲骨文中已有蠶、桑、絲、帛等字樣，中國第一部詩歌總集《詩經》，就有一篇關於採桑養蠶的詩〈豳風・七月〉；其中寫道：「春日載陽，有鳴倉庚。女執懿筐，遵彼微行，爰求柔桑。」意思是說，春天裡有好太陽，黃鶯正在歌唱，姑娘拿起高高籮筐，走在小路上，去採又肥又嫩的桑葉。這首詩說明在遠古時期，中國就已經掌握養桑，繅絲、織綢的技術了。[9]桑為多年生木本植物，品種多、分佈也廣，在平野及低海拔山區均可種植。臺灣氣候溫和，桑樹終年常綠，據報導年可養蠶六至八次，栽桑養蠶的條件得天獨厚，因此臺灣蠶業曾對繁榮農村經濟，改善農民生活，有過不少貢獻。蠶絲為動物性的纖維，具有優雅柔和亮麗高貴的光澤，並具強韌、吸濕、保暖、透氣、舒適、安全、衛生、輕便、易乾等優點，素有「纖維女王」之稱。近年來研究利用桑、蠶、繭、絲做成的產品很多，如果桑、桑果汁、桑果醬、桑果凍、桑菁茶、蠶繭花、蠶繭玩偶、蠶絲洋裝、襯衫、領帶、絲巾、布料、蠶絲被、字畫、線、紗……等等。[10]

　　再看「有命無咎」一詞，古人稱「命」者，天之所令也。臺灣人口中的「一人一條命，有命無得比」之說法，以及常被人提到的「命裡有時終須有，命裡無時莫強求」之俗話，似乎都在述說「天命」不可違的義理，這些都含有「死生有命，富貴在天」之宿命觀念。據古代文獻之記載，《論語・顏淵》載有子夏之言曰：「商聞之矣：死生有

命，富貴在天。君子敬而無失，與人恭而有禮。」《孟子‧盡心上》記錄孟子曰：「求則得之，舍則失之，是求有益於得也，求在我者也。求之有道，得之有命，是求無益於得也，求在外者也。」東漢思想家王充作《論衡》一書，他針對當時社會上讖緯盛行，社會上層和民間流行各種神秘主義進行批判，在〈命祿〉篇中，針對「有命」一詞，作者有以下之論述：

> 凡人遇偶及遭累害，皆由命也。有死生壽夭之命，亦有貴賤貧富之命。自王公逮庶人，聖賢及下愚，凡有首目之類，含血之屬，莫不有命。命當貧賤，雖富貴之，猶涉禍患矣；命當富貴，雖貧賤之，猶逢福善矣。故命貴從賤地自達，命賤從富位自危。故夫富貴若有神助，貧賤若有鬼禍。命貴之人，俱學獨達，並仕獨遷；命富之人，俱求獨得，並為獨成。貧賤反此，難達，難遷，難成；獲過受罪，疾病亡遺，失其富貴，貧賤矣。是故才高行厚，未必保其必富貴；智寡德薄，未可信其必貧賤。或時才高行厚，命惡，廢而不進；知寡德薄，命善，興而超踰。故夫臨事知愚，操行清濁，性與才也；仕宦貴賤，治產貧富，命與時也。命則不可勉，時則不可力，知者歸之於天，故坦蕩恬忽，雖其貧賤。

古人認為，貴賤在命，不在智愚；貧富在祿，不在頑慧。孔子也說過：「死生有命，富貴在天。」揚子雲則曰：「遇不遇，命也。」太史公亦曰：「富貴不違貧賤，貧賤不違富貴。」人有命，有祿，有遭遇，有幸偶。在《論衡‧禍虛》篇中，王充再度強調：

> 凡人窮達禍福之至，大之則命，小之則時。太公窮賤，遭周文而得封；甯戚隱陋，逢齊桓而見官。非窮賤隱陋有非，而得

封見官有是也。窮達有時，遭遇有命也。太公、甯戚，賢者
也，尚可謂有非。聖人、純道者也。虞舜為父弟所害，幾死再
三。有遇唐堯，堯禪舜。立為帝，嘗見害，未有非；立為帝，
未有是。前，時未到；後，則命時至也。案古人君臣困窮，後
得達通，未必初有惡，天禍其前；卒有善，神祐其後也。一身
之行，一行之操，結髮終死，前後無異；然一成一敗，一進一
退，一窮一通，一全一壞，遭遇適然，命時當也。

事實上，臺灣話「有命無得比」之說法，就是在勉勵人們要知命、認
命、惜命，並勇敢去面對現實環境；對於每一個人命運之好壞，不要
去計較它，因為人與人是不能拿來互相作比較的。另一方面，臺灣話
也有一句「三分天註定，七分靠打拼」之說法，意指人們雖然受到先
天「有命」之影響，卻也懂得後天要更努力奮鬥的重要性。反觀爻辭
「疇離祉」之意涵，就是在敘說人人都要力耕種桑，並依時養蠶繅絲，
那麼人人必能享受到溫暖與幸福的日子。

其亡其亡，系于苞桑

　　九五爻辭：「休否，大人吉；其亡其亡，系于苞桑」，意指大蠶停
止進食並吐絲作繭，此時養蠶人家可以開始繅絲紡紗了，而朝廷之高
官大人，也能因有稅收及蠶絲供應而得到吉祥。「其亡其亡，系于苞
桑」，不但用字有韻律之美，而且同樣都以家蠶之變化作為意象。「系」
字甲骨文字形，像很多蠶繭串連在一起；《廣韻》、《集韻》注曰：胡計
切，音繫；《註》應劭曰：連也。「系」通繫，《說文解字》曰：系，繫
也；《釋文》曰：繫，本系也；「繫」字，甲骨、金文均未見。「苞桑」
之「苞」，音包；據漢字之演變考證，「苞」字應始自小篆，字源應為

「包」字；「包」之甲骨文字形，像子在母體中之形。[11]「其亡其亡」一詞，敘說蠶兒牠不見了！「系于苞桑」一詞，則告訴我們大蠶的身軀，現在已經被包在與桑葉相互牽連的繭中了。漢朝王符《潛夫論・思賢》有云：

> 夫與死人同病者，不可生也；與亡國同行者，不可存也。豈虛言哉！何以知人且病也？以其不嗜食也。何以知國之將亂也？以其不嗜賢也。是故病家之廚，非無嘉饌也，乃其人弗之能食，故遂於死也。亂國之官，非無賢人也，其君弗之能任，故遂於亡也。夫生飯杭梁，旨酒甘醴，所以養生也，而病人惡之，以為不若菽麥糠糟欲清者，此其將死之候也。尊賢任能，信忠納諫，所以為安也，而闇君惡之，以為不若姦佞闒茸讒諛言者，此其將亡之徵。老子曰：「夫唯病病，是以不病。」《易》稱「其亡其亡，系于苞桑。」是故養壽之士，先病服藥；養世之君，先亂任賢，是以身常安而國永永也。

觀察古人養蠶抽絲之動作與意義，可以領會到官民之間的緊密關係；而〈思賢〉一篇之文章內容，就是從種桑養蠶之觀點出發，並引申到養生、養壽、養世，及嗜賢、尊賢、任能之重要性與關聯性；能具有這些良好之德性與賢才，國君治國才能收到最大之效益。

四　六十四卦之聯通

從遣詞用字觀察經文之聯通關係，在否卦，先有「否之匪人」作為卦辭之首，「匪人」就是非人，意指包在絲繭當中的大蠶；「否」字，在此專指蠶繭而言。對照比卦「比之匪人」，此「匪人」也是指非人之意，似有形容殷紂王之暴虐行為，有如禽獸一般。否卦九五

爻「系〔繫〕于苞桑」，及姤卦初六爻「系〔繫〕于金柅」；「桑」與「柅」，都算是上古時代的重要且珍貴之農作物。著名史學家許倬雲教授指出，柅是商代三種主要農作物之一。[12]有關《易經》姤卦「柅」之用字，筆者在《歸○解易十六講》第一集書中，已有粗淺之辨證。[13]否卦六二爻「包承」，六三爻「包羞」，對低層人士或先天命好者來說，有奉承、有膳羞，這算是得到恩賜或享受福報。恆卦九三爻辭：「不恆其德，或承之羞，貞吝」，對不恆其德的人來說，心中如果只有「承」與「羞」的追求，這樣就不會得到至親與至愛的包容。若從卦象去觀察，泰卦與否卦，兩卦排序相鄰，它們既成綜卦又是錯卦之關係。亨通曰泰，閉塞曰否；有關兩卦之聯通關係，可以參閱〈淺釋易經泰卦〉一文。[14]其他有關否卦之聯通關係，茲簡要介紹如下：

包

　　《易經》「包」字共有七見，包括屯、泰、否、姤等四卦，各卦爻辭均含有「包」字之語詞。《易經》一字多義，其中「包」字，即可假借為袍、胞、匏、庖等不同意思。屯卦之「包蒙」，「包」等於「胞」，包蒙則指胎教而言。泰、否兩卦之「包」字，包括「包荒」、「包承」、「包羞」，似以「衣袍」之解釋為佳，並與口袋中放有財物或食物之概念，被人聯想在一起的，它含有享受與奉承之意思。姤卦有「包無魚」及「包有魚」，「包」字可以看作衣袍或庖廚之意思解釋；而「以杞包瓜」之「包瓜」兩字，係指天上的匏、瓜兩座星象而言。有關屯、泰、姤諸卦之「包」字語詞，均可參閱各卦先前之解釋，於此不再贅述。

有

　　《易經》「有」字共一百二十見，在「否」卦為「有命」之「有」。「有」字，字書大都以甲骨文「屮」或「又」作為它的字源。「有」字，《說文解字》注曰：「有，不宜有也」；此說頗有商榷餘地。根據考證研判，甲骨文「有」字之字形，應該是根據禾黍雌雄授粉以後，開始有粉漿產生而使重量逐漸增加，因此才讓穗稈形成垂頭之狀態，這樣才能像甲骨文「有」字之字形，並且真正吻合「有」字之本意。事實上，我們若以漢字源流作為分析，就可了解《說文解字》之注解有誤；依理篆文之「有」字，應依據金文之「有」字而來，而金文之「有」字，理應根據甲骨文之「有」字而來，如此就不會作出「不宜有」之解釋。在另一方面，雖然甲骨文「有」字與「又」字，兩個字形看來頗為相似，但是漢字演進到金文時，「有」字與「又」字，其字形就已有很大之區別。《說文解字》恐以金文「又」字作為依據，因此才發生「有，不宜有也」之誤解。另有字書指出：甲骨文「屮」字，亦作「有」解；並引《甲骨文編》之解曰：「屮，此字不知偏旁所以從，以文義覆之，確與有無之有同義，今系於有字之後。」[15]其說尚可信從。

　　據說日治時代小學生上修身課，第一課就是教導「禮貌」之課題，書中提到日本人是以鞠躬點頭表示行禮；而有禮貌者點頭行禮，就是代表此人很有知識、有修養並深知禮節的重要性，就像稻穗因經授粉而含有粉漿，致使穗稈慢慢呈現垂頭鞠躬之樣子。觀之「大有」卦，這正是代表稻、麥穀物「大豐收」之一卦；卦中「有」、「交」兩字之甲骨文字形，同樣都與禾黍之長相有關。關於大有卦「交」字之考證與注釋，可以參考《歸〇解易十六講》一書第一集之內容，於此

不再贅述。[16]

五 結論

在蔣中正總統（1887-1975）嘉言錄中，有一句名言提到「生命的意義，在創造宇宙繼起之生命」，這是敘述生命繁衍的最大意義之所在。原產於中國的家蠶（Silkworm），在人類經濟生活及歷史文化上佔有很重要的地位；「否」字，表示身處閉塞不通之環境，就像大蠶被繭包住一樣。據報導，中國蠶桑絲織技藝於二〇〇九年九月被聯合國教科文組織（UNESCO）列入《人類非物質文化遺產代表作名錄》（Intangible Cultural Heritage）。蠶桑絲織是中國古代的偉大發明，迄今已有五千年的歷史，是中華民族認同的文化標識。這一遺產包括栽桑、養蠶、繅絲、染色和絲織等整個過程的生產技藝，其間所用到的各種巧妙精到的工具和織機，以及由此生產的絢麗多彩的綾絹、紗羅、織錦和緙絲等絲綢產品，同時也包括這一過程中衍生的相關民俗活動。[17]解讀「否」卦之意涵，及觀察家蠶的世代繁殖過程，即可印證蠶桑生態對世人的影響與貢獻。在「否」卦中，包括卦辭「否之匪人」，爻辭「休否」、「傾否」、「疇離祉」、「系于苞桑」，均可看到養蠶的身影；我們從家蠶的一生進化過程中，看到牠的身軀與生命，確有極大的變化關係，這就是卦辭「大往小來」之哲理。人們處理事情常有一體兩面之差異效果，以「包承」為例，它表示接受饋贈之意思，對低層者〔小人〕而言，他可以大大方方接受上層之饋贈而得「吉」；但是對高官者〔大人〕而言，他卻要懂得說出「不」字才能得「亨」，這就是爻辭「包承，小人吉，大人否，亨」之意涵。爻辭「休否」，是指大蠶吐絲做繭，生命暫時呈現休息狀態；爻辭「傾否」，是大蠶在繭中進行蛹化、羽化過程，最後成蛾並使盡全力破繭而出。爻

辭「先否後喜」，則為「否」卦、蠶寶寶、及君子大人，共同做出一個
結局很圓滿之詮釋。

　　以現代電影拍製或文學寫作之手法為例，「蒙太奇」（Montage）
或「並置法」（Juxtaposition），稍可拿來佐證「否」卦之卦、爻辭的
寫作技巧。根據學者研究，由俄國人謝爾蓋‧愛森絲坦（Russian:
Sergei Mikhailovich Eisenstein, 1898-1948）首創之蒙太奇理論（Montage
Theory），就是一種大量使用剪接的電影拍攝手法；在法語中，蒙太
奇有「組合」的意思。俄國導演愛森絲坦在他的電影中即大量使用蒙
太奇手法，如波坦金戰艦（The Battleship Potemkin）、十月（October）
等電影。愛森絲坦認為，蒙太奇是電影藝術的基礎，且電影剪接應使
用「辯證的」（Dialectical）手法。意思就是：兩個衝突的鏡頭產生出
一個全新的概念，也就是A鏡頭與B鏡頭的碰撞產生出全新的C鏡頭，
而不是A、B的融合。愛森絲坦還提到，轉變的過程不應是平穩而順
利的，應該是劇烈的衝撞與擺盪，平穩的轉變是一種錯誤。[18]英文本
辭書對於「蒙太奇」之解釋，認為：Montage is an idea that arises from
the collision of independent shots；[19]另外對於「並置法」之解釋，學者
認為：Juxtaposition is the act or placement of two things（usually abstract
concepts）near each other.[20]

　　以今論古，從「否」卦之章法結構中，即可見識到「蒙太奇」或
「並置法」之筆法應用，例如卦辭：「否之匪人 vs. 不利君子」；爻辭：
「有命無咎 vs. 疇離祉」，及「休否，大人吉 vs. 其亡其亡，系于苞桑」。
這些具有「並置法」特色之卦、爻辭內容，可以突顯聖人創作經文的
獨特寫作技巧。事實上，否卦與現代人為了發揮作品視覺效果，所採
取的新穎觀念與作法，可謂古今相互輝映。再者，卦中「匪人」，「疇
離」，「休否」，「苞桑」，「傾否」等用詞，是以種桑養蠶有關之事物作
為物象，它們含有傳統社會男耕女織之特殊意涵。在另一方面，「不利

君子」、「有命無咎」、「大人否」、「大人吉」等用語，則在論述君子高官，他們如何面對人生命運之挑戰，以及如何展現高尚智慧的重要性。另外，臺灣話「有命無得比」之說法，與否卦「有命無咎」之爻辭，兩者意涵最為相似；而俗話「否極泰來」之觀念，與否卦「先否後喜」之爻辭，兩者意境亦有相通之處。

注釋

1 行政院農業委員會蠶桑館（http://kmweb.coa.gov.tw/），2013/6/18。

2 顧炎武：《音學五書》（北京市：中華書局，2005 年），頁 359。

3 《漢典‧承》（http://www.zdic.net/z/1a/zy/627F.htm），2013/6/18。

4 陳冠學：《臺語之古老與古典》（高雄市：第一出版社，1984 年），頁 244。

5 王延林：《常用古文字字典》（上海市：上海書畫出版社，1987 年），頁 698-699。

6 《漢典‧疇》（http://www.zdic.net/z/1f/kx/7587.htm），2013/6/22。

7 《漢典‧離》（http://www.zdic.net/z/27/sw/96E2.htm），2013/6/22。

8 《漢典‧黃離》（http://www.zdic.net/c/4/10f/293886.htm），2013/6/22。

9 中國百科：（http://gb.cri.cn/chinaabc/chapter14/chapter140506.htm），2013/6/22。

10 財團法人臺灣區蠶業基金會：（http://www.silkworm.org.tw），2013/6/22。

11 高樹藩：《正中形音義綜合大字典》（臺北市：正中書局，1977 年），頁 163。

12 許倬雲：《西周史》（臺北市：聯經出版公司，1984 年），頁 27。

13 廖慶六：《歸○解易十六講》（臺北市：萬卷樓圖書公司，2013 年），頁 174。

14 廖慶六：〈淺釋易經泰卦〉，《國文天地》第 29 卷第 1 期（總 338 期）（2013 年 7 月），頁 110 - 119。又收入本集第一講，頁 1-16。

15 王延林：《常用古文字字典》（上海市：上海書畫出版社，1987 年），頁 402。

16 廖慶六：《歸○解易十六講》（臺北市：萬卷樓圖書公司，2013 年），頁 126。

17 中國絲綢博物館：（http://www.chinasilkmuseum.com/activities/detail_4069.html），2013/6/23。

18 張容華翻譯：「蒙太奇理論」（Montage Theory）：（http://potemkin.pixnet.net/blog/post/3482497），2013/6/23。

19 Giannetti, Louis: "Montage Theory", Understanding Movies（New York: Pearson Inc., 2013）。

20 "Juxtaposition", Wikipedia（http://en.wikipedia.org/wiki/Juxtaposition），2013/6/23。

第三講
淺釋易經同人卦

一　前言

　　臺灣話稱呼同姓的人為「同的」（TONG₅ E₅），表示他們是來自同一個始祖，他們可能擁有相同父系血緣之親密關係。人與人之互相交往，雖然是初次見面，一旦你知道對方與你同姓時，即可用「同的」稱呼對方，因此兩者之間的關係，也可馬上拉近距離並帶來更友善的對待。事實上，若要論述人與人之間的關係，其牽涉層面範圍卻也相當廣大複雜，包括從親屬關係到同姓、同學、同事、同鄉、同黨、同胞等關係……，這些不同層面的關係，我們可以用「同人」一詞，作為概括性說明他們處於友好情況下的表現。一般相信，《易經》之成書年代背景，當在殷末、周初那個時候，當時的國家社會因已發生重大變化，尤其在統治者已變成不同姓氏族群的情況下，更會影響人事關係大變動。政治環境改變會影響人事關係之發展，因此人們為了生存與相處，做人態度與交友對象就必須做出適當的調整。

　　在古代歷史文獻中，對於後來殷商舊民之動向發展，尚保有一些相關之記載。例如《史記・周本紀》曰：「成王既遷殷遺民，周公以王命告，作多士」，這是針對「三監之亂」以後，周成王命周公遷殷民於洛邑的政治實況。另外在先秦典籍文獻中，更有多篇關於殷族之記載；例如《左傳・定公四年》所記的「殷民六族」，皆是商朝子姓之

族，而姓族之下又分別為宗氏（宗族）、分族（家族）。再如《尚書・周書・多士》篇之「多士」，而《詩經》也有三篇言及「多士」，其中〈清廟〉這一詩篇的「濟濟多士」，正是敘述春秋時代的衛國百姓，本來就是殷民。事實上，自從周武王翦商滅紂以後，當時商族人士之命運，確實面臨重大之改變，其中有很多舊朝官員與戰士，甚至有機會繼續去為周朝效勞服務。從此歷史文獻可以理解，凡言及「多士」者，應該都與殷民有關。

　　《易經》「同人」卦，以成語「同人」表示上情下通，描述人與人的和好關係，並強調人要能擴大心胸與視野，以同和精神去與他人相處，這樣才能促進社會和諧與全民團結。「同人」者，與人同也；「同人」一詞，具有化異求同之行為表現，並以化敵為友作為尊貴理想。回顧上古歷史，從周武王在世時「三監」諸侯與紂子祿父發展出「同人」和好關係，及後來殷民「多士」對周朝統治者的貢獻，即可看出殷、周兩大族姓，他們都能體認出和平相處之好處；大家能夠一齊共事為國，這才是邁向世界大同的重要關鍵。東漢經學家鄭玄（127-200），曾對卦名之註解曰：「猶人君在上施政教，使天下之人，和同而事之；以是為人和同者，君之所為也，故謂之同人。」在卦辭中有「利涉大川」一詞，意指人若能有通天下之志，則將行遍天下而無阻。俗話常說：在家靠父母，出外靠朋友；有各種好朋友的幫忙，路才能走得更寬、更順、更遠。本文試以語言文字及歷史文獻之研究方法，探索同人卦經文之意象，並依照卦爻辭之解釋、關鍵字辭之解釋、六十四卦之聯通，三個段落順序，分別撰述個人鄙見，並就教於方家。

二　卦、爻辭之解釋

卦辭：同人：同人于野，亨；利涉大川，利君子貞。

譯文：論述同人之卦：在廣大地域範圍內，能夠與他人和同共處，這樣才能得到護佑；有利於大家行遍天下，有利於諸侯貴族統治屬民；聰明的人才能有通天下之志。

初九：**同人于門，無咎。**

譯文：〔近親無害〕自家人和同共處，是不會有災禍的。

六二：**同人于宗，吝。**

譯文：〔同宗無喜〕要與人和同相處，卻只侷限在同一宗族範圍內；這樣的眼光格局，就未免太過於狹隘了。

九三：**伏戎于莽，升其高陵，三歲不興。**

譯文：〔戰略佈局〕將兵力埋伏在城外的草叢中，同時也升高陵地以利監視城內之行動；可是他們駐留此地之時間，都已過了三年的光陰歲月，卻也看不到有興兵攻城之動作。

九四：**乘其墉，弗克攻，吉。**

譯文：〔高牆無憂〕有一高聳城牆可以憑恃護衛，讓對方無法輕易攻進城內，這樣是可以得到平安吉祥的。

九五：**同人，先號咷後笑，大師克相遇。**

譯文：〔化敵為友〕與他人和同相處的過程，剛開始都會有驚恐與咆嘯之情況，但經過一番言語溝通後，彼此關係也就因為釋懷而歡笑；其情況有如大軍對峙，先是兩軍相遇並擺出交戰陣勢，但經過雙方一番訊息傳達後，大家終於能夠釋疑而相安無事了。

上九：同人于郊，無悔。

譯文：〔同人無悔〕與他人和同相處，雙方先在郊外展開友好交往，事後也就不會有後悔之心了。

三　關鍵字辭之解釋

「同人」者，與人同也。考「同」字之音、義，據《康熙字典》引《唐韻》、《正韻》曰：徒紅切，《集韻》、《韻會》曰：徒東切，從音桐；《說文解字》曰：合會也，《玉篇》曰：共也，《廣韻》曰：齊也，共也，合也。「同」之甲骨文字形，從凡、從口；凡，皆也，眾人說話皆相同，表示眾人口徑皆一致也，這就是「同」字的本意。高樹藩註解曰：「從口之口作言語之言解，凡人所言互相重覆，是其義相合而其意得會。」[1]臺灣話「同」字有二音之分，白讀音「徒東切」（TONG₅），例如同事（TONG₅ SU₇）；文讀音「徒紅切」（TANG₅），例如同心（TANG₅ SIM₁）。「同」的相對義字，是「異」；《墨子・經說下》謂：「所謂非同也，則異也。同則或謂之狗，其或謂之犬也；異則或謂之牛，牛或謂之馬也。俱無勝。」句中狗、犬之名稱雖有異，但概念相同，因其動物屬性分類是一樣的。卦名「同人」是一句成語，表示各人雖有異志，說話口徑卻能相同；以卦名說明人與人之間，應該能夠上情下通，彼此可以溝通良好。上情下通，這是君臣和平相處之道；以當時殷亡、周興的歷史為背景，商、周兩族人士應該思考和平共處的好處，這才是表現政治智慧的契機。

在歷史文獻中，對於殷商舊民之動向發展，仍有一些相關記載。《史記・周本紀》記載曰：「成王既遷殷遺民，周公以王命告，作多士。」這是描述發生「三監之亂」以後，周成王命周公遷殷民於洛邑的政治實況。據學者研究指出，周初遷往洛邑的殷民並非一般的遺民，

其中大多數還是與商王有血緣關係的同姓貴族。[2]自從周武王翦商滅紂以後，那些商族人士之命運，確實面臨重大之改變，其中有很多舊朝之官員與戰士，甚至有機會繼續去為周朝效勞服務。據李辰冬教授（1907-1983）研究指出，《詩經》內容有用「多士」成語的共三篇，其中在〈清廟〉這一詩篇的「濟濟多士」，正是敘述春秋時代的衛國百姓，本來就是殷民；當時的衛國行徵兵制，該國出征的士兵，也就是殷民之後裔。他進一步舉《尚書‧周書‧多士》篇之「多士」，用它來佐證《詩經》之「多士」成語；他認為凡言「多士」者，都與殷民有關。[3]另據考古學家陳夢家（1911-1966）研究指稱，《左傳‧定公四年》所記的「殷民六族」，皆是子姓之族，姓族之下又分別為宗氏（宗族）、分族（家族）。此等關係，相當於《左傳‧襄公十二年》所述的「同姓於宗廟，同宗於祖廟，同族於禰廟」；是故魯為姬姓，臨於周廟；為邢、凡、蔣、茅、胙、祭，臨於周公之廟」。殷民六族皆子姓，臨於宗廟；六族分別臨於其祖廟，分族分別臨於其禰廟。[4]

　　本卦之卦名為同人，「同人」者，與人同也；具有「同人」及「同仁」之雙重意義，含有人物對象不同與地域範圍大小之區分。東漢鄭玄對卦名之註解曰：「猶人君在上施政教，使天下之人，和同而事之；以是為人和同者，君之所為也，故謂之同人。」[5]清朝段玉裁《說文解字注》曰：同，合會也，口皆在所覆之下，是同之意也。從甲骨文字形觀之，「同」字从凡、从口，具有同口、同心之意。

另據研究指出，古文同的造字本義，是指眾人在興樁夯地時，用號子統一用力之節奏。字形「凡」，是指眾人夯地的多柄夯樁；字形「口」，是指勞動號子，表示夯地的號子。[6]在同人卦之卦、爻辭中，共有「同人于野」、「同人于門」、「同人于宗」、「同人于郊」等四個不同用語。在「野、門、宗、郊」四個不同層次與範圍上，讓我們見識到政治地域與宗族人事發展的關係。茲依卦、爻辭之先後順序，分別詮釋本卦經文之關鍵字辭如下：

同人于野

　　卦辭曰：「同人于野，亨；利涉大川，利君子貞。」此一卦辭是在論述「同人」之意象與哲理，經文表示在廣大地域範圍內，能夠與他人和同共處者，這樣才能得到護佑。事實上，聰明的統治者能有通天下之志，如此才有利於大家行遍天下，有利於諸侯貴族統治屬民。《說文解字》曰：野，郊外也；地距王城二百里以外至三百里曰野，這是指廣遠之處。同人于野之「野」字，屬一字多義，它含有曠野，取遠與外之義；另作在野解，代表與朝廷對稱的在野者；據此可以理解，「同人于野」之意涵，一方面表示在政治上，君臣上下相同；一方面表示在地域上，遠近異族間的合同共處。「同人于野」一詞，表示人間可以呈現出世界大同之境界。「大同」可以反映「同人」的最高境界，因此古聖先賢曾對「大同」兩字，做出更宏觀的詮釋，例如《呂氏春秋‧有始》曰：「天地萬物，一人之身也，此之謂大同。」另外在《禮記‧禮運》篇中，也有如下之文字內容：

昔者仲尼與於蠟賓，事畢，出游於觀之上，喟然而嘆。仲尼之嘆，蓋嘆魯也。言偃在側曰：「君子何嘆？」孔子曰：大道之行也，與三代之英，丘未之逮也，而有志焉。」大道之行也，天下為公。選賢與能，講信修睦，故人不獨親其親，不獨子其子，使老有所終，壯有所用，幼有所長，矜寡孤獨廢疾者，皆有所養。男有分，女有歸。貨惡其棄於地也，不必藏於己；力惡其不出於身也，不必為己。是故謀閉而不興，盜竊亂賊而不作，故外戶而不閉，是謂大同。今大道既隱，天下為家，各親其親，各子其子，貨力為己，大人世及以為禮。城郭溝池以為固，禮義以為紀；以正君臣，以篤父子，以睦兄弟，以和夫婦，以設制度，以立田里，以賢勇知，以功為己。故謀用是作，而兵由此起。禹、湯、文、武、成王、周公，由此其選也。此六君子者，未有不謹於禮者也。以著其義，以考其信，著有過，刑仁講讓，示民有常。如有不由此者，在勢者去，眾以為殃，是謂小康。

又，《文始真經 • 三極》篇曰：

關尹子曰：「聖人之治天下：不我賢愚，故因人之賢而賢之，因人之愚而愚之；不我是非，故因事之是而是之，因事之非而非之。知古今之大同，故或先古，或先今；知內外之大同，故或先內，或先外。天下之物，無得以累之，故本之以謙；天下之物，無得以外之，故舍之以虛；天下之物，無得以難之，故行之以易；天下之物，無得以窒之，故變之以權。以此中天下，可以制禮；以此和天下，可以作樂；以此公天下，可以理財；以此周天下，可以禦侮；以此因天下，可以立法；以此觀天下，可以制器。聖人不以一己治天下，而以天下治天下。天

　　　　下歸功于聖人，聖人任功于天下。所以堯、舜、禹、湯之治天

　　　　下，天下皆曰自然。」

《尚書‧周書》之〈洪範〉篇有曰：「汝則有大疑，謀及乃心，謀及卿
士，謀及庶人，謀及卜筮。汝則從，龜從，筮從，卿士從，庶民從，
是之謂大同。」這是殷商聖人箕子呈送給周武王的一項建言，希望新的
君王能夠廣求各方意見，這才是邁向世界大同的好方法。

同人于門

　　初九爻辭：「同人于門，無咎。」意指和一家人和同共處，因為大
家同屬一個家族，在家長嚴格治理下，彼此比較不會計較利害與發生
口角，因此少有災禍會發生。臺灣話對於一些親屬關係，還保留一個
比較古老而特殊之稱呼，例如稱同姓之人，曰「同的」（TONG₅ E₅）；
另外，稱「連襟」為「同門」（TANG₅ MNG₃），稱「妯娌」為「同
姒」（TANG₅ SAI₇）。[7]在過去傳統社會或宗族文化的氛圍中，包括「同
的」、「同門」、「同姒」等成語，都很貼切說明近親之間的關係，同時
這也是爻辭「同人于門」一詞的最佳詮釋。

同人于宗

　　六二爻辭：「同人于宗，吝。」意指與他人和同相處，其交往活動
範圍卻侷限在同一宗族範圍內，這樣的見識與格局，就未免太過拘泥
與狹隘了。本爻辭所論述之時光背景，似乎指向殷商滅亡後之一段時
間內，當時的人物與環境變遷，已為社會組織帶來必然的互動關係，
因此提醒大家要調適人際交往之範圍。「同人于宗」之宗，《說文解字》

解曰：尊祖廟也；段玉裁注曰：凡言大宗、小宗，皆謂同所出之兄弟所尊也。《爾雅・釋親》曰：「父之黨為宗族」，意指同出父系血統之人們，稱之為宗族，也就是具有同姓、同祖等關係的男系血緣團體。據《左傳・襄公十二年》所載：「同姓於宗廟，同宗於祖廟，同族於禰廟」。在傳統宗族文化社會中，有大宗、小宗之分，及宗廟祭祀之嚴肅禮儀。《禮記・大傳》曰：「別子為祖，繼別為宗。繼彌者為小宗。有百世不遷之宗，有五世則遷之宗。百世不遷者，別子之後也，宗其繼別子之所自出者，百世不遷者也；宗其繼高祖者，五世則遷者也。」事實上，凡始封者之嫡長子，其後以嫡長子世世繼承者，為大宗。庶子之始封者，其後以長子繼承者，為小宗。大宗百世不遷，此一世系永稱大宗；小宗則傳至第五代，另分出各支小宗。不管是百世不遷之「宗」，或五世而遷之「宗」，他們同樣屬於同一姓氏；爻辭「同人于宗」，表示與人和同相處之對象，僅限於同一姓氏之人。事實上，商、周是不同之族姓，商為子姓、周為姬姓，如果兩姓不相往來，那就無法攜手共締一個大同世界了。

伏戎于莽

　　九三爻辭：「伏戎于莽，升其高陵，三歲不興。」意指暫時把兵力埋伏在城牆外的草莽中，同時也升高陵地以利監視城內之一舉一動；他們駐留此地之時間，都已經過三年的光陰歲月，卻還看不到有興兵攻城之動作。「伏戎于莽」一詞，表示這是軍隊駐守的一種戰略佈局，「升其高陵」則是升高陣地以利監視敵方行動。考「戎」字之義，兵也；《禮記・王制》曰：西方曰戎，被髮衣皮，有不粒食者矣。「兵戎相見」，以「戎」稱敵方之兵，似乎含有鄙視或敵意。「戎」字，外夷之總稱，或指域外異姓之人，例如《左傳・襄公十四年》曰：「我諸

戎飲食衣服不與華同，贄幣不通，言語不達」之句。「莽」字之音、義，《唐韻》、《廣韻》曰：莫朗切，《集韻》、《類篇》曰：模朗切，從音蟒。「莽」字，具有草木深深之樣貌，而其甲骨文字形，就好像有一隻狗或狼躲藏在四週長滿草叢的樣子；觀其形態，頗像有一隻掠食者（Predator）老虎或獅子潛伏在草叢中，且牠豎起耳朵並虎視眈眈在搜尋獵物，有如準備隨時衝出草叢去捕殺獵物般。事實上，當周武王滅掉紂王時，他隨即在殷都封立紂子祿父（武庚），且派自己的親弟弟管叔、蔡叔、霍叔等人，來到商邑朝歌城之周邊，並武裝起來以便就近監督紂子祿父。當武王崩、成王繼位，隨即不幸發生「三監之亂」；考其事變原因，據說是與成王年幼而周公攝政有關，因此引起管叔、蔡叔、霍叔等兄弟的不滿而起來叛變。事實上，在這一歷史事件尚未發生前，姬姓的「三監」諸侯與子姓的紂子祿父，他們雖分處於商邑舊城之內外，卻已慢慢發展出比較友好之關係。爻辭「三歲不興」一語，意指周武王在位期間，姬、子兩姓間，彼此至少有三年光陰是保持相安無事的。換句話說，當時「三監」諸侯還沒有「出草」，他們並未對祿父採取任何軍事行動，甚至彼此已經建立起「同人」之良好關係。

「莽」字之甲骨文字形

同人于郊

　　上九爻辭：「同人于郊，無悔。」意指與他人和同相處，可以從郊外相互接觸開始；從此郊外地方溝通認識，並慢慢地開展和好友善的

新關係。事實上，只要你心存善意與人和合相處，事後也就不會後悔了。「同人于郊」之郊，《說文解字》曰：距國百里為郊；《爾雅・釋地》曰：邑外謂之郊。《左傳・襄公二十一年》曰：將逃罪，罪重於郊甸；杜預注曰：郭外曰郊，郊外曰甸。據此可知，邑外之郊地，距離國都不遠，這裡的地理位置相當重要，這裡是進出城門、人來人往的必經之地。在本卦之六個爻辭內容中，共有九三、九四、九五，三個爻辭是在描寫駐軍、城墉、相遇等相關事宜，從此可以看到敵我雙方先從強勢對峙，再轉化為「同人」的發展過程。最後在上九爻辭「同人于郊，無悔」中，作者鄭重點出「同人」之結局，並突顯「郊地」在地理位置上的重要性。據此可知，古代之「郊」是促成「同人」的機緣所在；能走出城堡去進行交會往來，藉此可以達成化敵為友之目標，事後當然是無怨無悔了。

四　六十四卦之聯通

《易經》六十四卦中，卦名有兩個字者，共有十六卦，包括：小畜、同人、大有、噬嗑、無妄、大畜、大過、習坎、大壯、明夷、家人、歸妹、中孚、小過、既濟、未濟；其餘各卦，均屬於單詞之卦名。有人說，成語是東亞特有的語言形式，它存在於漢語、日本語、朝鮮語、越南語等語言中；它是一個固定短語，表達了一個固定的語意，常帶有歷史故事及哲學意義。[8] 成書於三千年前的《易經》，當時即有眾多成語作為卦名，從此可以看出，漢字語文已具有悠久的發展歷史。從《易經》六十四卦之內容觀之，同人卦及漸卦之遣詞用字，頗有相似之處。漸卦之六個爻辭，分別以鴻雁所在地的不同位置取象，並敘述牠們如何孵蛋生子、覓食嬉戲、尋伴交往、或遷徙飛行，等等不同階段的生活狀況。六個爻辭之首句，依序為：鴻漸于干、鴻

漸于磐、鴻漸于陸、鴻漸于木、鴻漸于陵、鴻漸于逵。若從漸進成長
角度觀之，這是敘述飛鳥從低處到高處的生活與學習階段；從水中、
地面、山丘、到天空，其活動範圍逐漸往上提升，最後翱翔於廣闊之
天空中。[9]同人卦之經文內容，是由卦辭同人于野，及爻辭同人于門、
同人于宗、同人于郊構成。同人卦之卦、爻辭內容，分別以不同地域
與對象，說明形成同人之利益層次；如要得到同人之利益，交往範圍
就要越大越好。事實上，鴻雁平安長大並翱翔於廣闊之天空，及人們
化敵為友並達成「同人于野」及「利涉大川」；論其境界與意涵，兩卦
似屬吻合。

　　另一方面，從《易經》卦序觀之，同人卦排在否卦之後、大有卦
之前。宋朝程頤在其《易程傳》曰：「物不可以終否，故受之以同人。
夫天地不交則為否，上下相同則為同人；與否義相反，故相次。又世
之方否，必與人同力乃能濟。同人，所以次否也。」「同人」是一句
成語，其理想與境界，可以從化敵為友，到世界大同皆屬之。本卦之
經文內容，有些用字含有比較濃厚的政治意味，例如：野、郊、莽、
墉，君子、伏戎、大師等等；這些字詞多少反映出，殷末、周初政治
環境改變時候的一些實況。我們從經文內容看「郊」、「野」兩字，似
乎又與紂子祿父及三監故事有所關聯。謹以「郊」字為例，簡要說明
六十四卦之聯通關係如下：

郊

　　在《易經》全部經文中，「郊」字共有四見，分別在需卦、小畜
卦、同人卦、小過卦。其中，小畜卦和小過卦之卦辭或爻辭，各有一
句「密雲不雨，自我西郊」之內容。兩卦藉此文字，形容小畜或小過
之不能成大，猶如西郊天上之烏雲，還不夠濃厚而下不起雨水。經文

似有針對特定而喜愛之人物或地方，因他寄以厚望而懷有期待之意；以當時所見所聞，他們的表現尚有不如人意之處。另外，在需卦初九爻辭有「需于郊」，在同人卦上九爻辭則有「同人于郊」；兩卦之辭，一在初九爻、一在上九爻。從兩卦經文內容觀之，「郊」字概指大邑城外之地方，這裡原是提供百姓住居、耕作或交易、生活之場所，亦可作為軍隊駐紮護城或監視城邑的地方，其地理位置對於城內、城外之人員來說，均顯得很重要。據《史記・周本紀》之記載，在殷紂滅亡後，周武王隨即在大邑朝歌，封紂子祿父、以續殷祀；又封弟叔鮮於管，弟叔度於蔡，可以就近監視殷之舊民。但是不久武王崩，管叔、蔡叔群弟疑周公，與武庚（祿父）作亂，畔周；這就是周初所發生的「三監之亂」故事緣由。從此件悽慘故事背景，讓我們聯想到政治人物與環境之無情與現實。俗話常說世事多變而難料，爻辭「需于郊」及「同人于郊」，與後來發生「三監之亂」；對照兩者之間的發展，確實已有很大之波折與變化。

五　結論

　　同人者，與人同也；包括同口、同心、同俗、同倫、同軌等要求與標準。程頤《易程傳》曰：「上下相同，同人之義也……夫同人者，以天下大同之道，則聖賢大功之心也。」本卦首句內容，就是卦辭「同人于野，亨」這是強調與人相處，含有上下一致、遠近和同之最佳利益與尊貴境界。「同人于野」之意涵，一方面表示在政治上，君臣上下同心；一方面表示在地域上，遠近異姓之間的和合共處，表示人間可以共創一個世界大同之境界。同人卦之經文內容，除卦辭「同人于野」外，爻辭中還有「同人于門」、「同人于宗」、「同人于郊」等語。卦、爻辭內容分別以不同地域與對象，說明形成同人之層次利益；也就是

同人之範圍，要能越大越好。「同人于門」、「同人于宗」，表示格局或範圍還太小；而「同人于郊」、「同人于野」，表示要擴及異姓或遠方之人。事實上，殷王子祿父及周諸侯三監，可以代表子姓及姬姓之間，他們已經開始展開化敵為友之歷史新頁，這也是用來詮釋「同人」的一個好典範。

　　《易經》之經文內容，通常是以物象說明意象，並藉意象闡述哲理。審同人卦之物象，當以九三爻辭「伏戎于莽，升其高陵，三歲不興」最為關鍵。聖人藉此爻辭敘說周武王派管叔、蔡叔、霍叔諸弟，在朝歌周邊派兵埋伏，並負責監視大邑城內紂子祿父之動靜。「伏戎于莽」一詞，表示「三監」諸侯帶來之軍隊，就在大邑城外駐守下來；「升其高陵」表示升高他們的陣地，以利監視城內祿父及殷民之行動。考「戎」字之義，兵也，或指域外異姓之人。「莽」字之義，含有草深之義，其甲骨文字形，就好像有一掠食者（Predator）正藏身於四周長滿草叢的樣子。聖人先以「戎」、「莽」兩字，描述三監諸侯之戰略與動作，其中似乎含有鄙視或敵對之意；卻以「三歲不興」一語，表示他們並沒有興兵攻城之實，這才是代表城裡、城外，子、姬兩大族姓，最終能夠化敵為友之契機。

　　古代國家之領域，在國都城郭之外曰「郊」，郊外更遠地方曰「野」；郊近、野遠，在太平盛世情況下，人民可以在郊區進行交易，或走到更遠地方去進行交誼旅遊。在本卦六個爻辭內容中，作者以九三、九四、九五，三個爻辭描述駐軍、城墉、相遇等等相關物象，從此可以意識到，敵我雙方先從強勢對峙，再慢慢轉化為「同人」的過程，這正是古代「化敵為友」的最佳典範。在上九爻辭「同人于郊，無悔」中，作者鄭重點出「同人」之最後結局，並突顯「郊」字在地理位置上的重要性。本卦之「郊」，是促成子、姬兩大族姓成為「同人」之所在，城內人與城外人雖然在此進行接觸，但雙方心理也要預先做好無怨無悔之準備。

注釋

1 高樹藩：《正中形音義綜合大字典》（臺北市：正中書局，1977年），頁126。

2 彭裕商：〈周初的殷代遺民〉，《四川大學學報》2002年第6期（2002年），頁112-114。

3 李辰冬：《詩經通釋》（臺北市：水牛出版社，1980年），頁113-114。

4 陳夢家：《殷虛卜辭綜述》（北京市：中華書局，2013年），頁497。

5 楊家駱主編：《周易註疏及補正》，收入《周易集解》，卷4。

6 參考「同」字之解釋，象形字典網站（http://www.vividict.com/WordInfo.aspx?id=665, 2014/5/28）。

7 董宗司主編：《臺灣閩南語辭典》（臺北市：五南出版社，2003年），頁1277、1371。

8 參見維基百科〈成語〉（http://zh.wikipedia.org/wiki/%E6%88%90%E8%AF%AD），2014/5/28。

9 廖慶六：《歸○解易十六講》（臺北市：萬卷樓圖書公司，2013年），頁191。

第四講
淺釋易經無妄卦

一　前言

　　「無妄之災」是最常聽到的一句抱怨用成語，因為人們常把一場莫名其妙的災禍，全把它歸罪於無辜與意外，或是由別人嫁禍所造成的。長久以來，「無妄之災」的真正意旨，似有被人誤解之處。事實上，若以臺灣話來解讀「無妄」兩字，才能清楚明瞭自己身上之災禍，有很多是屬於咎由自取的。臺灣話中的「無妄」（BO₅ GONG₇）兩字，是用來指稱天賦比較聰明的人而言。我們稱讚一個人「無妄」，就是表示他在觀察、表達、思考、反應、學習、創新、記憶等能力各方面，或許有一項或多項表現不俗。從字義觀之，「無」是指沒有，「妄」則是愚直的意思；相對而言，人若不傻，表示他的腦筋反應，顯得比較聰明一些。現代人透過智力測驗，大致可以了解他的天賦或腦力之高低程度。智力測驗又稱智力商數，簡稱智商（Intelligence Quotient, IQ），它是通過一系列標準測試，測量人在其年齡段的認知能力，這是由法國的比奈（Alfred Binet, 1857-1911）和他的學生所發明。比奈先生根據這套測驗的結果，將一般人的平均智商定為一百，而正常人的智商，大多落在八十五到一百一十五之間。事實上，若把成人智商細分成六級：一是資優，其智商在一百三十以上；二是智力優異，智商在一百二十至一百三十之間；三是智力較高，智商在一百○五至一百二

十之間；四是普通人智力範圍，智商在八十五到一百○五之間；五是遲鈍，智商在七十到八十五之間；六是智能障礙者，智商在七十以下上。由此稍可理解，智商屬於一至三級的人，智力超乎常人，因此我們可以把他們歸類為「無妄」人士。[1]

　　我們知道天賦比較聰明的人，他的成功機會自然要比一般常人高些，但如果他的心思不正，或是行為有所偏差的話，這才是災禍臨身之癥結所在。俗話常說「聰明反被聰明誤」，一般習見之奸商與騙財騙色之徒，他們的聰明才智原本都不低，卻因心存不正而不務正業，因此讓很多人之錢財名譽蒙受重大損失，也為社會安定帶來極大之衝擊。自古以來，所謂「無妄」之佼佼者，應該是指那些具有「無妄」特質，而且表現優異之人士，包括領導國家的明君，穩定社會的賢士，以及行商致富的商業鉅子。但是，如果有人或因一時之愚昧無知，或心存貪念慾望，包括社會國家及個人，都將會有災難產生。聰明反被聰明誤之下場，不但為自己帶來災難，並且會連累到週圍之親友或轄下之部屬。對人而言，「無妄」有正、負兩種不同結局，心正者福份多、成就大；心不正者災禍多、挫折大；對照卦辭：「無妄：元亨利貞；其匪正，有眚，不利有攸往」，這就是一句很好的詮釋與說明。針對「無妄」卦之卦、爻辭的解釋，本文試以語言文字及歷史文獻之研究方法，進行探索本卦經文內容與其意涵，並依照卦爻辭之解釋、關鍵字辭之解釋、六十四卦之聯通，三個段落順序，分別撰述個人鄙見，並就教於方家。

二　卦、爻辭之解釋

卦辭：無妄：元亨利貞；其匪正，有眚，不利有攸往。

譯文：論述無妄之卦：聰明至誠遵循宇宙自然之秩序法則，萬事萬物
　　　就能享有其資始、護佑、地利、智慧之優勢。反之，如果心思
　　　不正、行為偏差，他就會有災禍臨身之虞；這樣也會不利於他
　　　的行住與發展。

初九：無妄，往吉。

譯文：〔無妄得吉〕一個有聰明才智之人，其行事將會所向無敵而得到
　　　吉祥。

六二：不耕穫，不菑畬，則利有攸往。

譯文：〔行商營利〕腦筋聰明的人，他可以不靠耕種而會有收穫，不需
　　　墾殖也能找到良田般的好地方；他如向外行商發展，則可獲取
　　　利潤並使生活過得很富裕。

六三：無妄之災，或繫之牛，行人之得，邑人之災。

譯文：〔無妄之災〕聰明人士所釀成的災禍，或許與覬覦他人牛隻有所
　　　關聯；最後演變之結果，竟是被外來行商者帶回那些牛隻，而
　　　且還連累自己鄉土國人蒙受災難。

九四：可貞，無咎。

譯文：〔智慧無害〕可以用你的智慧去克制無妄之災，這樣就不怕會有
　　　災禍臨身了。

九五：無妄之疾，勿藥有喜。

譯文：〔無妄之疾〕一個聰明之人，卻有貪念與得失心來作祟；如果他
　　　能及時覺醒並馬上矯正偏差心態，其心理疾病也就不需依靠藥
　　　物治療而能自癒，而且喜事也有可能隨後而來。

上九：無妄，行有眚，無攸利。

譯文：〔無妄有眚〕一個人雖很聰明，如果心思不正而行為有所偏差，
　　　就會有災禍臨身之危險，也會不利於他的前途發展。

三　關鍵字辭之解釋

　　考卦名「無妄」之「妄」字，甲骨文闕，金文首見於〈毛公鼎〉
之銘文。〈毛公鼎〉約有五百個銘文內容，在全部語譯中，有一「余非
庸又昏、汝毋敢妄寧」之對詞。其中「汝」之完整字形，與「妄」之
下半部字形，兩個銘文非常相似；而這兩個銘文之字形，就像用手指
頭，指向一個人的眼睛。[2]事實上，我們若與他人面對面談話時，當口
稱「你」時，習慣上也會以手指頭指向對方之眼睛。另外從銘文「余
非庸又昏、汝毋敢妄寧」觀之，「余」vs.「汝」，正好可以看出說話
者，好像在用他的手指頭，指向受話者之手勢動作。按，臺灣話「女」
（LI₂）或「你」（LI₂），發音如里、李。「女」應為「你」（LI₂）、「汝」
（LU₂）之古字；甲骨文及金文之「女」字，應作「汝」、「你」（英文
譯成 You）解，不宜當成女性之「女」（英文譯成 Female）字解；在
《易經》內容中，所有經文中之「女」字，同樣以作「你」或「汝」解
為佳。

　　考「妄」字之形、義，以〈毛公鼎〉為例，銘文中有「妄」之字
形組合，其下半部如「女」上半部如「亡」；語譯中有「余非庸又昏、

汝毋敢妄寧」之對詞，以此推論「妄」字之本義，即有眼睛無神、昏庸，或心神不正之意象。「妄」字，隸書已變成「上亡下女」之字形組合，部首从「女」。另一方面，在已確認之甲骨文字中，字形構造从「女」者，例如女、安、好、姜、姓、姬，對照金文「妄」字下半部之字形，彼此具有明顯之差別。依據《說文解字》，許氏注曰：亂也；从女亡聲，巫放切。「妄」字，聲韻屬「亡」，與臺灣話略同。據此，「妄」字，本義作亂解，有行不正之意思。另從隸書之字形，與《說文解字》之字義觀察，兩者均將「妄」字排入「女」字部首中。從字義觀之，「無」是指沒有、缺乏，「妄」則是傻傻、不聰明的意思；相對而言，人若不傻，表示他的腦筋反應，顯得比較聰明一些。現代人形容腦筋較差、做事笨拙、或反應比較遲鈍的人，大多以「憨」人或「戇」人稱之；從字源發展過程觀之，「憨」、「戇」兩字部首均从「心」，這是小篆以後才有的文字。

　　考「妄」字之古音，包括《說文解字》、《集韻》、《韻會》、《正韻》，均作「巫放切」，與臺語發音作「語翁」（GONG$_7$）很相似。目前臺灣話所使用之「憨」（HAM$_1$）與「戇」（GONG$_7$）兩字[3]，從文字之形、義觀之，皆不能完全取代上古之「妄」字。綜合以上諸家針對各字之形、音、義考證，暫可得到以下之結論：一，「妄」字之原始字形，在未獲得甲骨文以供佐證前，目前暫以金文為準；二，「戇」之字形字源，從小篆始而有之，但考其音、義，似可與金文「妄」字通假並用；三，「妄」字含有傻傻、愚直、不聰明的意思，臺灣話「無妄」（BO$_5$ GONG$_7$）兩字連用時，是形容一個人的腦筋與表現不差。依靠經商獲利之大商人，大家都知道他們的腦筋反應很靈活，對客戶能察顏觀色，對商情能詳細分析；吾人以臺灣話「無妄」稱呼其人，這應該算是一句很正面而肯定的讚美詞。老實說，這句沿用上古漢語之臺灣話，其表達方式不但貼切又傳神，而且也顯得間接與客觀。

　　卦辭：「無妄：元亨利貞；其匪正，有眚，不利有攸往」，意指聰明至誠並能遵循宇宙自然之秩序法則，萬事萬物就能享有其資始、護佑、地利、智慧之優勢。反之，如果心思不正、行為偏差，他就會有災禍臨身，也不利於他的向外發展。本卦「無妄」兩字，包括卦辭及爻辭，共有五見：從卦名及卦辭中，首先陳明「無妄」會有正、負兩面之不同結局，即「元亨利貞」與「有眚不利有攸往」。在爻辭中，共有四個「無妄」，聖人分別用它來敘述各種狀態，及不同的變化與影響。在卦辭中，「匪正」表示人心不正；「有眚」表示人將會有災禍。在易卦經文中，「攸」字共三十二見；其中用於無妄卦之字詞，依序為：不利有攸往、利有攸往、無攸利。「攸」字，《爾雅‧釋言》曰：所也。《說文解字》曰：行水也；从攴从人，水省。另據陳冠學（1934-2011）考證指出，「攸」，臺語SIU，通行字作泅。[4] 按，臺灣話泅（SIU₅）水，表示人在水中向前游動之意思，具有向前推進或向外發展之意涵。以下謹依各爻辭之先後，分別解讀主要關鍵字辭如下：

不耕穫

　　六二爻辭：「不耕穫，不菑畬，則利有攸往。」這一句爻辭，有可能是針對上古時代舊社會之演進，闡述已經可以從傳統農牧業，開始邁向新興商業發展的一個過程。過去農夫耕田作事，主要是依靠強壯體力及勤勞精神，加上有風調雨順的天候條件配合，這樣就會有穩定收成，並過一個安定滿足的生活。但是對於一些腦筋比較聰明靈活的人來說，也許他還可以在某些領域上，找到更好的發展空間，例如出外服務公職或經商賺錢。以經商貿易為例，如果國家社會都很穩定，商人也就會有獲取利潤並使生活過得富裕之機會。爻辭「不耕穫」，表示你可以不必依靠耕種，但也會有所收穫的；「不菑畬」，表示你可以

不必辛苦墾殖田地，但也有機會找到一處讓你大展身手的舞台；「利有攸往」，則是表明你擁有向外發展的良好時空環境。

無妄之災

　　六三爻辭：「無妄之災，或繫之牛，行人之得，邑人之災。」這一句爻辭，似乎在說明一個歷史典故；本爻辭意指有一個聰明的領導人，卻因一時的貪心欲念，最後竟釀成一國之重大災禍。一個聰明反被聰明誤的人，卻要捨棄誠心而覬覦他人之牛隻，不但為自己釀成殺身大禍，同時還讓同族邑人遭殃，讓他們都受到毀家棄園的不幸命運。爻辭特別安排以「無妄之災」作為起首，再以「邑人之災」作為收尾，表示這是因一人之愚而起，最後卻演變成眾人之災，首尾因果關係不但很明確，而且影響後果至鉅。

　　「邑人之災」之「邑人」，應指發生歷史典故所在國家的族人而言。在《易經》經文中，訟卦、比卦、及無妄三卦，其爻辭各有「邑人」兩字；另外在出土甲骨卜辭內容中，亦有「邑人」兩字，例如「貞，呼邑人出羊牛」（《合集・九七四一》）。根據學者研究指出，在商代農業生產中，除了「眾」或「眾人」外，還有另一種身分的勞動者，稱為「邑人」，他們都是族邑的基本成員。「邑人」耕種宗邑土地者，他們必須對王室和宗教承擔各種義務，其中最重要的是服兵役。學者還指出，邑人可能具有自由民身分，但也要作為兵士隨王出征；邑人耕種族邑村社分配的份地，實行土地公有私耕制，其收穫物除繳納貢賦外，餘歸自己消費。[5]

　　「或繫之牛，行人之得」之「繫」字，指稱有所關聯或事涉其中之意思，而「牛」、「行」兩字，則可用來說明發生事故之標的與關係人。牛是指作為運輸工具或貿易商品，行是指交易之動作、場所、

或行業；本爻「行人」兩字，則專指到他國販賣牛隻的行商之人員。「行」字，其甲骨文字形，像四通八達之道路；亦可指稱會聚市集之商人，他們是來自四面八方。「行」之發音有二，《唐韻》曰：何庚切，音蘅；《說文解字》曰：人之步趨也。又《集韻》曰：寒岡切，音杭；《類篇》曰：列也。準此，一般俗稱之「行人」，可有一詞二義之解釋：一指在路上行走之人；一指出外行商之商人。現代人對於商業交易特定場所，尚有銀行、商行、水果行之稱法。在臺灣話中，更有「行口」（HANG5 KHAU2）或「靠行」（KHO3 HANG5）之說法，而種植蔬菜、水果之農人，也會將其農產品交給「行口商」（中盤商）以做行銷代賣之處所。若依爻辭之故事背景推論，當時災禍之發生，或許與覬覦商人之牛隻有所關聯；而最後演變之結果，是被這些從外地趕來的行商人員，帶回他們原有的牛隻。總之，本爻「行人」兩字，應以出外行商賺錢之商人為佳。

　　以相關歷史文獻考證本爻辭之典故背景，《竹書紀年》首先記載：「帝泄十六年，殷侯微，以河伯之師，伐有易，殺其君綿臣。」東晉著名學者郭璞（276-324）在其《山海經傳》一書中，已經引用並校註此段歷史故事，其後有南朝史學家沈約（441-513）註解《竹書紀年》曰：「殷侯子亥，賓于有易而淫焉，有易之君綿臣，殺而放之。故殷上甲微，假師于河伯，以伐有易；滅之，遂殺其君綿臣。中葉衰而上甲微復興，故殷人報焉。」[6]近人袁珂（1916-2001）在其《山海經校注》之「大荒東經」篇中，也記載商朝之先公王亥，他託寄所馴養之牛羊於有易與河伯，但有易之君綿臣殺而放之。據他研究指出，此段故事在《楚辭・天問》中敘其事較詳，考其內容與經過，約言之：一，概敘王亥於有易被殺，及喪失牛羊事；二，王亥、王恆兩兄弟在有易備受款待之情景；三，王亥因「淫」被殺；四，王恆至有易求情，並得其兄所喪失牛羊；五，王亥子上甲微，興師伐有易，滅其國家，肆情

於婦子，使國土成為一片荊榛之悲慘結局。[7]依此觀之，《楚辭‧天問》五個段落之文句內容，最足以印證「無妄」卦六三爻辭之歷史典故。

　　《戰國策》是中國古代的一部史學名著，書中記述了戰國時期的縱橫家的政治主張和言行策略。在《易經》之後，《戰國策》作者也針對「無妄之災」一詞，舉證一件相關之歷史故事；據《戰國策‧楚策四‧楚考烈王無子》之記載，該案件之故事內容如下：

　　　楚考烈王無子，春申君患之，求婦人宜子者進之，甚眾，卒無子。趙人李園，持其女弟，欲進之楚王，聞其不宜子，恐又無寵。李園求事春申君為舍人。已而謁歸，故失期。還謁，春申君問狀。對曰：「齊王遣使求臣女弟，與其使者飲，故失期。」春申君曰：「聘入乎？」對曰：「未也。」春申君曰：「可得見乎？」曰：「可。」於是園乃進其女弟，即幸於春申君。知其有身，園乃與其女弟謀。園女弟承間說春申君曰：「楚王之貴幸君，雖兄弟不如。今君相楚王二十餘年，而王無子，即百歲後將更立兄弟。即楚王更立，彼亦各貴其故所親，君又安得長有寵乎？非徒然也？君用事久，多失禮於王兄弟，兄弟誠立，禍且及身，奈何以保相印、江東之封乎？今妾自知有身矣，而人莫知。妾之幸君未久，誠以君之重而進妾於楚王，王必幸妾。妾賴天而有男，則是君之子為王也，楚國封盡可得，孰與其臨不測之罪乎？」春申君大然之。乃出園女弟謹舍，而言之楚王。楚王召入，幸之。遂生子男，立為太子，以李園女弟立為王后。楚王貴李園，李園用事。李園既入其女弟為王后，子為太子，恐春申君語泄而益驕，陰養死士，欲殺春申君以滅口，而國人頗有知之者。春申君相楚二十五年，考烈王病。朱英謂春申君曰：「世有無妄之福，又有無妄之禍。今君處無妄之世，

以事無妄之主，安不有無妄之人乎？」春申君曰：「何謂無妄之福？」曰：「君相楚二十餘年矣，雖名為相國，實楚王也。五子皆相諸侯。今王疾甚，旦暮且崩，太子衰弱，疾而不起，而君相少主，因而代立當國，如伊尹、周公。王長而反政，不，即遂南面稱孤，因而有楚國。此所謂無妄之福也。」春申君曰：「何謂無妄之禍？」曰：「李園不治國，王之舅也。不為兵將，而陰養死士之日久矣。楚王崩，李園必先入，據本議制斷君命，秉權而殺君以滅口。此所謂無妄之禍也。」春申君曰：「何謂無妄之人？」曰：「君先仕臣為郎中，君王崩，李園先入，臣請為君剷其胸殺之。此所謂無妄之人也。」春申君曰：「先生置之，勿復言已。李園，軟弱人也，僕又善之，又何至此？」朱英恐，乃亡去。後十七日，楚考烈王崩，李園果先入，置死士，止於棘門之內。春申君後入，止棘門。園死士夾刺春申君，斬其頭，投之棘門外。於是使吏盡滅春申君之家。而李園女弟，初幸春申君有身，而入之王所生子者，遂立為楚幽王也。

春申君（314-238B.C.），本名黃歇，他享有「戰國四公子」之美名，應可算是一位「無妄」之人。在此段歷史故事中，他卻因一時之貪念而誤陷李園之計謀，最後不但自己慘遭殺身之禍，還讓其家族受到盡滅之災。春申君死後約十五年（237-223B.C.），楚國也被秦國滅亡了。

　　從以上各種歷史文獻所記載之故事中，我們可以發現兩個事實：一，商族先公王亥，他曾到有易國馴牛或販賣牛羊，卻引起有易國君綿臣的覬覦與誘殺，後經王亥之子上甲微查明真相，即興師問罪並採報復手段，他聯合河伯討伐有易並殺死綿臣，滅其國家並使國土成為一片荊榛；二，春申君一生輔佐楚王，他很聰明且地位崇高，卻誤陷門客李園之計謀；他雖先享無妄之福，後來卻蒙受無妄之禍；他個人

不但沒有如願奪取高位，最後還連累家族遭受滅絕之災。故事中的綿臣與春申君二人，其生存年代雖一前一後，但他們都算是「無妄」之人，最後也同遭殺身之命運。藉此故事內容，稍可幫助我們理解，古人對於「無妄」兩字的真正意思表示；並可藉此辯證，後人對於「無妄之災」一詞的不斷訛傳誤解。事實上，前者算是經文「無妄之災」的典故背景，而後者是屬於成語「無妄之災」的辯證史料。

無妄之疾

　　九五爻辭：「無妄之疾，勿藥有喜。」這是指一個本是聰明之人，卻因他有貪念與得失心來作祟；另一方面，如果他能及時覺醒或接受忠告，並馬上矯正偏差心態，其心中之疾病，也就不需依靠藥物治療而能自癒，而且喜事也有可能隨後而來報到。「疾」字，臺灣話有二音，其一讀音如「急」（KIP4），另一讀音如「質」（CHIT8）。語文學家陳冠學以臺語考釋，認為「疾」字讀音 TSIT8，含有神經僵直的意思。[8]古文字學家羅振玉（1866-1940）以古訓考釋，認為「疾」字可作四解：急、速、患、苦。[9]依此四義，「疾」字本義，都與心中有所思慮相關聯，如人之急性子、或患得患失為是。「無妄之疾」，這只是一個人內心的「心理疾病」，不是身體的「生理疾病」。人若有心疾，如能調適做人處事之態度，不但可以無藥自癒，而且還能重新創造更多的歡樂與喜事。《易經》經文「疾」字九見，分別在無妄、遯、明夷、損、鼎、豐、兌等卦；文辭包括：「無妄之疾，勿藥有喜」；「係遯，有疾厲」；「得其大首，不可疾貞」；「損其疾，使遄有喜」；「鼎有實，我仇有疾」；「豐其蔀，日中見斗，往得疑疾」；「商兌未寧，介疾有喜」。

四　六十四卦之聯通

「無妄之災，或繫之牛，行人之得，邑人之災」這一句爻辭，應是「無妄」卦之核心內容，此段經文還可用來佐證一段王亥與有易國交往之史實。據歷史文獻記載，商族因有畜牧業之傑出表現而逐漸興起，並開始與鄰國進行貿易往來。王亥曾到有易國馴牛或販賣牛羊，卻引起有易國君綿臣的覬覦與誘殺，後經王亥之子上甲微，聯合河伯討伐有易，殺死綿臣，並滅其國家。《易經》六十四卦中，除了「無妄」卦論及王亥販牛之故事外，在「大壯」、「姤」、「旅」卦中，亦有相關人物故事之記載。《易經》經文中，「眚」字共六見，包括：有眚（無妄卦）、無眚（訟卦、震卦）、災眚（復卦、小過卦）。「眚」字，《說文解字》曰：目病生翳也；《釋文》云：妖祥曰眚。無妄卦有兩個「有眚」用詞，表示人有災禍臨身，這是特別針對聰明人的一項警示。事實上，如果心思不正，任何人都會有災禍臨身之危險。有關「無妄」卦之聯通關係，簡要說明如下：

無妄、大畜

在《易經》之卦序中，無妄與大畜兩卦緊鄰；從兩卦經文之意象觀之，它們都與商族在畜牧業及商業上之表現有所關連。在無妄卦之卦、爻辭中，含有：牛、行人、往吉、不耕穫、利有攸往等用詞；在大畜卦，則有：牛、不家食、良馬逐利、利涉大川等用詞。在歷史文獻中，《世本・作篇》記載：王胲作服牛，相土作乘馬；一般相信，這是指商族先公們在「服牛、乘馬」技術上的突破。另外在《竹書紀年・帝泄十六年》、《楚辭・天問》篇章中，也分別記載殷侯王亥，喪

牛、羊於有易國之故事，表明當時他們在畜牧業上的驚人成就，因此才有剩餘之牲畜，可以送到鄰國當作貿易之物資。[10]出外行商是上古先民改變生活方式之進步思想，也代表社會型態開始轉趨多元的徵兆。在這兩卦之經文中，雖各有貞、吉、利等用字，但兩卦之意象，卻仍有明顯差別。對人而言，無妄卦內有「往吉」或「行有眚」，及「不利有攸往」或「利有攸往」之不同結局。會有正、負兩種不同結局，全視當事者之心理反應；心正者福份多、成就大；心不正者災禍多、挫折大。大畜卦代表商族先公，因擁有比較優渥之資源；他們在服牛、乘馬、養豬等大型牲畜方面，擁有先進技術與較高成就之背景，因此族人行事，就比較剛健而充滿信心。

之

無妄卦六三爻辭，全句是由四個字詞組成，每詞各用一個「之」字，以作全爻意境之串聯。「之」字，《玉篇》注曰：是也，適也，往也。知名「甲骨四堂之一」的羅振玉，他舉甲骨卜辭為證，說明其中含有貞「之」、貞「于」、或貞「之于」者共一百一十二條，例如：貞「之」王亥，貞「于」且丁御，貞「之于」甲；羅氏訓此「之」字為「適」也。[11]另據陳冠學考證指出，「之」臺語TSE，是「此」的意思。[12]在《易經》之經文中，「之」字共七十七見，其中「無妄」卦「之」字共有五見，包括：無妄之災、或繫之牛、行人之得、邑人之災、無妄之疾；其他各卦，含有較多「之」字者，尚有比卦（五）；蠱卦（四）；損（六）；益（五）；小過（六）等。

五　結論

　　在《易經》六十四卦中，共有七卦含有「元亨利貞」之卦辭內容，「無妄」卦就是其中之一卦。「無妄」卦之卦辭：「無妄：元亨利貞；其匪正，有眚，不利有攸往」，因內有「元亨利貞」之內容，可以表示人在先天上，已具有聰明與至誠之特質，所以他會享有資始、護佑、合和、智慧之優越條件與氣勢。但是，如果他自己不能抑制內心之慾望，則會有心思不正、行為偏差之狀態，此時他就會有災禍臨身之虞，這樣也會不利於他的向外發展。「無妄」兩字之意涵，表示一個人的聰明才智不差，但其行為表現卻會影響正、負兩面之不同結局。事實上，要決定一生好壞結果之關鍵，端看一個人誠心與慾念之心理表現。

　　《文子‧道德》有曰：「凡聽之理，虛心清靜，損氣無盛，無思無慮，目無妄視，耳無苟聽，尊精積稽，內意盈并，既以得之，必固守之，必長久之。」在《大戴禮記‧衛將軍文子》亦記載文子曰：「吾子學焉，何謂不知也。」子貢對曰：「賢人無妄，知賢則難，故君子曰：『知莫難於知人』，此以難也。」對於金文「妄」字形之下半部，像似人的一隻眼睛，因上下有所牽掛而顯得無神，有注意力不能集中，及心神不正之意涵。古人「目無妄視」及「賢人無妄」之論見，對照金文「妄」之字形，彼此似可作為互證。今人常說：知人知面不知心，看似一個很聰明之人士，卻也會鑄下重大過錯；其結果不但害人害己，甚至會貽害社會國家。事實上，原本是位「無妄賢人」，卻要變成「歷史罪人」；一念之間，差異甚大，這正是聖人給「無妄之災」一詞的最佳詮釋。

　　「無妄之災」是一則歷史典故，具有歷史教訓之意義。但是長久以

來，「無妄之災」之意旨，卻已被人誤解了，這與「妄」字被人曲解有所關聯。考「妄」字之古音，包括《說文解字》、《集韻》、《韻會》、《正韻》，均作「巫放切」，與臺語發音作「語翁」（GONG₇）很相似。臺灣話以一句「伊人無妄」稱呼他人時，可算是一句很正面而肯定的讚美詞。事實上，這一句沿襲自上古漢語之臺灣話，其表達方式不但貼切又傳神，而且也顯得比較間接而客觀。從「妄」字之形、音、義考證，似可得到以下之結論：一，「妄」字之原始字形，在未獲得甲骨文以供佐證前，目前暫以金文為準；二，「戇」之字形字源，從小篆始而有之，但考其音、義，似可與金文「妄」字通假並用；三，「妄」字含有傻傻、愚直、不聰明的意思，臺灣話「無妄」（BO₅ GONG₇）兩字連用時，是形容一個人的腦筋與表現不差。

　　《易經》常有殷商一朝之興起背景與事業活動之內容，在無妄卦爻辭中，以六二爻辭：「不耕穫，不菑畬，則利有攸往」，及六三爻辭：「無妄之災，或繫之牛，行人之得，邑人之災」為例；其中就有「不耕穫」、「利有攸往」、「行人之得」等用詞，這些都是表示上古時代，商族在商業活動上之意象與事蹟。有一句臺灣俗話說：「生理子難生」，臺灣人常以它來形容，成功的生意人確實相當難得。事實上，能依靠經商獲利之大商人，大家都知道他們的腦筋反應很靈活，對客戶能察顏觀色，對商情能詳細分析。現今世界上，以生意成功而聞名天下之人物，在臺灣，就有台塑集團創辦人王永慶（1917-2008），富士康集團創辦人郭台銘先生；在海外，則有美國沃爾瑪百貨公司（WAL-MART Stores）創始人山姆・沃爾頓（Sam Walton, 1918-992），英國維珍航空集團（Virgin Group）創始人理察・布蘭森爵士（Sir Richard Branson）。根據資料顯示，這四個成功的生意人，他們都沒有較高學歷或漂亮學位背景，但他們都在各自行業領域開創出一片天；他們真可算是表現「無妄」的典型人物。

注釋

1　參考維基百科〈智商〉（http://zh.wikipedia.org/wiki/%E6%99%BA%E5%95%86），2013/9/18。

2　游國慶：〈毛公鼎的字數問題：兼論銘文內容並語譯〉，《故宮文物月刊》第309期（2008年12月），頁41-47。

3　徐金松：《最新臺語字音典》（臺北縣：開拓出版公司，1998年），頁118、148。

4　陳冠學：《臺語之古老與古典》（高雄市：第一出版社，1984年），頁198。

5　盧連成：《殷人夢土──甲骨文與陰虛的發現》（香港：中天出版社，1999年），頁166-169。

6　沈約註：《竹書紀年》（臺北市：臺灣商務印書館，1956年），頁13-14。

7　袁珂：《山海經校注》（臺北市：里仁書局，1995年），頁351-353。

8　陳冠學：《臺語之古老與古典》（高雄市：第一出版社，1984年），頁218。

9　羅振玉：《殷虛書契考釋》（臺北市：藝文印書館，1975年），頁75（殷中）。

10　廖慶六：《歸○解易十六講》（臺北市：萬卷樓圖書公司，2013年），頁131-132。

11　羅振玉：《殷虛書契考釋》（臺北市：藝文印書館，1975年），頁19-24（殷下）。

12　陳冠學：《臺語之古老與古典》（高雄市：第一出版社，1984年），頁212。

第五講
淺釋易經大畜卦

一　前言

　　在過去職場生活中，個人曾經從事過二十多年的國際貿易工作，當時為了行銷 Made in Taiwan 臺灣製造產品，曾親自跑過二十多個不同國家。事實上，臺灣曾經列名亞洲貿易經濟的四小龍之一，從二十世紀七、八〇年代起，國人就是依賴國際貿易賺進很多美元外匯，這也是推動臺灣經濟起飛的最大原動力。從實際拓展外銷工作經驗中，讓我體會到，若要順利成功與各國商人進行貿易買賣工作，除了要擁有優質產品或服務之外，還必須懂得當地的外國語文，甚至要了解他們的宗教信仰，熟習當地的風俗習慣，以及使用的電壓差別，和特殊的度量衡制度等等。對照易經「大畜」卦經文內容，可以發現上古時代之先民，他們也從事貿易買賣，知道善用馬、牛、豬等較大型牲畜（大畜）之力，因此能讓聰明的商人賺進大筆財富（大畜）。養育馬、牛、豬等大型牲畜可以獲利，而商人利用牠們而賺錢。事實上，商族部落是因駕馬服牛及出外經商而強盛，並漸漸向外擴展勢力範圍，最終得以開創一個新王朝；從這些歷史事實，可以見證「大畜」兩字的最高意境。商人在進行「國際貿易」時，他們在異國所面臨的境遇，也在「大畜」卦「輿說輻」之爻辭中，很巧妙地被突顯出來，這也是駕車旅行異國者，對於「車不同軌」一事的最佳寫照。

　　中國歷史上的殷商王朝，包含前期的「商」，與後期的「殷」。據《帝王世紀》記載，盤庚徙都殷，始改商曰殷。當時的殷都，即今日通稱的殷墟，它是舉世聞名的甲骨文出土之地方。依據歷史記載，商朝就是由商湯滅夏之後所建立的一個新王朝；朝代以「商」為名，令人聯想到他與行商貿易之密切關係。今日通稱的商人，意指以商賈為業者而言；追根究柢，「商人」這一名詞之淵源，似與商朝，及他們的祖先因經商獲利而崛起有關。披閱歷史文獻可知，在商朝之先公、先王中，就有「相土作乘馬」、「王胲作服牛」故事留傳下來，馬、牛是屬於大型牲畜動物，其經濟利用價值頗高，因此在軍事、祭祀、運輸、耕種上，同樣都扮演非常特殊而重要的角色。解讀「大畜」卦之卦爻辭，可以幫助我們認識上古歷史的發展經過，了解先民如何發現、馴服與利用這些「大畜」的經濟價值。對於「大畜」卦之卦、爻辭的解釋，本文試以語言文字及歷史文獻之研究方法，進行探索本卦經文內容與其意涵，並依照卦爻辭之解釋、關鍵字辭之解釋、六十四卦之聯通，三個段落順序，分別撰述個人鄙見，並就教於方家。

二　卦、爻辭之解釋

卦辭：大畜：利貞，不家食；吉，利涉大川。

譯文：〔大畜之利〕論述大畜之卦：能順應環境、善用智慧的人，可以利用大畜之力到外地行商，這樣可以不用在家自食其力過生活；這是吉祥之兆，將可行遍天下而獲利。

初九：有厲，利已。

譯文：〔舉止機警〕環境隨時都會起變化，面對嚴厲考驗時，你必須舉止得宜，才能取得向前推進之有利良機。

九二：輿說輹。

譯文：〔車不同軌〕駕車行走各方，因各國車轍軌跡寬度有別，所以入
　　　　境就要先更換不同的車軸，如此才能順利往前行進。

九三：良馬逐利，艱貞；日閑輿衛，利有攸往。

譯文：〔乘馬之利〕養育優良馬匹，讓你得以四處行商獲利，這項工
　　　　作顯得相當艱辛，但須依靠智慧行事；每天都要適應環境的變
　　　　化，並熟習駕車與換軸技術，以及維護與防衛等工作，對於行
　　　　住在外地之旅人，這樣日子才能過得平安與順利。

六四：童牛之牿，元吉。

譯文：〔服牛之術〕畜養的小牛，牠經過穿鼻並加上衡木之後，其性情
　　　　就會變得溫馴好駕馭，這是最大吉祥之徵兆。

六五：豶豕之牙，吉。

譯文：〔畜豬之方〕圈養的小豬，經過去勢及剪乳牙之後，其性情就變
　　　　得溫和而無害，這是吉祥之徵兆。

上九：何天之衢，亨。

譯文：〔通天大道〕託上天之庇佑，天下道路四通八達，能到各處進行
　　　　買賣營利，這就是商旅之福澤。

三　關鍵字辭之解釋

　　大畜卦之畜，具有一字多音、多義之特徵。畜，通蓄；據錢大
昕《十駕齋養心錄・卷一畜》之考釋，「畜」字之音、義，包括有：

一，勒六切，訓積、聚；二，許六切，訓養；三，許就切，訓六畜。以臺灣話而言，稱他人賺錢買動產或不動產，曰畜財產，或畜傢伙，此「畜」字發音為學六切（HAK4）。《爾雅・釋畜》所列舉的六畜為：馬、牛、羊、豬、狗、雞；臺灣話六畜之「畜」，發音為虛郁切（HIOK4），罵人行為有如畜牲之「畜」，發音為他菊切（THIOK4）。[1]以大畜卦而言，其意涵至少包含：一，利用大型牲畜如牛馬之力；二，依靠較大的畜牧業致富；三，從事貿易經商而獲大利。在上古時代，殷商王朝之興邦建國，可說是得到「大畜」之利的最典型案例。據《管子・輕重戊》曰：「殷人之王，立臯牢，服牛馬，以為民利，而天下化之。」上古時候，因有殷人之先公、先王，發明駕馬服牛之術，讓人們得以致遠而不勞。

　　卦辭「大畜：利貞，不家食；吉，利涉大川。」表示利用大畜之力，你可以到外地行商，可以行遍天下而獲得利益。「不家食」，意指不必待在老家生活，你可以出外營商賺錢或就任公職享俸祿；本卦則指不用留在自家自行耕作，過自給自足、自食其力的日子。你可以到市集以貨易貨，或到外地販售多餘之農畜牲口及農作產品；這樣生活將會變得更方便、有利，這正是吉祥之徵兆。針對上古經文用字，常會出現不同版本或解讀之現象，例如：大畜卦初九爻「有厲，利已」，一作「有厲，利巳」；巳，祀之古字。又如：九三爻「良馬逐利，艱貞；日閑輿衛，利有攸往」，一作「良馬逐，利艱貞；曰閑輿衛，利有攸往」。以大畜卦經文為例子，已 vs. 巳，日 vs. 曰，以異體字解讀易卦內容，各得其勝；為了配合整體卦爻辭之內容與意涵，本文皆以前者之爻辭文本為準。以下依爻辭之先後，解讀主要關鍵字辭如下：

輿說輹

　　九二爻辭：「輿說輹」。這是針對上古時代，各國出現「車不同軌」狀況的一種描述；當時要駕車行走各方，因各國車轍軌道之寬度有別，所以入境就要先更換不同的車軸，如此才能順利往前行進。駕馭馬車可以提高生產力與戰鬥力，對其最早發明者而言，自可獲得最大的利益。據古文獻之記載，《世本・作篇》曰：「相土作乘馬」；《竹書紀年》亦載：「夏帝相十五年，商侯相土作乘馬，遂遷于商丘」；而《管子・乘馬》記載：「諸侯之地，千乘之國者，器之制也。天下乘馬服牛，而任之輕重有制。」從這些相關歷史文獻內容，可以理解殷商之先公，確實在馴馬、服牛方面的創舉與貢獻。「輿說輹」之「輿」，作「車」解，指載人之馬車。「說」字，可解讀為「脫」與「悅」。《說文解字》曰：說，釋也。「說」字，可解為「釋」、「解」或「脫」，有「更換」之意思。「輹」字，《說文解字》曰：車軸縛也，意指把車廂與輪軸綁住或銜接在一起。另《釋名》曰：輹，伏也，曰伏兔者，伏于軸上似之也；意指車廂伏扣在輪軸上。整體而言之，爻辭「輿說輹」，可指稱將馬車更換其輪軸之意思。另外，殷高宗武丁時，有卿士賢相名叫「傅說」，據《帝王世紀・第四》載曰：「傅者，相也。說者，歡悅也。」以此人名之「說」字，即代表「悅」之意思。

　　古代各諸侯方國之間，恐有「車不同軌」之困擾，所以才會有「輿說輹」之動作。有關「書同文、車同軌、行同倫」的重要性與訴求，在古文獻上所記載者，確實不少，例如《禮記・中庸》即記載孔子的話，其文曰：「愚而好自用，賤而好自專，生乎今之世，反古之道。如此者，災及其身者也。非天子，不議禮，不制度，不考文。今天下車同軌，書同文，行同倫。雖有其位，苟無其德，不敢作禮樂

焉；雖有其德，苟無其位，亦不敢作禮樂焉。」《管子‧君臣上》亦載
曰：「衡石一稱，斗斛一量，丈尺一綧制，戈兵一度，書同名，車同
軌，此至正也。」又《史記‧秦始皇本紀》載曰：「分天下以為三十
六郡，郡置守、尉、監。更名民曰『黔首』。大酺，收天下兵，聚之
咸陽，銷以為鐘鐻，金人十二，重各千石，置廷宮中。一法度衡石丈
尺，車同軌，書同文字。」其中「車同軌」之「軌」字，應指車轍軌
跡之寬度而言。據考證，古時候全國到處都是泥土路，經過馬車輪轍
反復碾壓之後，就會形成與車軸寬度相同的兩條硬地車道。古時候各
國車軸闊狹尚未統一之前，當你出了國境，馬車就必須更換與入境國
相同寬度的車軸，如此車輛行走在硬地車轍軌道上，才會得到平穩順
利，並減少畜力之消耗和車軸之磨損。「車同軌」算是秦朝治國的重要
戰略舉措之一，因此史書特別記載，秦始皇修馳道，並統一車轍軌道
的寬度。

童牛之牿

　　六四爻辭：「童牛之牿，元吉。」意指因為有發現與利用服牛之技
術，所以才能獲得最大之利益而吉祥。古時候野牛雖多，但如果不經
馴服，也無法發揮牠的經濟效益。《世本‧作篇》有曰：「王胲作服
牛」，王胲應指商朝之先公王亥其人，而服牛應指發明或創作馴服野
牛之技術或妙方。事實上，把小牛穿鼻並加上衡木或鐵條之後，其性
情才會變得溫馴聽話而好駕馭，這一穿鼻動作仍然是現今農村畜養耕
牛，最不可或缺的一道程序。依過去在農村生活之記憶，小牛穿鼻的
最佳時機，應選在牠剛滿周歲的時候為之。爻辭「童牛之牿」，「牿」
字發音，《集韻》、《韻會》曰：姑沃切；臺灣話「穿牛鼻」之穿的動
作，發音為 GOUN（ŋ）$_2$，頗似「牿」之轉音。中醫有一「硬鼻牿膜」

之詞，「鼻牪」是指人的下鼻甲，也就是西醫所稱的鼻中膈之部位；而「童牛之牪」，應該就是指牛的鼻中膈，這也是供人工穿鼻的最佳位置。「楅衡」是古人用以控制牛的用具，《周禮・地官司徒・封人》云「設其楅衡」，鄭玄注曰：「楅設於角，衡設於鼻。」「衡」字，古同「橫」；衡設於鼻，係指小牛穿鼻之後所加之橫木，如此才能馴服牛隻之剛健而不傷人。

豶豕之牙

六五爻辭：「豶豕之牙，吉。」這是指畜養豬隻之妙方，一般來講，小豬經過去勢及剪乳牙之後，才會乖乖進食而不打架，爾後雖然一天天長大並有牙齒，卻因其性情變得溫和而無害，這就是吉祥之兆。《釋文》曰：豕去勢曰豶；《疏》曰：豶，除也，犍豬也。據此可知，古字「豶」，含有對豬隻之生殖器官，進行去除或傷殘之動作。以人工把豕去勢之動作，臺灣人稱之為「閹豬」。「閹」，專指對小公豬去勢而言；另外，小母豬被人工拿掉生殖器，臺灣人稱為「殘豬」；「殘」，臺灣話發音為ZHAN₅。不管公豬、母豬，如果是被飼養來供宰殺食用者，都必須先經過「豶」之手續處理，這樣才能讓多隻豬仔，一起圈養在同一個豬欄之內。事實上，仔豬如果經過「閹」或「殘」後，牠們就比較溫和而不打架，如此才能讓牠專心進食，並且長得快又壯。另一方面，《墨子・非儒下》有一名言，其文曰：「是若人氣，鼶鼠藏，而羝羊視，賁彘起，君子笑之。」這是一句古人譏笑不勞而獲者之言詞，就像乞丐、鼶鼠、羝羊、豶彘，他（牠）們背本棄事，安于懈怠，貪于飲食，懶于勞作，這樣是會被正人君子所恥笑的。《說文解字》曰：豕，彘也；「賁彘」，有「豶豕」之義，這是針對閹豬或殘豬，並被人類圈養之豬隻而言。「賁彘起」，意指像閹豬一樣站起來，

表示牠正等待人們去餵食。事實上，因為牠不像野放之豬，可以自由自在地覓食；牠已經被圈養，並已喪失原本用豬牙鬆土或覓食之本能。

何天之衢

　　本卦上九爻辭：「何天之衢，亨。」應指天下太平，各地之道路皆可四通八達，商旅因此能夠到處行走買賣，這就是上天賜給人民安定生活，與累積財富的一種機會與福澤。「衢」字，指四達道，義通達也。宋人程伊川《易程傳》曰：「天之衢，天路也」；又曰：「何以謂之天衢？以其無止礙，道路大通行也。」[2]依字義，天衢，天路也；比喻在虛空藍天之中，浮雲、飛鳥可以自由漂流翱翔，故謂之天衢。有謂是：天涯無邊，以天為界。另外，清人王船山《周易內傳》注曰：「何，負也；路四達曰衢。何天之衢，莊周所謂：負雲氣，背青天也。」[3]中國文字學家高亨（1900-1986）另有一解，他說：「衢」，讀為麻，庇蔭也。[4]貨暢其流，營商交易，交通方便確實佔有很重要之地位，古今皆然也。事實上，國家社會一定要穩定，交通一定要很通暢，這樣才有助於商人進行買賣。大畜卦爻辭描述擁有馬、牛、豬等「大畜」之力與利，最後又得交通之便，因此才會得「亨」之好結果。

四　六十四卦之聯通

　　《易經》「輿」字共有八見，包括：師卦「弟子輿屍」、「師或輿屍」，小畜「輿說輻」，剝卦「君子得輿」，大畜「輿說輹」、「日閑輿衛」，大壯「大輿之輹」，睽卦「見輿曳」。「輿」字，作「車」解，指載人、載物之馬車；殷商時代即已通行馬車，從出土甲骨文及車馬坑之遺物，即可得到佐證。據學者研究指出，從殷墟出土的甲骨文中

看，有「車」字的甲骨，已經屢見不鮮，並且有多種寫法。從史料和甲骨文的記載說明，殷商時代，已把車作為運輸和作戰的工具，並且已被廣泛使用。[5]「車」字，《集韻》、《韻會》、《正韻》，皆注曰：斤於切；古音居，臺灣話「車」發音（GI₁），它與象棋「車馬包」棋子之「車」，音、義皆相同。《易經》六十四卦之聯通關係，除了從經文用字及詞句章法，可以看出一些端倪外，另外從卦序排列，卦名意涵及卦、爻辭之內容分析，也可發現彼此間所存在的對應或旁通等關係。以大畜卦為例，與它有所關聯之易卦，簡要舉例說明如下：

無妄、大畜

在六十四卦之排序上，無妄與大畜兩卦緊鄰；從卦象觀之，兩卦成一綜卦之關係，其上下卦形，正好相反。從兩卦經文之遣詞用字分析，在無妄卦之爻辭中，包括有：不耕穫、牛、行人、攸往，對照大畜卦之卦、爻辭中，則有：不家食、輿、牛、涉大川；從此可以說明出外行商，也是一種改變生活方式之選項，但你必須面對優劣情勢與如何作進退抉擇之考驗。在這兩卦之經文中，均含有貞、吉、利等用字，但兩卦之意象卻有明顯之差別。事實上，無妄卦顯得行事比較謹慎保守，卦中提到可能發生「無妄之災」之處境，因此有「往吉」或「行有眚」之掛慮，及「不利有攸往」或「利有攸往」之不同結局。大畜卦顯示擁有優渥之資源，因此行事就比較剛健而充滿自信心。事實證明，能夠善用大型牲畜之力，才能創造貿易行商獲利之良機；而商人是以「良馬逐利」，因此才能收到「利有攸往」、「何天之衢」之好效果。

大有、大畜

　　審視易卦經文之內容，大有卦，似乎在敘說周族祖先在農業發展上的成就，而大畜卦，則在敘述商族先公在馬、牛、豬牲畜方面之馴養。回顧古代殷朝與周朝之歷史發展，殷朝先公在畜牧業與商業之發展上，屢有創舉與獲利；而周族之興起，則與其始祖后稷在農業上的功績，及發展農殖百穀具有很密切之關係。在這兩卦之內容中，都有提到「車」或「輿」之利用；及「何天佑之」或「何天之衢」之詞，以表達對上天庇佑之崇敬與感恩。事實上，殷商擅於畜牧養殖業，其先王曾馴服馬、牛、豬，在甲骨卜辭記錄各種祭祀之事實，都是展現他們的祭祀文化之特色。

　　從周族翦商到武王過世，因時間較短而史事記載較少。但是，在武王克商之第二年，史書就出現一個「大有年」之記載。事實上，中國以農立國之說法，應與周族之興起有關。根據歷史學家顧頡剛（1893-1980）研究指出：「秦以前的國家宗教是很簡單的，最大的祭禮是郊，一年一次，祭的是天，也把天子的最有功德的祖先去配享。例如周人，他們的始祖是后稷，后稷在農事上是有大功勞的，所以他們在郊祭時，便以后稷配天，連帶祈求年穀的豐登。」[6]《史記》分別在夏、殷、周，三代之本紀篇，都記載關於后稷在農事上的功勞與成就。過去封建時代，比較強調以民為本，及以農立國之政策。因此，有祈穀祭天，及天子在立春日躬耕之禮俗。

　　《世本・作篇》記載：王胲作服牛，相土作乘馬；一般相信，這是指商族先公們在「服牛、乘馬」技術上的突破。據說，相土是商始祖契之孫，王胲是指王亥，他是相土之曾孫。在「大畜」卦中，九三爻：「良馬逐利」，六四爻：「童牛之牿」，及六五爻：「豶豕之牙」，都

足以說明商人在馴馬、服牛、養豬之畜牧業發展。對照「大畜」卦，並詳讀其爻辭之內容，即可在古籍文獻中，找到相關的佐證資料。例如《管子・輕重戊》記載：「殷人之王，立皂牢，服牛馬，以為民利，而天下化之。」《竹書紀年・帝泄十六年》、《楚辭・天問》等史料文獻，也記載殷侯王亥喪牛、羊於有易國之故事，表明當時他們在畜牧業上的驚人成就，因此才有剩餘之牲畜，可以帶去鄰國當作貿易之物資。[7]

小畜、大畜

　　小畜、大畜兩卦之卦名，僅以一字作區別，但其意境卻有較大之差異。積蓄雖有大小之分，但當命運必須從新來過，事業希望東山再起時，就必須懂得一步步地累積，這樣才能達到最後、最大的成功。要談積蓄之理想與觀念，包括累積財富與國力，不應嫌小，最怕沒有開始行動。事實上，這兩卦敘述之對象，似乎都是指向具有悠久歷史及散居各地之商族人士，包括其先公、先王，及眾多後嗣子孫；大畜是用來讚頌商族先人之優良表現，而小畜則是針對後繼小子的一項期許。俗話常說：好的開始，就是成功的一半；家和萬事興，只要能同心協力，就有再次興邦富國之機會。小畜九三爻：「輿說輻，夫妻反目」，及上九爻：「尚德載，婦貞厲」；透露出作風與觀念之差異，他會產生負面與正面之不同結果，因此還要有自信心，這就是六四爻：「有孚，血去惕出，無咎」，及九五爻：「有孚攣如，富以其鄰」，所要表達之意涵。兩卦之差異處，以大畜九二爻：「輿說輹」，及小畜九三爻：「輿說輻」為例；輿說輹 vs. 輿說輻，其差別在於，一是車換輪軸，一是車掉輪輻；車換輪軸是為了能繼續往前行進，車掉輪輻則會妨礙車輪正常運轉，兩者之部位、功用與意象，確有很明顯之差別，所以結果

也會有所不同。小畜、大畜卦，均舉馬車構造以為物象，從此可以反映出人們的不同動作與觀念，而其目的，無非是要給廣大商族人士，立下一個警示與教訓。

五　結論

《易經》之文字，常含有一字多音、多義之特色，大畜卦之「畜」，就是一個典型之案例。「畜」字，通「蓄」；以臺灣話而言，「畜」字就含有三種不同發音與意思表示：一，稱讚他人賺錢買不動產，曰「畜儌伙」，此「畜」字發音（HAK4）；二，自古以來，農家最喜愛「六畜興旺」，此「畜」字發音（HIOK4）；三，如果罵人之惡劣行為有如「畜牲」，其「畜」字發音（THIOK4）。從「畜儌伙」及「六畜興旺」之角度來解讀大畜卦之內容，至少就含有三個不同面向與意涵，包括：一，利用大型牲畜如牛馬之力做事；二，依靠較大規模的畜牧業起家；三，從事境外貿易買賣而獲利。

《易經》常有歌頌上古時代商族之內容，例如謙卦「鳴謙」爻辭，具有商湯在「鳴條之戰」一役滅掉夏桀時之謙讓；既濟卦「高宗伐鬼方，三年克之」，指武丁戰勝宿敵鬼方之戰績；大畜卦則敘述商族先公，因有牧畜技術創舉與從事貿易事業而崛起。總而言之，大畜卦之意象，表示依賴大型牲畜與跨國貿易而大量累積財富，表示他們能掌握資源能量，並慢慢厚殖國家之戰鬥力；因此讓商族得以一躍而起，並在中原建立起綿延六百多年歷史的殷商王國。

商旅在兩國之間的往來，必須能夠入境隨俗，必須事先了解他國之制度法規。古代各諸侯方國間，恐有「車不同軌」之困擾發生，所以在本卦即出現「輿說輹」之爻辭。另外爻辭「良馬逐利」與「日閑輿衛」，強調經商逐利必須要有優良品種之馬匹，還要懂得駕馭馬車的

技術與護衛工作，更要熟習更換車軸及車輛保養等技術。有關「書同文、車同軌、行同倫」的重要性與訴求，在古文獻上所記載者，確實不少。有關度量衡之一致性，古今皆有相同之問題與訴求。事實上，古代有書同文、車同軌之強制政策，今日有網際網路（Internet）無遠弗屆之進步科技。但是直到現在，在駕駛座位、電壓插座、度量衡，電腦與手機系統等方面，各國之間的差異性仍然存在，因此造成不少相容性（Compatible）問題與資源浪費。

　　臺灣話稱「這件婚事」之「件」，與犍豬之「犍」，兩字音韻相同，而其聲韻讀音，有如臺灣話之「層」和「殘」。「豶」、「犍」，含有閹豬或殘豬之意思；「層」、「殘」，臺灣話都唸成ZHAN5。臺灣外銷毛豬到日本，曾經賺取不少之外匯，臺灣農民不但能夠辛苦養豬獲利，而且還在「豶豕」課題上，繼續保存一個比較特殊之用語。例如臺灣話所謂之「閹豬」，專指對小公豬去勢而言；另外，小母豬被人工拿掉生殖器，臺灣話稱為「殘豬」；「閹」、「殘」兩字，義同字不同。宋人程伊川《易程傳》：「豕，剛躁之物，而牙為猛利，若強制其牙，則用力勞而不能止其躁猛，雖縶之維之，不能使之變也。若豶去其勢，則牙雖存而剛躁自止，其用如此，所以吉也。」百姓知道養豬生財之要領，正是《易經》爻辭「豶豕之牙，吉」的最佳寫照。古人確信豬之有牙，百方制之，終不能使改；惟豶其勢，則性自調伏，雖有牙亦不能為。「不能為」，含有免去自行覓食之苦，與卦辭「不家食」，人們可以進行以貨易貨，因此不用待在家裡自食其力過生活，兩者涵義，具有同工之妙。

注釋

1 「畜」字三種不同之發音，是參考錢大昕《十駕齋養心錄・卷一畜》，陳冠
　學《臺語之古老與古典》（高雄市：第一出版社，1962 年，頁 241-242），
　及徐金松《最新臺語字音典》（臺北縣：開拓出版公司，1998 年，頁 68、
　157）等人之注釋，並對照臺語實際發音與用法，綜合歸納而得之結論。

2 〔宋〕程頤：《易程傳》（臺北市：世界書局，1962 年），頁 116。

3 〔清〕王夫之：《船山易傳》（臺北市：夏學社，1980 年），頁 205。

4 高亨：《周易大傳今注》（北京市：清華大學出版社，2010 年），頁 192。

5 史昌友：《燦爛的殷商文化》（北京市：中國社會科學出版社，2006 年），
　頁 153。

6 顧頡剛：《秦漢的方士與儒生》（上海市：上海古籍出版社，1954 年），頁
　113。

7 廖慶六：《歸○解易十六講》（臺北市：萬卷樓圖書公司，2013 年），頁
　131-132。

第六講
淺釋易經坎卦

一　前言

　　人總有遭逢困境的時候，而人們所遭遇到的困境，有來自於天然與人為所造成者；其中自然界之困境，有如大坑洞、小暗窘、黑水溝等等。人類為了生存而要面對惡劣環境之挑戰，必須拿出勇氣與大自然搏鬥，如果你具有信心與意志力，最終都會順利克服困難，並渡過逆境與迎向光明之前景。《易經》坎卦之經文，就是以重重坎坷險境為例，用它來考驗人類之生命毅力，其中更有訓示我們如何面對嚴峻挑戰之哲理。臺灣人常以「坑坎」或「窟窞」來形容險境，若從此一概念出發，就可以幫助我們理解坎卦經文的意境與涵義。事實上，當人們遇到「坑坎」險境而心生恐懼時，就必須採取有效對策以做妥適之因應；不但要有周全營救脫險計畫，行動更要非常小心謹慎，這樣才不致因陷入深邃坑洞而不能自拔。

　　根據大陸媒體報導，在福建泉州鄉下地方，有一原本是田間的一口水潭，經人填土後慢慢就變成了沼澤地，其表面看似平整卻暗藏殺機。在二〇一三年十一月的某一天，就不幸有余家的一頭黃牛，因跑進沼澤地吃草喝水而被困住了。由於沼澤地暗藏軟泥坑坎，一旦陷入就沒有可支撐的受力點，因此營救牛隻確實相當困難。經過大家半個多小時的努力，牛主人還不斷往泥潭裡墊大量稻草，再加上有消防

隊員的協助牽引，最後才將黃牛從泥潭中成功救出。另據國際媒體報導，於二○一○年八月五日，在智利北部科比亞波市（Copiapó, Chile）周邊沙漠地帶的聖荷西銅礦（San Jose mine），因地下礦坑塌方而發生一件震驚世界的「礦坑災變」（Chile Mining Accident ,2010）。事故發生時，共有三十三名採礦工人（The 33 Chilean Miners）深陷地底下六百三十四尺處，該處距離坑道入口五公里的位置。礦工們在暗無天日的地洞內渡過了六十八天，幸有智利官方擬定一個周全的援救計畫，並得到全球各國救難專家的關注與援助，而且還採用多種最新科技，最後他們才一一搭上救生艙（Ventilation Shaft），並順利獲救而返回地面與家人團聚。

　　牛陷泥潭與人困礦坑之故事，讓我們見識到坑坎之險峻，如果沒有及時獲得救援，及採取正確的營救步驟，其生死命運確實難卜。考《易經》之成書時間，當在殷末、周初之間，在此大時代遭逢朝野更替之秋，在政治版圖與官宦道路上，處處都充滿坑坎險境。當面對生死存亡之際，每一個人在幸與不幸之間，其結局差別確實相當大。在「坎」卦初六爻中，作者藉一句「習坎，入于坎窞，凶」之辭，用以強調「習坎」及「窞凶」之緊密因果關係。「窞」字之義，坎中小坎也，就是指一處坎中之坎，它是屬於暗坑難防一類之險境。本文試以語言文字及歷史文獻之研究方法，探索坎卦經文之意象，並依照卦爻辭之解釋、關鍵字辭之解釋、六十四卦之聯通，三個段落順序，分別撰述個人鄙見，並就教於方家。

二　卦、爻辭之解釋

卦辭：習坎：有孚，維心，亨，行有尚。

譯文：論述習坎之卦：面臨重重險屬之坑坎，就必須要有信心，要有

意志力，還要有貴人相助與護佑；若是採取脫困行動計畫，就
必須按照正確而有效之方法與步驟。

初六：習坎，入于坎窞，凶。

譯文：〔陷窞為凶〕面臨重重危險之坑坎，若不幸掉落入其中之小暗
　　　坑，那就是最為凶惡之困境。

九二：坎有險，求小得。

譯文：〔受困求援〕坑坎充滿不測與險惡，若能得到一點小支援，這樣
　　　就會有助脫離險境了。

六三：來之坎坎，險且枕，入于坎窞，勿用。

譯文：〔陷窞不亂〕前面布滿危險之坑坎，讓你陷入重重危險之境界，
　　　萬一不幸掉落入一個小暗坑，此時絕不能因恐懼心慌而亂動。

六四：樽酒簋，貳用缶；納約自牖，終無咎。

譯文：〔文王脫險〕依禮準備酒食以作為款待，卻是別有用心要來試探
　　　受困之賓客；還好他如約從羑里被釋放出來，最終才沒有釀成
　　　大災禍。

九五：坎不盈祗；既平，無咎。

譯文：〔平安脫險〕坑坎深度不及上半身之內衣，既然平安脫險了，這
　　　樣就不會有大礙了。

上六：係用徽纆，寘于叢棘，三歲不得，凶。

譯文：〔受困無援〕好像被粗大黑繩綁住了，而且還困在佈滿荊棘之牢

獄當中，光陰雖已流逝三載，卻還得不到有救援者來相助，因此而無法脫困者，那就是凶兆了。

三　關鍵字辭之解釋

「坎」卦是以面對險惡之坑坎環境，以及如何進行脫困作為主題，卦中之卦辭與爻辭，同樣都以「習坎」兩字作為起頭，而卦辭更先明示如何進行脫困之四要素。卦辭曰：「習坎：有孚，維心，亨，行有尚。」「習坎」兩字，代表坎卦所要論述之困境，應該不屬於一般常見或比較單純之坑「坎」，而是比較罕見且重複出現之「坎」，或是更具危險性質的坎中之「坎」。「維心」一詞，維者，繫也；「維心」係指要集中一個人的意志力。「行有尚」一詞，尚者，有功可嘉尚也；「行有尚」係指依照最有功效之方法去辦事。依卦辭之內容，意指面臨重重危險坑坎之時，如果想要平安脫困，就必須擁有四個基本好條件，包括：一，有孚，意指要有信心；二，維心，意指要有意志力；三，亨，意指有貴人相助與護佑；四，行有尚，意指決定進行脫困行動時，必須按照最正確而有功效之方法與步驟。

在日常生活中，每個人都曾有感冒、拉肚子情況發生，這種小毛病，只能算是一般的細菌感染或是一時的生理失衡。同理，當人們走在平坦道路上，偶爾也會遇到一些小坑洞；萬一不小心掉進坑洞，通常也只是皮肉疼痛或是骨頭折斷而已，應不致於立即引發生命之危險。在人生旅途上，對一個不幸罹患癌症者而言，那就要另當別論了，包括心理所承受的打擊，一定是相當大的，而日後生活作息之調適，也要更加小心謹慎。最重要的是，罹患癌症者必須勇敢面對現實情況，開始接受正確的醫療程序，而親友的打氣與醫師的治療，也可扮演一個貴人的角色。事實上，不幸身罹「癌症」之恐怖，與遭逢

「坎窞」之凶險，兩者之危屬情況與脫困之程序，應該最為相似；而坎卦首揭之卦辭意涵，似可提供給不幸身罹癌症者參考。在「坎」卦所有文字中，最能突顯經文意象與哲理者，應以「坎、窞、貳、牖、衹、纆」六字最為關鍵，而這幾個特殊單字，也僅能在「坎」卦經文中看到。坎卦經文中，爻辭含有「坎、窞、貳、牖、衹、纆」之字詞者，謹依序解讀如下：

入于坎窞

初六爻辭：「習坎，入于坎窞，凶。」意指面對重重坑陷，並以陷入「坎窞」者最為凶險。事實上，面臨重重危險坑坎之人，若不幸又掉落入一個小暗坑，那就是身陷最為凶惡之困境了。「習」屬一字多義，原指小鳥振翅飛翔，《說文解字》曰：習，數飛也；《釋文》曰：習，重也。本爻「習坎」一辭，應指地面上布滿很多坑洞，以此形容地上有重重坑坎；而其形式大小，又有很多不同狀況。「習坎」可以引申為人心險惡，有如社會上佈滿害人的坑洞與陷阱，一不小心，你就有被人坑殺之可能。「窞」字，《唐韻》、《集韻》曰：徒感切，音菼；《說文解字》曰：坎中小坎也。坎中有坎，表示陷中有陷，其對萬物之危害，將會很大。「坎窞」，也就是「窟窞」；「窟」，同「堀」，孔穴也。「堀」字，《廣韻》、《集韻》、《韻會》、《正韻》曰：苦骨切；室也，孔穴也。臺灣話「窟窞」（KHUT₄ LAM₃），意指暗藏一個相當危險而不可預測之坑穴，例如在低窪、沼澤、河濱等地方，表面上看似只有一灘水池，但其中卻另暗藏一個坑穴，而此坑穴，又是一處極具危險的「窟窞」。

事實上，危險「窟窞」惡劣環境之存在，似乎又與河水氾濫，或池塘廢棄不用，日久堆積而形成有關。以河濱為例，因為水流而土質

較為鬆軟，如果平時有遭受到牛隻之踐踏，或被人不當採砂破壞，日久就會有各式坑坑洞洞之狀況產生。日後萬一再有大水氾濫時，河濱之坑洞就會受到大水沖刷，甚至形成一處處之「窟窞」，而其中因含有比較軟化之淤泥，臺灣人稱此含有淤泥之「窟窞」為「沙屧」（SUA₁ ZUV₅），人或牲畜如果一時不查，就會陷落其中。倘若身體被「沙屧」吸捲進去，在無救援情況下，如有不當之掙扎，恐有越陷越深之危險，而凶險也會立刻造成。

事實上，臺灣話「窟窞」之「窞」（LAM₃），其用字與經文相同，都是意指坑中有小坑，而小坑又是屬於暗坑難防之類的坑洞，它最具危險性。「窞」字之另一發音，依《集韻》注曰：盧感切，婪上聲；它與臺灣話「窞」（LAM₃），聲韻相同。在臺灣人之俗話中，有一聽來頗具諷刺性之「牽龜落窞」一詞，意指陷害他人去受災難或丟錢財，就好比把一隻無辜的烏龜丟進泥淖中一樣。掉入泥淖坑洞，對烏龜而言，它是一處致命點，如果沒有得到外力救援，其結局一定會很凶惡無疑。同理可知，一個人如果不幸被他人設計陷害，而其傷亡慘狀，就有如一隻烏龜因無力自救脫困，最後就是遭到滅頂之命運。爻辭「入于坎窞凶」，印證「窞」字之義，正是一處最為險惡之暗坑；對人類與動物來說，這是極為不祥之處，當以走避為上策。

納約自牖

六四爻辭：「樽酒簋，貳用缶；納約自牖，終無咎。」這一爻辭內容，似乎在描述紂王因懼怕與忌妒周文王之奇異才能，所以特別先將他拘禁在「羑里」地方，然後再設計試探文王之虛實。在歷史傳說中，紂王是先下毒手殺掉文王長子伯邑考，再烹煮伯邑考之身肉，並假裝成豐盛之美食；紂王藉口禮遇來招待文王，他企圖用假的美食，

要來測試文王之辨識與卜卦能力。但是，文王能夠將計就計，不但發揮他的睿智眼光與堅強意志力，而且還表現出謙卑態度並獻出忠誠心，因此才能通過最嚴酷之考驗，最後紂王不得不依先前之約，釋放被拘留在羑里的文王回到周國。考爻辭之「樽」字，《玉篇》曰：酒器也；《正韻》曰：从木者後人所加，亦作罇。「簋」字，《說文解字》曰：黍稷方器也。依古代禮器之圖式，內圓外方曰簋，外方內圓曰簠；木簋竹簋禮器，瓦簋常用器也。再依照古禮，通樽以盛酒，燕禮也，簋以盛黍稷，食禮也；燕禮者，所以明君臣之義也。從此可以理解，「樽酒簋」一詞，表示紂王遵行君臣之禮，故意擺出高規格的燕禮及食禮；而他以豐美飲食款待文王之意圖，只是演戲一場而已。

　　爻辭「貳用缶」與「納約」二詞，可作一語雙關之解釋。「貳」字，據《康熙字典》引《禮記・曲禮》曰：「雖貳不辭」；《註》曰：貳，謂重殽膳也。坎卦卦辭：樽酒簋貳用缶之「貳」，是表疑心；而損卦卦辭：二簋可用之「二」，是表數量。《爾雅・釋詁》曰：貳，疑也；《疏》曰：貳者，心疑不一也。《尚書・大禹謨》曰：任賢勿貳。《詩經・大明》曰：無貳爾心。《左傳・閔公元年》曰：閒攜貳；《註》曰：離而相疑者，則當因而閒之。另，重曰貳，即兼味也。[1]「殽」字，《說文解字》曰：相雜錯也；殽與淆同義。「缶」字，據《康熙字典》引《集韻》、《韻會》、《正韻》注曰：俯九切，音否。《說文解字》曰：瓦器，所以盛酒漿，秦人鼓之以節歌。另《爾雅・釋器》曰：盎謂之缶；《註》曰：盆也；《疏》曰：缶是瓦器，可以節樂，如今擊甌，又可以盛水盛酒，即今之瓦盆也。「納」字，《釋名》曰：弭也；弭之兩致之言也。又，《廣韻》曰：出；《傳》曰：餞，送也。「約」字，《說文解字》曰：纏束也。段玉裁注曰：束者，縛也。古代進行婚姻儀式，先有納采、納徵、納幣等「訂盟」程序，這些都是先依禮俗約定，由男方致送給女方之禮儀。宋朝蘇軾《書劉庭式事》有曰：「未

及第時，議娶其鄉人之女，既約而未納幣也」，算是一個比較特殊之說明。據上可知，「貳用缶」一詞，一則表示懷疑其中有詐，一則表示態度低調謙卑而能逆來順受。

　　「納約自牖」一詞，則表示有一個人從「牖」這個地方被釋放出來，這應該指文王從羑里被紂王釋放出來之歷史典故。根據推論，紂王應有先對文王做出承諾，而最後文王也能通過最嚴酷之考驗，所以才能從「羑里」被釋放出來。「牖」字，《唐韻》曰：與久切，《集韻》、《韻會》曰：以九切，音酉。臺灣話「牖」（IU₂），與有、酉、羑，皆同音。[2]牖與羑通，如《前漢書・景十三王傳》載：「文王拘于牖里」，即可為證。另一方面，唐人李鼎祚在其《周易集解》中，曾引述崔憬之言曰：人於重險之時，居多懼之地，因此必脩其絜誠，進其忠信，這樣才能幸免於難。爻辭「貳用缶，納約自牖」，正是針對身陷重險者的一個心理寫照；受到各種因素之煎熬，心中不只存有恐懼與懷疑，還要表現出冷靜與忠誠，這種處變不驚之智慧，確實要靠一個人的意志力才能支撐過來。

坎不盈祗

　　九五爻辭：「坎不盈祗；既平，無咎。」意指平安脫險之意思；因坑坎深度不及上半身之內衣，既然能平安脫險了，這樣就不會有大礙了。一般而言，坑坎不深者，就比較有平安脫險之機會；若是不幸陷入坑洞，其坑坎之深度沒有超過肚臍，坑水或泥沙就不會有蓋過上半身肢體之危險。事實上，如果坑中有水，但沒有掩到上半身的內衣，以此情況而言，就比較有獲救之機會；而一旦平安脫險出來，也比較不會有後遺症發生。「祗」字，《唐韻》曰：都奚切，《集韻》曰：都黎切，音低。《說文解字》曰：祗裯，短衣也；《揚子・方言》曰：汗

襦，自關而西謂之袛裯。據此註解可知，袛即汗襦，袛裯，本意做短衣解，為穿著以受汗垢之短衣也。汗襦，即今日俗稱之汗衫。

係用徽纆

上六爻辭：「係用徽纆，寘于叢棘，三歲不得，凶。」意指一個人被粗大黑繩綁住了，就如被關進佈滿荊棘之牢獄；光陰雖已流逝三載，卻還得不到有救援者來相助，因自己無法脫困，這就是最凶險之徵兆了。「徽」字，與「微」通；《廣雅》曰：幡也；《釋文》曰：識，本又作幑。徽幑，通謂旌旗之屬也。「纆」字，《集韻》、《韻會》、《正韻》曰：密北切，音墨；《博雅》曰：繩索也。另《說文解字》曰：三股曰徽，兩股曰纆；皆索名。「徽纆」一詞，繩索也；古時特指拘繫罪人者，引申為捆綁、囚禁之義。又，比喻法度或規矩，明人劉基《郁離子・公孫無人》曰：「則王之所重輕，人知之矣，而又欲繩之以王之徽纆，範之以王之矩度。」「寘」字，置也；「叢棘」一詞，「棘」是一種落葉灌木，它的枝條多荊，常被用來作圍籬。古代最早囚拘奴隸，據說是以棘叢圍繞，此後「叢棘」一詞，就成了囚拘之所的代名詞。「不得」一詞，得不到救援者，表示不能脫困之義。

「徽纆」具有一詞雙關之義；除做捆綁、囚禁之義外，另作送葬守喪之解。據此可以理解本爻之另一意涵，那是指紂王過世後，紂子祿父理應負責料理喪事，並依照禮制守喪三歲。人子披麻帶孝，並守喪三歲以盡孝，這是喪禮舊制。如前所述，「徽」字，幡也，又作幑；「徽幑」，通稱旌旗之屬。事實上，旌旗或幡旗，都是送葬行列常見之旗幑。況且「徽纆」意指繩索，送葬時手執繩索以牽引靈柩，後來泛指送葬之義。《禮記・曲禮上》曰：「適墓不登壟，助葬必執紼。」故「寘于叢棘」一詞，亦可引申為身居山頭，並為親人墳墓守喪。再者，

爻辭「三歲不得，凶」，依照臺灣習俗，喪事屬「凶」，家眷要守喪三歲；在此期間，他們是不能有所作為的。人子依照禮俗辦理喪事，這正是克盡孝道之表現。

四　六十四卦之聯通

　　通行本《易經》六十四卦之經文，共分成上經、下經兩個部分，其中上經有三十卦、下經有三十四卦。上經是以乾、坤兩卦為起首，坎、離兩卦為末尾。六十四卦來自八卦，而乾、坤、坎、離四個卦，都屬原始八卦之一，有「生卦」之稱。六十四卦之坎、離兩卦相鄰，卦爻都是由原卦相重疊而成。陽光、空氣、水是構成生命的三個基本要素；在傳統觀念上，坎卦以水為象，而水能載舟亦能覆舟；離卦以光或火為象，生命靠它而存在，但是光、熱如果太強，則會有炙傷身體之危險。俗話常說水火無情，因此對於水火之處置，就必須謹慎小心。事實上，坎卦內容，強調不幸受困，及如何脫困，並以文王憑其超人之意志力，最終能從羑里被釋放出來；作者以此作為脫困之典型案例。離卦內容，則強調生命之可貴，而萬物必須接受陽光才能有生命。卦辭以母牛為物象，依牛隻之用途而論，牛有乳牛、肉牛、役牛之分，而飼養母牛可以一舉數得，甚至可以當成生育小牛之種牛。在離卦六五爻辭中，敘述動物繁殖與生育之意義，而生產過程確實相當痛苦而具有危險性；如果母子均安，這才算吉利。以下從「坎」卦經文中之「有孚」與「三歲」兩字詞，簡介它們在六十四卦經文中之關聯性與意涵。

有孚

《周易》六十四卦中，「有孚」兩字共有二十六見；對於「有孚」兩字之意義，及臺灣話之發音，在「訟」卦中已有做出詮釋，在此不予贅述。[3] 在六十四卦中，需、訟、觀、坎、家人、損，六卦之卦辭中，各含有「有孚」兩字，並以它作為得吉或無咎之要件。事實上，「有孚」代表一個人的信心，對於需求者、訴訟者、脫困者、家人們而言，他們最需要具備「信心」這一重要元素。另一方面，除了人要有「信心」之外，還有周全之配套措施。例如在需卦，是以「光，亨，貞，吉」做為依靠；在訟卦，是以「窒惕，中吉，終凶」作為警惕；在家人卦，是以「威如，終吉」作為要件；在坎卦中，則以「維心，亨，行有尚」加上信心，作為脫困之必備方法與步驟。

三歲

《周易》六十四卦中，以數目字「三」，用來描述經文內容之處頗多，例如三日、三歲、三年、三百、三人、三品、三接、三就、三驅、三狐、三褫。用「三」敘述歷史事件，看似抽象，卻頗為具體，例如晉卦「晝日三接」，需卦「不速之客三人來」，及訟卦「終朝三褫之」，頗具有同工之妙。[4]「三」可以用來定量，例如以三作為時間單位者，在經文中就有：三日、三歲、三年等用詞；其中三歲、三年，兩者看似相同，意義卻稍有差別。《爾雅・釋天》曰：唐虞曰載，夏曰歲，商曰祀，周曰年。古代稱「歲」或稱「年」，歷朝稍有不同；而「歲」或「年」，甲骨文皆有其字。「年」字，古人寫成「秊」，《說文解字》曰：本作秊，穀熟也；年與穀物之成長收成，比較具有密切

之關係。事實上，「年」應指太陽曆之年，「歲」應指太陰曆之歲。在六十四卦中，經文用「三年」者有兩卦，包括：既濟卦「三年克之」，未濟卦「三年有賞」；用「三歲」者有五卦，包括：同人卦「三歲不興」，坎卦「三歲不得」，困卦「三歲不覿」，漸卦「三歲不孕」，豐卦「三歲不覿」。

　　依中國陰陽合曆之曆法概念計算日子，「年」應比「歲」長些；「年」屬太陽回歸年（Tropical Year），一年十二個月有三百六十五（六）天；「歲」以太陰曆（Lunar Calendar）計算，一歲十二個月只有三百五十四天（非閏）。但另有學者認為，我國稱十二建月之太陽年為「歲」，十二陰曆月之年為「年」；他以「年」較「歲」短十一日餘，故有置閏以調整節氣，以利農事之說法。[5] 臺灣話論述光陰之「歲」，發音有 SUE3 及 HUE3。在傳統習俗上，臺灣人論年紀都以陰曆「歲」（HUE3）為單位，小孩出生就稱一歲，過了農曆年又增一歲；古禮守喪之期限，依例亦以陰曆之歲為準。坎卦及其他四卦，都以「歲」為單位，依其爻辭內容觀之，它與臺灣人論年紀之習俗，較為吻合。另從傳說故事及民間信仰角度觀之，「太歲」一直是潛伏在民間的一個凶神；據說目前可考證的最早人格化太歲神是殷郊。《封神演義》說：「殷郊為值年歲君太歲之神。」在宋代的道教傳說中，殷郊是商紂王的長子。[6] 坎卦「三歲不得」，困卦「三歲不覿」，及豐卦「三歲不覿」，似有隱喻祿父為紂王治喪，因此在守喪期間，他不能有所作為，而外界也暫時不能見到他的行蹤。

五　結論

　　走路踩到坑洞而跌倒，這算是碰到一個小意外；若有人遇到重重坑坎，且不幸被陷害、坑殺、擊垮了，那就是他一生中的大限已到。

坎卦經文特別冠上「習坎」兩字，在於強調已經面臨重重困境考驗者，雖然相當危急，而且命在旦夕，但只要具備四個有利條件，他還是有機會平安脫離困境的。卦辭「有孚，維心，亨，行有尚」，就是用來描述脫困的祕方；四個基本好條件，包括：一，「有孚」，意指要有信心；二，「維心」，意指要有意志力；三，「亨」，意指有貴人相助與護佑；四，「行有尚」，意指決定進行脫困行動時，必須按照最正確而有功效之方法與步驟。

初六爻辭「習坎，入于坎窞，凶」，此段經文首先揭露面臨重重危險之坑坎，若是不幸掉落入其中之小暗坑，那就是最為凶惡之困境。「窞」字古音「盧感切」，它與臺灣話「窞」（LAM₃），聲韻相同。臺灣話「窟窞」之「窞」（LAM₃），其字義與爻辭坎窞之「窞」相同，都是指坑中有小坑，而小坑又是屬於暗坑難防之類的坑洞，它最具危險性。臺灣有一「牽龜落窞」之俗話，意指陷害他人去受災難或丟錢財，就好比把一隻無辜的烏龜丟進泥淖中一樣。掉入泥淖坑洞中，對烏龜而言，它是一處致命點。同理可以理解爻辭「入于坎窞」之涵義，它表示一個人如果不幸被他人陷害，而其傷亡慘狀，就有如一隻烏龜因無力自救脫困，最後就是遭到滅頂之命運。

回顧殷商末年，周族逐漸強大崛起，因此紂王就先下手將周文王拘禁起來；六四爻辭「樽酒簋，貳用缶；納約自牖，終無咎」，即含有述說文王從羑里被紂王釋放出來之歷史典故。以「納約自牖」一詞為例，它隱含紂王有先對文王做出承諾，並假意以燕禮來招待，但最後文王都能通過最嚴酷之考驗，所以才能從「羑里」被釋放出來。「牖」就是地名「羑里」之簡稱；「牖」字，《唐韻》曰：與久切，《集韻》、《韻會》曰：以九切，音酉。臺灣話「牖」（IU₂），與有、酉、羑，皆同音。牖與羑通，《前漢書・景十三王傳》載：「文王拘于牖里」，即可佐證。

　　看看臺灣先民渡臺之歷史，我們的祖先從十七世紀開始，決定遠離貧瘠的原鄉；他們先要渡過海峽黑水溝，然後登上臺灣島，緊接著是篳路藍縷，還要辛苦闢土墾地求發展。早期曾有一渡臺悲歌，其中就有一「十去六死三留一回頭」之語句，聽來實在令人鼻酸不已。事實上，黑水溝代表地塹屏障，加上水土不服與民亂械鬥不斷等狀況，大自然與人為諸多不利因素，就構成一個無形之「窞」。所幸先民可以憑其決心、信心與毅力，終於能在美麗寶島定居下來。

　　再看東非動物大遷徙之景觀，根據國際旅遊相關資訊可知，位在東非坦尚尼亞北部的塞倫蓋提國家公園（Serengeti National Park, Serengeti, Mara, Tanzania），與鄰國肯亞南部的瑪沙瑪拉國家保護區（Masai Mara Reserve, Serengeti Plain, Nakuru, Kenya），兩處公園保護區面積廣大而且土地接壤，這裡動物種類繁多且數量龐大，是世界上最著名的野生動物保護區。每年由南而北遷，再從北而南返，在固定的七月及十、十一月間，都會上演兩次動物大遷徙景觀。不管是牛羚與斑馬，牠們遷徙沿途都是危機四伏，陸上先有獵食者（Predator）隨伺在一旁，有眾多凶惡之獵豹、獅子虎視眈眈。接著就要橫渡瑪拉河，但必先經過布滿坑坎之河岸；此時成千上萬動物前仆後繼，進到寬闊河中以後，還有一道鱷魚吞噬之險關。

　　以古觀今，以動物看人類，大家為了度過危險境界求生存，就必須要擁有一套脫離「坑窞」之好策略；解讀「坎」卦內容，可以看出聖人已經提出好方法與好典範，「坎」卦經文確實值得吾人之學習與參考。

註釋

1　高樹藩：《正中形音義綜合大字典》（臺北市：正中書局，1977 年），頁 423。

2　徐金松：《最新臺語字音典》（臺北縣：開拓出版公司，1998 年），頁 236。

3　廖慶六：《歸○解易十六講》（臺北市：萬卷樓圖書公司，2013 年），頁 87-88。

4　廖慶六：《歸○解易十六講》（臺北市：萬卷樓圖書公司，2013 年），頁 77-78。

5　鄭天杰：《曆法叢談》（臺北市：中國文化大學，1985 年），頁 168。

6　參見維基百科〈太歲〉：（http://zh.wikipedia.org/wiki），2014/1/2。

第七講
淺釋易經離卦

一　前言

　　有一句臺灣俗話說：「日頭赤熾熾，遂人顧性命」。[1]這是一句形容環境很惡劣，提醒大家要以逃命自保為重。環境很惡劣，就好比天上同時出現兩個太陽，或一個太陽卻有很強烈的陽光，因此我們要能及時躲避它的照射，並以保護生命安全作為最大考量。事實上，當我們遇到異常天文現象，或面臨特殊政治環境時，都應以照顧好自己一條小命為優先；人人各理各的性命安危，該躲、該避、或裝瘋，都必須馬上做一聰明抉擇，否則你就會有殺身之禍。回顧殷商末年之歷史，當時的政治大環境，一方是殷商走向沒落，紂王的暴虐無道，致使朝臣紛紛遭到不測，當時有微子逃、比干亡、箕子囚，及太師疵、少師彊抱其樂器而奔周之悽慘悲壯情況。另一方則是周族的逐漸崛起，先有文王之積善累德，後有武王慎成其業。在宇宙自然界中，常因季節、地域與時段之不同，太陽光就會有強弱與好壞之區別，好的陽光能對萬物帶來溫暖與成長，壞的陽光卻會對生命帶來傷害與滅亡。太陽是光熱之來源，水火是萬物生命之要素，但水火卻也是無情的。臺灣俗話「日頭赤熾熾」，就是一句描寫身處炎燥、灼熱陽光底下，因此就要採取緊急閃避措施，並儘快找到能夠活命之地方。

　　在《易經》之上經三十卦中，「坎」與「離」是排序最後的二卦；

這兩卦之卦、爻辭意涵，正是敘述人處死生之道，而此時最好的生存策略，就是找到如何脫困及如何自保之妙方。從這兩卦之經文內容中，稍可看到一些上古時代的歷史典故；例如「坎」卦中的「文王脫險」，及「離」卦中的「太師奔周」屬之。「離」卦之卦名，具有一字多音、多義之特色，而爻辭「日昃之離」，也有一語雙關之特點。在《康熙字典》中，「離」字之義，就出現很多種不同之解釋或定義，例如：明也，麗也，散也，歷也，兩也，過也，獵也……。「離」字之音，《唐韻》曰：呂支切，《集韻》、《韻會》曰：鄰知切，从音驪；另《廣韻》、《集韻》、《韻會》曰：力智切，音荔；《正中形音義綜合大字典》曰：里詣切，音麗，與荔枝之「荔」音同；荔枝古稱「離支」或「離枝」。臺灣話荔枝之「荔」（LAI₇），與菜刀很利之「利」（LAI₇），兩字同音。事實上，《易經》離卦之「離」字，也是屬於上古時代之「說的字」，意指陽光炎燥、灼熱之「利」，也引申為政治上暴君之「厲」；不管是陽光之「利」，或是暴政之「厲」，兩者對人同樣都具有很嚴厲之殺傷力。離卦之「離」字，還可作別離和依附解，而「殷太師奔周」之故事，就是一個很好的案例與詮釋。本文試以語言文字及歷史文獻之研究方法，探索離卦經文之意象，並依照卦爻辭之解釋、關鍵字辭之解釋、六十四卦之聯通，三個段落順序，分別撰述個人鄙見，並就教於方家。

二　卦、爻辭之解釋

卦辭：離：利，貞，亨，畜牝牛，吉。

譯文：論離之卦：要掌握最有利的時空環境，要擁有聰明智慧，還能得到護佑；畜養母牛可以一舉數得，這是得到吉祥之徵兆。

初九：履錯然，敬之，無咎。

譯文：〔敬謹無害〕大地經過烈日之照射，當我們踩在尖厲燒燙之地上亂石時，就應懷有敬謹警惕之心，這樣就不會有禍害了。

六二：黃離，元吉。

譯文：〔大地光明〕陽光普照黃土大地，萬物因此受惠滋長，這原是最大吉祥之徵兆。

九三：日昃之離，不鼓缶而歌，則大耋之嗟，凶。

譯文：〔太師奔周〕過了日中，太陽開始偏西進入昃時，這正是一天陽光最為炎熱的時刻；不再演奏鼓缶及聽到歡樂歌聲，卻有人發出哀嘆聲，這就是一種不祥之徵兆。

九四：突如，其來如，焚如，死如，棄如。

譯文：〔暴君淪亡〕大限臨頭了，生命正面對來襲者之挑戰了，接著敗退而自焚了，生命結束了，頭顱被砍下示眾了，最後也被棄屍了。

六五：出涕沱若，戚嗟若，吉。

譯文：〔平安接生〕從動物出生之過程觀之，先是聽到嬰兒哇哇墜地之哭叫聲，又有羊水胎盤從母體中洩溢出來；此時還伴有母親艱苦生產之哀痛聲，這正是平安順利生產之景象，也是得到吉祥之徵兆。

上九：王用出征，有嘉；折首，獲；匪其醜，無咎。

譯文：〔用兵獲勝〕王師出征，此項軍事行動之目的在於除暴，因此能夠得到萬邦諸侯之擁護與天下萬民之嘉許；砍下暴君之首級，

王師獲得大勝；能為民除暴不算是惡名，這樣做應該不會有過
錯的。

三　關鍵字辭之解釋

據科學家之研究，太陽光中包含了「可見光」與「紫外線」；紫外
線（UV light）屬於不可見光，如果長時間或經常的照射紫外線，就很
容易造成身體的傷害。根據醫學研究報導可知，陽光中不同波長的光
線及輻射線（可見光／紫外線A、B、C／紅外線等），都會對人類與動
物的皮膚及眼睛，造成不同等級的傷害，並加速生命能力的退化及老
化。一般相信，長時間的紫外線曝曬，會直接對皮膚免疫系統產生抑
制，並使人體抵抗力變得脆弱，也會導致許多皮膚病的惡化。紫外線
就是波長較「可見光」短的光線，由於波長短，攜帶的能量高，更容
易對動物組織造成傷害。另外，依據紫外線波長的長短，會有能量高
低或穿透力強弱的差別，而吸收紫外線的多寡，又與季節、時間、緯
度、海拔之不同有關。中午是紫外線穿透力較強時刻，因此醫生都會
提醒我們，中午至下午三點之前，最好不要曝曬在大太陽底下，以避
免陽光之傷害。小時候在鄉下農家生活長大，當時長輩就常告訴我們
說，中午至下午三點之前，陽光很「利」（LAI₇），因此大人都會暫時
放下田間工作，並警告小孩不可在外遊蕩曝曬，就是要避免陽光之直
接傷害到人的身體。

「離」屬原始八卦之一卦，以「火」為象；太陽之光，亦屬火。
《周易》「離」卦之象，為雙「離」重疊，含有太陽光很強烈之意涵。
臺灣話稱「日頭真利」，就是指陽光太強；太強則會對人類與動物
的皮膚及眼睛，造成一些傷害。太陽光很強烈，因此臺灣話以「利」
（LAI₇）稱之，表示它會刺傷人的皮膚身體。陽光之「利」，與離卦

之「離」（LAI₇），兩字音、義，頗為相合。《易經》常有一字多音、多義之現象，根據《康熙字典》引用歷代字書之解釋，離卦之「離」字，就有很多不同之注釋；例如：明也，麗也，散也，歷也，兩也，過也，獵也……。「離」字之音，《唐韻》曰：呂支切，《集韻》、《韻會》曰：鄰知切，从音驪。《說文解字》曰：黃倉庚也，鳴則蠶生。按「離」，从隹离聲，原指黃倉庚，它是一種益鳥，春天聞此鳥鳴則蠶生。再者，《集韻》、《韻會》曰：鄰知切，音驪；《玉篇》曰：離，明也。形容一個人很聰明而且判斷力強，臺灣話就以眼睛很「利」（LAI₇）稱之。又，「離」呼里詣切，音麗，與「荔」同音。古有果實名曰「離支」者，如《文選·司馬相如》有〈上林賦〉曰：「隱夫郁棣，合遝離支」。「離支」亦作「離枝」，即今之「荔枝」也。[2]按，荔枝之「荔」，臺灣話發音亦如「內」或「利」（LAI₇）。

　　本卦之「離」字，應以表徵強烈陽光之炎熱、灼熱、赤熱，作為主要意象，並引申為暴政為虐，最後暴君遭到滅亡之命運。另外，「離」字，還有表示離別或依附之意思，殷末「太師奔周」之歷史典故，即屬一個案例。綜而論之，本卦爻辭之內容，應可分成「敬謹無害、大地光明、太師奔周、暴君淪亡、平安接生、用兵獲勝」六個階段，並象徵宇宙萬物之「利、麗、離、死、生、勝」六種不同意境。有關本卦之關鍵字辭，謹依經文順序詮釋如下：

履錯然

　　初九爻辭：「履錯然，敬之，無咎。」意指白天經過日曬後，人若踩在尖屬而燒燙之地面時，就應懷有畏懼之心，這樣才不會有災禍發生。面臨崎嶇環境，人總要嚴肅以待，且要懷有警惕之心，這才是避免災禍上身之良方。「錯」字，《正韻》曰：七各切，从音厝；厲石

也，意指地上的尖銳石頭。又，《釋文》、《說文解字注》曰：厝者，厲石也；如《詩經・小雅》曰：他山之石，可以為錯。「然」字，《唐韻》、《集韻》、《正韻》曰：如延切，音燃，《說文解字》曰：燒也。又，《管子・弟子職》曰：蒸閒容蒸，然者處下。「履錯然」一詞，比喻人走在燒燙、尖銳之石頭上的意思。

　　明朝正德年間，有吏部尚書劉績《管子補注》曰：古者，束薪蒸以為燭。蒸，細薪也；稍寬其束，使其蒸閒可各容一蒸，以通火氣。[3]引申為警惕初入社會的新鮮人，因為要開始與他人共事共處，做人態度及做事方法，都需要接受他人的指揮與領導。前面路上總會充滿荊棘，因此行動要畢恭畢敬，待人處事更要非常謹慎小心，這樣才能避免禍端而無事。「敬」字，《說文解字》曰：肅也；段玉裁注曰：肅者持事振敬也。又，《釋名》曰：敬，警也，恆自肅警也；《玉篇》曰：恭也，慎也。「敬之」一詞，表示對於他人與環境的尊敬，因此做人態度必須以謹慎為要。

黃離

　　六二爻辭：「黃離，元吉。」意指每天日出以後，陽光開始照射在黃土大地上；能普受溫暖陽光之照射，萬物因此受惠而滋長，這原本是最大吉祥之現象。經文「離」字多音、多義，而爻辭「黃離」一詞，也具有一語雙關之義，而且都與大地吉祥物象有所關聯，故爻辭曰：「元吉」。考「黃離，元吉」之爻辭，其內容意涵有二，包括：一、自古栽桑養蠶本是農家大事，而春天陽光帶來溫暖，此時因聽到黃倉庚鳥之鳴叫聲，蠶兒就開始繁殖生育，人們也依時抽繭紡絲，黃倉庚正是帶來大吉之益鳥；二、古人畜養黃牛獲利，大地因有陽光普照而讓青草滋長，因此利於家戶畜養母黃牛，而牠能產子、泌乳；既可繁殖

牛隻，又可供應營養鮮奶，母黃牛也是帶來大吉之家畜。「黃離」或「離黃」，可作黃倉庚之代稱；據《說文解字》曰：離黃，倉庚也，鳴則蠶生；從隹离聲。[4] 又，倉庚，就是指黃鸝鳥，牠又名黃鶯或黃離；清人厲荃撰《事物異名錄・禽鳥・鶯》曰：黃離，黃鸝的別名。[5]

在臺灣話中，人稱黃土為紅土，稱黃牛為赤牛仔；紅土和赤牛仔之外觀，均偏向暗紅之顏色。據此推論，古漢字之「黃」，與今日所稱之「黃色」，應有所差別。以大地放牧黃牛群之景觀，及畜養母牛所獲得之好處，正可和卦辭「畜牝牛，吉」之意象，互相契合。據「維基百科」網頁之介紹，今日大多數家牛的祖先都是原牛；原牛曾廣泛分布於歐亞大陸。家牛或稱黃牛、歐洲牛（學名：Bos primigenius taurus），據專家考證，這種群居哺乳類動物的祖先為原牛，大約八千年前被人類馴化成家養的牲畜。事實上，家牛之用途，大致可以分成役牛、肉牛、乳牛。牛在上古時代就被用作祭祀的犧牲，牛骨又可用來刻劃祭祀卜辭，而母牛更有產子及泌乳之雙重用途。據研究指出，乳牛具有泌乳和懷孕同時進行之特點，乳母牛一年大約有三百天的時間都在泌乳；畜養母黃牛可以一舉數得，這是得到吉祥之徵兆。另一方面，泌乳牛需要充足陽光，牠的主要營養有熱能、蛋白質、礦物質、維他素及清水等；包括陽光照射與營養品的供應，這些都是給乳牛維持生長、生殖及泌乳的重要元素。

日昃之離

九三爻辭：「日昃之離，不鼓缶而歌，則大耋之嗟，凶。」在地球繞太陽運轉中，每天一過中午，陽光就開始向西偏斜，並且在下午三點之前，就是一天陽光最熱、最燙的時刻。「離」卦之離，除了用來說明陽光炙熱之「利」或「厲」之意思外，還可用它來突顯官員逃離暴

政之事實。據此，「離」字，除具有陽光炙熱之意義，還可引申為「逃離」、「依附」或「附麗」之意思。從歷史文獻記載，殷商末年時，在中原與關中兩地，一邊有暴君紂王，致使朝臣紛紛棄紂王而離去；一邊是如旭日東昇之文王，致引來各方豪傑與諸侯紛紛奔周依附。《史記・殷本紀》記載：「殷之大師、少師，乃持其祭樂器奔周。周武王於是遂率諸侯伐紂。紂亦發兵距之牧野。」另《史記・周本紀》亦有相同記事，其文如下：

> 武王即位，太公望為師，周公旦為輔，召公、畢公之徒左右王，師修文王緒業。九年，武王上祭于畢。東觀兵，至于盟津。……居二年，聞紂昏亂暴虐滋甚，殺王子比干，囚箕子。太師疵、少師彊抱其樂器而犇周。於是武王遍告諸侯曰：「殷有重罪，不可以不畢伐。」乃遵文王，遂率戎車三百乘，虎賁三千人，甲士四萬五千人，以東伐紂。

以殷太師、少師兩樂官為例，他們攜帶宮廷禮器、樂器出逃，並投奔周營。宮廷中的禮器、樂器、祭器已失，代表大凶之降臨，對於商紂之滅亡，確實具有加速與催化作用。事實上，爻辭「日昃之離」，既可象徵陽光強烈及紂王暴虐之「利」，又可象徵太師、少師兩樂官犇周之「離」。當時殷朝太師、少師，兩樂官離商歸周，頗有「離別」殷商與「依附」周朝之象徵意義。再者，爻辭「不鼓缶而歌，則大耋之嗟，凶」，象徵太師、少師兩樂官，他們已經不再繼續效勞於殷商王朝了；太師、少師都是殷朝樂官名。太師、少師，決定一同離商歸周；在逃難中，他們也會不時發出哀嘆聲，這當然是殷商之凶兆了。如《史記・殷本紀》與《史記・周本紀》所載，太，亦作大，大師又稱太師。爻辭「大耋」兩字，似乎在指「太師疵」其人。

　　古人以太陽出來後，將白日之時刻分成：晝、中日、昃、郭、

兮、昏等時段。據學者研究指出，殷商是以雞鳴作為一日之始，在殷武丁時，分晝夜為八時段；祖甲時，改分為十時段。至周朝時，則分晝夜為十二時段；包括武丁、祖甲、周朝當時，都包含有「中日」、「昃」這兩個時段。[6]對照現今一天分十二個時辰之習俗，或一天二十四小時之計時方式，則「中日」、「昃」與「午」、「未」，古今雖有兩個不同用詞，時段卻最吻合。換句話說，每天十一點至十三點，我們稱它為「午」時，十三點至十五點稱為「未」時；現代的「午」時，約等於古代的「中日」，而現代的「未」時，則等於古代的「昃」。陳夢家（1911-1966）在論述一日內之時間分段時，他特別引用殷墟卜辭並指出，「中日至昃」、「昃至郭」，則昃在正午以後、郭兮以前，日已西斜，故曰「昃」，昃即日側。[7]甲骨文「昃」字，字形中有一「日」及「大」字，表示陽光強大而炎熱。[8]事實上，每天下午一到三點，太陽雖已過中天，卻是陽光最熱、紫外線最強之時刻，此時只適午休，而不適於暴曬在外。臺灣鄉下農人都知道，下午一點到三點之間，這是一天之中陽光最燙、最利之時刻，此時比較不適合下田幹活。「昃」時之炎熱，表示非常熱之義，代表陽光最利（LAI₇）之時，有燒燙皮膚而生疼痛之害；臺灣話「利」（LAI₇），如刀刃很利之「利」，它與經文之「離」（LAI₇）字，音、義皆相合。

　　爻辭「日昃之離」，考「離」之音，《康熙字典》已收錄不少不同之音韻，例如：《唐韻》曰：呂支切，《集韻》、《韻會》曰：鄰知切，从音驪；又《廣韻》、《集韻》、《韻會》曰：郎計切，音麗；又《廣韻》、《集韻》、《韻會》曰：力智切，音荔。另外還有《集韻》曰：抽知切，音痴；據此可知，古代「離」、「痴」也有同音之說。按，痴疪，病也；痴、疪，音近、義同，兩字可以通假。根據歷史記載，殷太師名「疪」，他在紂王與武王決戰前的最後一刻，才與少師彊一起「離商奔周」。歷史文獻對於官名稱謂，常因朝代之不同而略有差異；

以「太師疵」為例，他是影響武王出兵征討紂王之最後關鍵性人物，在《史記・殷本紀》僅記官名「大師」，在《史記・周本紀》則為「太師疵」。事實上，史家以「疵」名太師者，意指這位政治人物之最後行為，已有瑕疵可議之緣故也。《易經》「日昃之離」之離，與《史記》「太師疵」之名，意象頗為吻合；而作者借用「離」字，隱喻太師「疵」之名，含有貶乏他「離」紂王而去之史實。

　　考本爻「大耋之嗟」一詞，「大」字之義，因與「太」字同音、同義，在很多場合，兩字可以通假。以古代官名「太師」一辭為例，在《史記》之〈殷本紀〉曰：「大師」，在〈周本紀〉曰：「太師」。「耋」字之義，應與年紀大小無涉；考其甲骨文字形，應作「跌」之古字為宜。在通俗用字上，形容一個人的年紀很大，字書均以「耄」字代之，如《釋名》曰：七十曰耄；《禮記・曲禮》曰：八十、九十曰耄；頭髮白，耄耄然也。另考「跌」字之音，《正韻》曰：杜結切，從音「耋」；「跌」之字形，甲骨、金文闕，其小篆字形，由左「足」、右「失」組合而成，它與「耋」之甲骨文字形結構，最為相似。考經文「耋」字之臺灣話發音，和「跌」（TIAT$_8$）字相同；[9]而「耋」字之義，《康熙字典》並未作任何註釋。另按「跌」字之義，《康熙字典》引《淮南子・修務訓》曰：夫墨子跌蹏，而趍千里；《註》跌，疾行也。準此可知，「大耋」具有雙重之含意：一指殷太師其人；一指他疾行逃難之窘狀。再以「嗟」字為例，這是因有人決定要躲避「日昃」之「利」或作「離」去之打算，從此他不再為朝廷祭祀大典奏樂了，因此也讓他內心嗟嘆不已。事實上，「日昃之離」一詞，應該是指一天中，陽光最為強烈炙熱的時候，就如身處暴政環境下，那是難於生存活命的；就像「太師疵」，他是為了逃避紂王暴政而奔周，兩者之意涵相同。最後，只聞「嗟嘆」聲音，而不再「鼓缶」歌唱；對當政者而言，這一定是凶兆無疑了。在暴政底下，重要官員決定叛離朝廷，接

著又要跌跌撞撞逃難；因為身心俱疲，所以口中常會發出哀嘆聲。綜觀本爻之意涵，應與「太師疵奔周」之史事，最具有密切之關聯。

突如其來如

九四爻辭：「突如，其來如，焚如，死如，弃如。」連用五個「如」，這是語助詞，有加強語氣之作用。本爻辭應指生命之循環現象，形容萬物生命走向滅亡之過程。生命從無到有，萬物來到世間報到後，就會慢慢成長，然後旺盛如火焰般，然後凋謝死亡，最後就消失不見蹤影了。「弃」字，《說文解字》曰：古文棄字。「弃如」，棄養之義。《禮記・祭義》引用孔子的話，其文曰：「氣也者，神之盛也；魄也者，鬼之盛也；合鬼與神，教之至也。眾生必死，死必歸土：此之謂鬼。」了解人生大道理，珍惜寶貴生命，才不至於鑄下害人害己之大罪。《史記・殷本紀》曰：「帝紂資辨捷疾，聞見甚敏；材力過人，手格猛獸」；紂王原本是殷商之曠世奇才，可惜他卻「知足以距諫，言足以飾非；矜人臣以能，高天下以聲，以為皆出己之下。好酒淫樂，嬖於婦人」，最後命運竟有如爻辭所言，其下場真是悲慘無比也。

出涕沱若

六五爻辭：「出涕沱若，戚嗟若，吉。」這是指觀察動物實際出生過程，並體會痛苦與喜悅之情況。生育代表要繁殖下一代；在生產過程中，嬰兒從母體生出來時，他總會哇哇哭叫幾聲，隨後羊水胎盤也都流出來了，同時母親也表露出很掙扎痛苦的樣子。如果一切生產過程都很順利，就表示母子均安，這也是得到吉祥之徵兆。一般而言，所有新生兒出生墜地時，我們都會聽到哭叫聲，這表示新生命已經開

始呼吸了。「出」字，表示出世、誕生之意；臺灣話指稱小雞已孵化了，即稱此為「出」（TSUT4）了。「涕」字，《唐韻》、《正韻》曰：他禮切，從水弟聲。《說文解字》曰：泣也；《玉篇》曰：目汁出曰涕。「沱」字，《唐韻》曰：徒何切，從音駝；《爾雅》曰：釋水，水自江出為沱；引申為生產時，胎盤與羊水自母體內流出的樣子。描寫生產過程之喜悅或哀痛，臺灣人有一句俗話曰「生贏雞酒香，生輸四塊板」，這表示生產順利而母子均安時，算是喜事一樁；母親開始坐月子，並享受麻油雞香、進補身體。但萬一不幸遇到難產，大小生命都不保時，則會令很多至親家人哀痛不已。

王用出征

　　上九爻辭：「王用出征，有嘉；折首，獲；匪其醜，無咎。」意指王師採取征伐之決策，這項行動能得到諸侯之擁戴與萬民之嘉許；因他已為民除掉暴君了，我們不能以「臣弒君」之惡名看待他，他的行為是不會有過錯的。「王」可指周武王；「征」字，《爾雅・釋言》曰：行也，《孟子》曰：征者，上伐下也；又《正韻》曰：征，取也。「醜」字，惡也；《說文解字》曰：可惡也；從鬼酉聲，昌九切。又，《釋名》曰：臭也，如臭穢也。對於那些不知羞恥、比較會哭會鬧，父母常以臺灣話「醜醜彼見笑」（TSIU2 TSIU1 PUE5 KIAN3 SIAU3）取笑他們；醜、彼、見笑，三個字詞連用，就是特別要針對那些無理取鬧，操行不軌者，表達取笑或不齒的意思。臺灣話「醜」（TSIU2），發音如同「手」、「帚」。「彼」字之音，據《康熙字典》引用《集韻》、《韻會》曰：補靡切；《正韻》曰：補委切，從音彼。「彼」字之義，據《廣韻》曰：邪也；《臺灣語典》曰：無恥也，呼音如「皮」（PUE5）。[10]爻辭「折首」，暗指砍斷紂王之頭顱；「獲」，意指奪取帝王大位；

「匪其醜」，意指砍斷紂王之頭顱及奪取帝王之大位，這也不是周武王的無恥或醜事。相反的，大臣或諸侯能為民滅掉暴君者，絕不能以「臣弒君」來論罪或羞辱他。綜觀本爻之意涵，正好與周武王消滅商紂之史實吻合；據史書記載，因紂王無道，周武王才派出東征大軍，當時是以王師之名號，進行征討暴君商紂。兩軍先在牧野決戰，商軍落敗而逃，而紂王逃回王宮後，舉火自焚而死。最後周武王追入王城，並斬下紂王之頭，並將頭顱懸於大白旗上；當時殷民大悅，於是周武王自封為天子，並從他開始，改稱帝號為王。

四　六十四卦之聯通

　　《周易》六十四卦之經文，上經有三十卦，以乾卦、坤卦起首，以坎卦、離卦收尾；下經有三十四卦，以咸卦、恆卦起首，以既濟卦、未濟卦結束。六十四卦中之「坎」、「離」、「既濟」、「未濟」四卦，排序分居上、下經之後，而卦象又與原始八卦之「坎」、「離」有關。《周易》「坎」卦、「離」卦之卦象，均屬重卦；而「既濟」、「未濟」之卦象，則各以一「坎」一「離」相疊組合而成。八卦之「坎」、「離」，原以水、火作為物象；而水、火更是萬物生命不可或缺之要素。另一方面，水火無情，這也是考驗生命之德性與毅力之元素。考四卦蘊含之哲理，對於培養積極人生觀，同樣都具有很高之參考價值。基本上，「坎」、「離」卦之意涵，一在求脫險、一在謀避難；而「既濟」、「未濟」卦之意涵，一在緬懷過去、一在惕勵將來。

　　從經文用字觀察，在六十四卦經文中，「出」字共計十二見，包卦：需卦六四爻「出自穴」，師卦初六爻「師出以律」，小畜六四爻「血去惕出」，隨卦初九爻「出門交有功」，復卦卦辭「出入無疾」，離卦六五爻「出涕沱若」、上九爻「王用出征」，明夷六四爻「于出門

庭」，鼎卦初六爻「利出否」，渙卦上九爻「去逖出」，節卦初九爻「不出戶庭」、九二爻「不出門庭」等。「出」字，含有一字多義之特色，《說文解字》曰：進也；《廣韻》曰：見也，遠也；《增韻》曰：出入也，吐也，寫也；又生也。各卦之「出」字，可隨不同之詞句，而作不同之解釋；但是離卦「出涕沱若」之「出」，其意義就顯得比較特殊。依臺灣話「出」（TSUT4），是指出世或出生，因此「出涕沱若」之「出」字，應作人類或動物之「出生」解釋為佳。

從卦序之排列觀之，坎、離兩卦相鄰；坎卦之內容，強調不幸受困時，應了解如何脫困之必備要件，並舉「文王脫險」作為案例。離卦之內容，則強調生命之可貴，並在強烈陽光照射下，應該懂得如何自保，並舉「太師奔周」作為案例。從經文內容與章句結構分析，坤、離兩卦具有一些相似性，例如：牝馬 vs. 牝牛；履冰 vs. 履錯然；黃裳 vs. 黃離。另外，從物象與意涵觀察，坤卦是在敘述月亮環繞地球運轉所產生的天象，而離卦則是論述萬物死生變化所產生的哲理。

五　結論

《周易》之經文，常有一字多音、多義之現象。根據《康熙字典》引用字書之解釋，離卦之「離」字，確有較多不同之注釋。「離」字之音，《唐韻》曰：呂支切，《集韻》、《韻會》曰：鄰知切，從音驪。《說文解字》曰：「離」，從隹离聲，黃倉庚也，鳴則蠶生。黃倉庚是一種益鳥，春天聞此鳥鳴則蠶生，人們也開始忙於種桑養蠶，及抽繭繰絲工作了。再者，《集韻》、《韻會》曰：鄰知切，音驪；《玉篇》曰：離，明也。一個人很聰明而且判斷力又強，臺灣話就以眼睛很「利」（LAI7）稱他。又，「離」為里詣切，從音麗，與「荔」同音；而荔枝之「荔」，臺灣話發音如「內」或「利」（LAI7）。準此，陽光之

「利」，或荔枝之「荔」，都與「離」字發音相同。

　　《周易》之經文簡略，其文字內容確實難讀難懂，但如果能從「說的字」之概念與方向切入，在文字之考證與詮釋上，也許能獲得一些發明。以本卦為例，除「離」字外，「盩」、「出」兩字，亦同樣具有「說的字」之特點。臺灣話是古漢語之活化石，甲骨文則是研究古漢字之瑰寶；臺灣話「盩」和「跌」，屬同一音韻「地截切」（TIAT₈）。考甲骨文「盩」之字形，左「至」、右「失」；而「跌」之字形，甲骨、金文闕，其小篆字形，也是左「足」、右「失」。考「跌」字之音，《正韻》曰：杜結切，从音「盩」。據此可知，「盩」、「跌」兩字之形、音、義，皆相合也；因此「跌」之甲骨文字形，實應與「盩」字同源。再者，離卦之「出」字，意指出世、出生、誕生；例如種子發芽，雞蛋孵化小雞，皆可簡稱為「出」。人與動物一樣，把小孩、小狗、小牛、小豬、小雞生出來之動作，臺灣話都稱為「出世」，或以「出」（TSUT₄）簡稱之。

　　萬物之生命循環週期，大致分成五階段，包括：有、生、壯、死、無；而本卦各爻辭之物象與意境，則分「利、麗、離、死、生、勝」六種不同段落。本卦之初九、六二、九三、六五、上九，這五個爻辭皆附有斷語，分別是「無咎」、「元吉」、「凶」、「吉」、「無咎」，而九四爻辭闕如。九四爻辭曰「突如，其來如，焚如，死如，弃如」，意指周武王出師征伐商紂，最後是紂王慘遭滅亡之命運。九四爻辭連用五個「如」，卻沒有作出評斷，蓋因人死為大；針對紂王之慘死，作者似乎心存厚道而不妄作評語。

　　自遠古以來，牛隻一直在為人類服務，例如，農人以牛耕田運貨，皇室祭祀供品要用全牛，記錄祭祀卜辭則用牛骨。事實上，人養母牛可收一舉數得之利，因為牠可以提供乳、肉、種、役、骨、皮，等多樣化之功效。離卦有「畜牝牛，吉」之卦辭，說明母牛具有繁殖

生育及供應牛乳之兩大基本功用，因此古人喜歡或鼓勵多養母牛，其道理甚明。再者，六二爻辭有「黃離，元吉」，及九五爻辭有「出涕沱若，戚嗟若，吉」；兩爻辭與卦辭一樣，同樣都有得吉、得利之好結果。事實上，卦辭及爻辭之意涵，在於讚美萬物新生的可喜與珍貴。

　　「壓垮駱駝的最後一根稻草」，這是一則來自阿拉伯地方的寓言。寓言比喻原本看似小事一樁，卻可影響局面大大改觀；如同在駱駝背上堆積載物，重量一點一滴不斷增加，最後連一根輕輕的稻草，也能讓駱駝撐不下去。這是一則聞名於世的寓言，在美國也有一則類似之俚語（Idiom）：The straw that broke the camel's back.另外在古代中國，亦有類似之歷史典故。就在殷、周最後對峙關頭，先有太師疵離商奔周之舉，武王才下令出兵與紂王決戰，然後一舉滅掉殷商王朝。以樂官太師離開商朝而言，代表他的唾棄暴君紂王，他不再擔任樂官，並以行動投入反對陣營；他算是扮演「壓垮駱駝的最後一根稻草」之關鍵性人物。九三爻辭「日昃之離，不鼓缶而歌，則大耋之嗟，凶」；其中「離」字，意指離開暴君；「鼓缶而歌」，意指樂官之職務；「大」，可為太師之簡稱；「耋」，與「跌」同音同義，表示匆忙逃難之窘狀；「凶」字，表示殷商之滅亡。當時能擁有「離開暴君」、「樂官」、「太師」，「匆忙逃難」之特殊身分與行動者，當以「太師疵」為是。

　　《周易》上經以「離」卦收尾，表示殷商之暴政，最後是以武王征伐紂王，才結束殷商六百多年之王朝；就像當年商湯討伐夏桀，也是以驅逐暴君為理由，並以創建新的王朝，作為最終之結局。因此武王伐紂之舉，可稱為「王師」出征；而砍下紂王頭顯示眾一節，絕不能以「臣弒君」來論罪他。是故，九四爻辭曰「突如，其來如，焚如，死如，弃如」，及上九爻辭曰「王用出征，有嘉；折首，獲；匪其醜，無咎」，就是用來描述武王伐紂滅商之一段歷史公案。

註釋

1　字書對「煬」、「遂」兩字之註釋如下：《康熙字典》引《唐韻》、《韻會》、《正韻》曰：煬，餘亮切；《集韻》曰：弋亮切，从音漾；《說文》炙燥也；《揚子・方言》曰：煬，炙也；《註》曰：今江東呼火熾猛為煬。按，煬、颺，兩字音韻相同，依《增註十五音》卷七曰：颺，驚下去聲件字韻（英件切）。又，《康熙字典》引《唐韻》、《集韻》、《韻會》、《正韻》曰：遂，徐醉切，音檖；段玉裁《說文解字注》曰：亡也；達也，進也，成也，安也，止也，往也，從志也；按皆引申之義也。

2　高樹藩：《正中形音義綜合大字典》（臺北市：正中書局，1977年），頁1993。

3　《漢典・然》（http://www.zdic.net/z/1d/kx/7136.htm），2013/12/7。

4　《漢典・離》（http://www.zdic.net/z/27/sw/96E2.htm），2013/6/22。

5　《漢典・黃離》（http://www.zdic.net/c/4/10f/293886.htm），2013/6/22。

6　陳夢家：《殷虛卜辭綜述》（北京市：中華書局，2013年），頁229-234。

7　馬如森：《殷墟甲骨文引論》（長春市：東北師範大學，1993年），頁453。

8　陳成福：《國台音彙音寶典》（臺南市：西北出版社，1991年），頁42。

9　連雅堂：《臺灣語典》（臺北市：金楓出版社，1987年），頁70。

第八講
淺釋易經家人卦

一　前言

　　俗話說：「不是一家人，不進一家門」，一家人組織一個家庭，家人要共同遵守家法，這樣才能塑造出一個安康和諧的社會，進而建立一個富強之國家。古書《大學》有曰：「欲治其國者，先齊其家」。自古以來，「國」與「家」具有非常緊密之關係，而兩者之地位與重要性，也常被聖人拿來相提並論。事實上，家庭是社會組織的最基本單位，全國上自君王，下至百姓，大家都離不開家庭與家人之溫暖與親密關係。在封建王朝時代，君王之家道正而天下定，不幸歷代之興亡沒落，大多與帝王家族之內鬥，一直脫不了關係。事實上，過去帝王家族常因帝位之繼承問題，開始展開家族間一連串之爭鬥，從此不但親情遭到嚴重破壞，也連累到國家之命運；使國家社會動盪不安，最後也讓人民開始受苦受難。

　　家法是傳統中國社會最常見到的治家規範。在家庭生活中立有家法家規，這是古人治家之必備良方，也是避免發生家醜外揚的良策。家法家規是發揚中國傳統道德之重要一環，而家庭則是孕育優良家訓之根源所在。在各姓氏族譜文獻中，可以見到很多關於家訓與族規之內容，這應該是從傳統家法、家規或家訓之基礎上，逐漸擴大與演變而來的。事實上，若要管理好家族中的每個成員，當然需要制定一個

家族規範。在過去農業社會時代，同一姓氏人家聚族而居之現象相當普遍，日久族人增多，這時就必須有一套妥善而嚴肅之管理辦法。家訓族規之性質具有公正性與傳承性，內容包含勉勵、規勸與懲罰之條文，歷史上比較著名之家訓族規，在南北朝有顏子推（531-590）之《顏子家訓》，其中有一句名言曰：「教子嬰孩，教婦初來」，表示要重視家中婦子在初始階段的教養與訓誡。明末清初有《朱子家訓》，又名《朱子治家格言》、《朱柏廬治家格言》，作者朱柏廬（1617-1688），他是生員出身的士人。一般認為，《朱子家訓》之語言駢散相間、文字流暢而易記，小孩子易懂易誦；內容是集儒家做人處世之大成，宗旨則以「修身」、「齊家」為目的。另有著名的《浦江鄭氏義門規範》，它是中國傳統家法族規的代表作之一，這是由「江南第一家」的浦江鄭氏家族所創設，內容共收錄一百五十八則家法族規。事實上，從《顏子家訓》、《朱子家訓》及眾多族譜文獻中之家訓族規中，確實可以看到姓氏族人對於家人治家的重視；而《易經》「家人」卦之經文，更把古代貴族家庭的治家規範，很明確地紀錄下來。

　　易經「家人」卦，從卦名即可窺探出，「家人」具有一詞雙關之意涵，它指「家人」與「家仁」；兩詞發音雖然相同，但意義卻有差別。事實上，這兩個名詞可以用來詮釋「家庭」之體與用：「家人」是體，「家仁」是用，因為「家人」是以家庭組織為體，而「家仁」則以親情關係為用。對於家人卦之卦、爻辭的解釋，本文試以語言文字及歷史文獻之研究法，探索家人卦經文之意象，並依照卦爻辭之解釋、關鍵字辭之解釋、六十四卦之聯通，三個段落順序，分別撰述個人鄙見，並就教於方家。

二　卦、爻辭之解釋

卦辭：家人：利女貞。

譯文：論述家人之卦：你有一個好家庭，因為你有治家之良方與智慧。

初九：閑有家，悔亡。

譯文：〔治家之道〕治家應知防範於未然，就像家門要設有閑闌，這是
　　　　為了防禦大門之進出，如此家人才不會發生悔誤之情事。

六二：無攸遂在；中饋，貞吉。

譯文：〔家法家規〕家中沒有遊手好閒者，不放任家人為所欲為；家人
　　　　態度都很溫和，喜怒哀樂有所節制，尊敬並奉養侍候長輩；治
　　　　家要有聰明智慧，這樣才能得到平安吉祥。

九三：家人嗃嗃，悔厲吉；婦子嘻嘻，終吝。

譯文：〔持家以嚴〕家人聽到嗃嗃斥責聲，雖起悔憾之心及生危厲之
　　　　險，但將會得到平安吉祥；婦孺發出嘻嘻歡笑聲，如果沒有受
　　　　到制止，結果恐將有逾越行為。

六四：富家，大吉。

譯文：〔珍惜富貴〕家庭要能長保富貴，這才算是大吉大利。

九五：王假有家，勿恤，吉。

譯文：〔齊家治國〕君王治國要從齊家做起，能讓一家人相親相愛，他
　　　　也就無後顧之憂了，這正是平安吉祥之徵兆。

上九：有孚威如，終吉。

譯文：〔恩威並濟〕家長治家要有誠信、要有威嚴，這樣才能讓家人永
　　　　保平安吉祥。

三　關鍵字辭之解釋

　　在《易經》經文內容中，常見有一字多義或一詞雙關之現象，
而家人卦之「家人」兩字，即可視為一詞雙關之案例。「家人」、「家
仁」，發音相同，人、仁兩字雖可通用，但意義有分，其甲骨文字形
亦有差別。從文字含義之體與用去作分析，「家人」是體，「家仁」是
用；因為「家人」是以家庭組織為體，而「家仁」則以家人親愛為
用。列入儒家經典《四書》之一的《大學》一書，其中即有論述家人
與家仁，齊家與治國之相關內容。另外在傳統族譜文獻中，更有世
系、家傳及家規之內容；其中家法、家訓、家規、族規一類之篇章，
更詳細載錄歷代祖先所制定之治家規範條文。事實上，從族譜世系圖
表中，即可看出族譜具有「奠世系、序昭穆」之作用，可以發揮「上
治、下治、旁治」之功能。上治祖禰，尊尊也；下治子孫，親親也；
旁治昆弟，合族以食，序以昭穆。事實上，世系與家規，都是維繫傳
統家庭與宗族組織的重要樞紐。儒家經典與傳統譜牒，都有論述治家
與齊家之相關內容，藉此珍貴文獻可以幫助我們解讀「家人」卦之內
容與意涵，茲摘錄《大學》部分內容，以供佐證如下：

　　　　所謂治國必先齊其家者，其家不可教而能教人者，無之。故君
　　　子不出家而成教於國：孝者，所以事君也；弟者，所以事長
　　　也；慈者，所以使眾也。〈康誥〉曰：「如保赤子」，心誠求之，
　　　雖不中不遠矣。未有學養子而後嫁者也！一家仁，一國興仁；

　　一家讓，一國興讓；一人貪戾，一國作亂。其機如此。此謂一
　　言僨事，一人定國。堯、舜率天下以仁，而民從之；桀、紂率
　　天下以暴，而民從之。其所令反其所好，而民不從。是故君子
　　有諸己而後求諸人，無諸己而後非諸人。所藏乎身不恕，而能
　　喻諸人者，未之有也。故治國在齊其家。《詩》云：「桃之夭
　　夭，其葉蓁蓁；之子于歸，宜其家人。」宜其家人，而後可以教
　　國人。《詩》云：「宜兄宜弟。」宜兄宜弟，而後可以教國人。
　　《詩》云：「其儀不忒，正是四國。」其為父子兄弟足法，而後民
　　法之也。此謂治國在齊其家。

　　如上所述之「孝、弟、慈」，是「齊家」必備之三要素，而三者正是儒
家所倡、「仁」的旨蘊與內容。舉兩部儒家核心經典為例，被聖人立為
世教的八德，同樣以「仁」字出現之字數最多：如《論語》之經文，
「仁」字共一百一十見；《孟子》之經文，「仁」字共一百五十八見。
此外，《禮記・曲禮下》曰：「君天下，曰天子；踐阼臨祭祀，內事曰
孝王某，外事曰嗣王某。」君王臨廟祭祖時，自稱「孝王某」，代表盡
「孝」道的意涵，至為尊崇與重要。在《禮記》經文中，「仁」字共一
百二十八見，「孝」字有一百二十六見。

　　「家」字，臺灣話一字二讀：一指「家人」之家（KA₁），另指「人
家」之家（KE₁）。在家人卦之卦、爻辭中，共出現五個「家」字；而
爻辭「閑有家」、「無攸遂在」、「嗃嗃嘻嘻」、「王假有家」，則是本卦
之關鍵字詞，茲分別解析如下：

閑有家

　　初九爻辭：「閑有家，悔亡。」意指治家之重要性，而治家應該知

道防範於未然，就像家門要設有閑闌，這是為了防禦大門之進出，如此家人才不會有悔誤之情事發生。考「閑」字之音、義，《唐韻》曰：戶閒切；《集韻》、《韻會》曰：何艱切。《說文解字》曰：闌也；从門，中有木。段玉裁注曰：闌也，引申為防閑；古多借為清閒字，又借為嫻習字。从門中有木；會意。另，《廣韻》曰：防也，禦也，法也。「閑」之字形，以木距門，猶門闌也；「閑有家」，引申治家要先嚴正立法，防閑也。高樹藩注曰：「閑，从門中有木；木置門中，乃以木距門，所以防自內逸出及自外闌入者；其本義作闌解，乃遮止之意」。[1]

　　臺灣話之「閑」（HAN₅）字，其發音如同國語「寒」或「韓」字，「閑」具有防衛大門之意思。通常我們會以手指或物品，輕輕去勾住一件東西，以預防它的掉落或傾倒，臺灣話稱此動作為「閑」。另外我們若以金屬直條扣住大門，並用它來加強大門之防禦功能，這就是利用「閑」來加強防盜或防止傾倒之功能。很多傳統大宅院之建築中，在庭外大門口，大多會設有一「閑」之裝置。入夜當家人關上大門後，先以橫木扣住兩扇大門，我們稱此橫木曰「閂」；如果在兩扇大門中，或在每一扇大門後，再加設一支直木條，則稱此直木條為「閑」。大門之後，有「閂」又有「閑」，兩者都具有加強緊閉大門之防禦功能。「閑」有家或家有「閑」，古人以「閑」來防門、保家，似有藉此隱喻「家人」要以「家法」作為治家之規範。在此，可以見證「家法」之概念，可能濫觴於「家人」卦之經文。另據學者研究指出，「家法」一詞，始見於漢代；中國進入南北朝後，在極度動亂的社會中，家族規範顯然加快了發展步伐。與此同時，一種在當時叫做「禮法」或叫做「家法」者，也在家庭日常生活中逐步發展起來。[2]

無攸遂在

　　六二爻辭：「無攸遂在；中饋，貞吉。」意指家人沒有遊手好閒者，沒有隨心所欲辦事者；反之，家人態度都很溫和，喜怒哀樂沒有形諸於色，家人也都很尊敬與奉侍長輩；治家一定要有智慧，這樣才能得到平安吉祥。「無攸遂在」一詞，含有不能自由進出家門，沒有放任不管，做事不能隨心所欲之義。「攸」，所也；「遂」，成也，隨心所欲之意思。「遂在」兩字，表示放任不管，臺灣話有「遂在伊」（SUI₇ TSAI₇ I₃）之說法，表示當你管不了一個人之行為時，就會隨口說出這一句很灰心無奈之話語。如果要放棄一個家人，放縱一個家人而不管，讓他自由自在去做不應該做的事，這絕不是治家之正道。「饋」字，《唐韻》、《集韻》、《韻會》曰：求位切，《正韻》曰：具位切，音匱。《說文解字》曰：从食貴聲，餉也；貴而有愛義，具有尊敬並奉養侍候長輩之意涵。再者，「餉」，饋物也；臺灣話呼如「幸」（HING₇）。[3]臺灣中部一帶方言，贈物給他人稱為「餉」（HING₇），兼具古音與古意；另外，《正字通》曰：餉與賑通，例如臺灣話「賑餅」（HING₇ PIANN₂），表示分送喜餅給親友之意思。

　　爻辭「中、饋、貞」三字，分別具有家法之要點與治家之要領。《中庸》曰：「喜怒哀樂之未發，謂之中」；一個人之家教好、操守好，其心理保持平衡狀態，態度都很溫和而中節，因此他對於喜怒哀樂之情事，絕不會隨便形諸於色。「饋」字，則表示對於家中長輩們，必須致上尊敬與愛意之意思。「貞」字具有選擇恰當之意思，表示治家需要具有智慧，並視情況不同而略作變通。另外，「饋」字含有進食於尊者之意思，表示要尊敬與奉養侍候長輩；因此「中饋」兩字連用時，意指家中之婦人或妻室而言。事實上，中國自古即有女主內之傳統，而

家中之祭祀、飲食膳事等，也都由她們來負責準備。婦女在家中負責飲食等事，故有孔穎達《周易正義》之疏曰：「婦人之道，巽順為常，無所必遂，其所職主，在於家中饋食供祭而已」。再者，俗話所謂之「中饋猶虛」者，意指他尚未娶妻，引申為家中尚無媳婦，因此無法由她來代夫奉養侍候公婆之重責。

嗃嗃嘻嘻

　　九三爻辭：「家人嗃嗃，悔厲吉；婦子嘻嘻，終吝。」意指持家以嚴之重要性，因為對家人犯錯而加以嚴厲斥責，能夠適時給予教訓，雖令人興悔憾之心，及生危厲之險，但這樣做才能得到吉祥。另一方面，如果有婦孺或男女混雜在一起，並不時發出嘻嘻歡笑聲音，此時如果不加予制止，恐會引來家庭禍端之結局。管教家人要有基本原則及嚴格家法，家人聽到「嗃嗃」聲而生驚懼，才不致於縱情為惡；聞到「嘻嘻」聲而加制止，才不致於姑息養奸。「嗃」字，《唐韻》曰：呼各切；《集韻》、《韻會》、《正韻》曰：黑各切。《說文解字》曰：嗃嗃，嚴酷貌；《玉篇》曰：嗃嗃，嚴大之聲也；《廣韻》曰：嚴厲貌。「嘻」字，《集韻》曰：許記切，音憙，笑也。家中之婦子，若是無節制地發出嘻笑聲，那表示家門管教有不夠嚴肅之情況。顏之推《顏氏家訓》之內容，與家人卦「閑有家」之爻辭，兩者功用與意旨頗為相似。家訓或戒子書，算是一項重要的傳統道德規範與文化資產。總之，治家者要慎其始，《顏氏家訓》：「教兒嬰孩，教婦初來」之名言，提醒世人要重視婦子在初始階段的教養與訓誡，此其至理也。

王假有家

九五爻辭：「王假有家，勿恤，吉。」意指齊家治國之重要性，因君王治國要從齊家做起，能夠讓一家人相親相愛，他就可以無後顧之憂，這正是安享吉祥之徵兆。「假」字，《集韻》、《韻會》曰：舉下切；《說文解字》曰：至也。君王在家庭內能夠允恭克讓，如此才無後顧之憂，進而能夠協和萬邦。要做聖明天子，必須先從修身齊家做起，《大學》曰：「古之欲明明德於天下者，先治其國；欲治其國者，先齊其家；欲齊其家者，先修其身；欲修其身者，先正其心；欲正其心者，先誠其意；欲誠其意者，先致其知，致知在格物。物格而後知至，知至而後意誠，意誠而後心正，心正而後身修，身修而後家齊，家齊而後國治，國治而後天下平。自天子以至於庶人，壹是皆以修身為本。其本亂而末治者否矣，其所厚者薄，而其所薄者厚，未之有也！此謂知本，此謂知之至也。」《詩經‧大雅‧思齊》曰：「刑于寡妻、至于兄弟、以御于家邦。」意指周文王以自己待妻子與兄弟之道理，做為治國之規範。國君自稱寡人，謙稱其妻為寡妻；治理天下之道，應該先由本身做起，並由內而外、自近而遠。另外，要先給妻子做榜樣，再影響到兄弟，再進而影響到家邦。從《詩經》與《大學》之篇章內容，可以窺探出儒家對於「內聖外王」之意涵。據學者研究指出，「內聖」就是修己之功夫，「外王」則是治人的道理，這也是王夫之所主張的：十五而入大學，乃學而為內聖外王之道。[4]

兄弟鬩牆、子弒父王，過去皇室常有發生篡位之爭，這就是王朝走向衰落或淪為滅亡之重大原因，而殷商「九世之亂」就是一個案例。據說「九世之亂」是指商朝自商王中丁後，連續發生王位紛爭，又屢次遷都，使王朝中衰、諸侯離叛的事件。這一動亂歷經中丁、外

壬、河亶甲、祖乙、祖辛、沃甲、祖丁、南庚、陽甲九王，故名「九世之亂」。九世之亂延續近百年，直到盤庚遷殷後才最終結束。據歷史記載，九世之亂使商朝兄終弟及，與父死子繼相結合的王位繼承制度遭到破壞。《史記・殷本紀》記載：「自中丁以來，廢適而更立諸弟子，弟子或爭相代立，比九世亂，於是諸侯莫朝。又，帝外壬崩，弟河亶甲立，是為帝河亶甲。河亶甲時，殷復衰。」由此可知，君王與貴族相親相愛，這才是齊家之典範，如此治國才可以無後顧之憂。

四　六十四卦之聯通

　　《易經》六十四卦中，卦辭精簡而不逾三字者，包括大有卦：「元亨」；大壯卦：「利貞」；明夷卦：「利艱貞」；家人卦：「利女貞」；睽卦：「小事吉」；鼎卦：「元吉亨」：兌卦：「亨利貞」。這些卦之用字，大都是在「元、亨、利、貞」及「吉」字中，略作變換使用。在《易經》之排序上，家人卦分別與明夷卦，及睽卦相鄰；明夷卦在家人卦之前，睽卦在家人卦之後。事實上，三卦經文與故事內容，似有一些關聯性。從卦辭用字觀之，三卦之卦辭都相當精簡，各僅用三個字。從論述人事之意境觀之，明夷卦在述說朝廷失序，因此大臣遭殃，最後導致改朝換代之命運。家人卦論說家法之重要性，能夠治家與齊家者，這才是治國的最佳後盾。睽卦說明面對家道中落時，即會遭遇到善人、惡人與諸多怪現象，在比較與權衡異同、正邪、得失情況下，能夠圖個小事吉，那也應該心滿意足了。有關本卦與他卦之聯通關係，特舉經文「中」、「女」、「婦」三個字，並簡要說明如下：

中

　　《易經》經文，「中」字共十四見，包括：屯卦六三爻：「入于林中」；訟卦卦辭：「中吉」；師卦九二爻：「在師中」；泰卦九二爻：「中行」；復卦六四爻：「中行」；家人卦六二爻：「中饋貞吉」；益卦六三、六四爻：「中行」二見；夬卦九五爻：「中行」；豐卦卦辭及六二、九三、九四爻：「日中」四見；中孚卦，則以「中孚」作為卦名。「中」字可以用來表示位置、態度或狀態，家人卦爻辭「中饋貞吉」之「中」字，代表做人態度溫和。《中庸》有曰：「喜怒哀樂之未發，謂之中」；一個人之家教好、操守好，其態度都會很溫和而做事有中節。總之，一個人的家教與修養好，心中自然會保持平衡狀態，如果家中有喜怒哀樂之情事，他絕不會隨意形諸於色，這樣才能獲得平安吉祥。再以訟卦卦辭「中吉」兩字為例，它表示要先中止訴訟，雙方達成和解，最後才會得到一個吉祥之好結果。

女

　　《易經》經文，「女」字共有十見，包括：屯卦六二爻：「屯如邅如，乘馬班如。匪寇婚媾，女子貞不字，十年乃字」；蒙卦六三爻：「勿用娶女；見金夫，不有躬，無攸利」；觀卦六二爻：「窺觀，利女貞」；大過卦九二爻：「枯楊生稊，老夫得其女妻，無不利」；咸卦卦辭：「亨，利貞，取女吉」；家人卦卦辭：「利女貞」；姤卦卦辭：「女壯，勿用取女」；漸卦卦辭：「女歸吉，利貞」；及歸妹卦上六爻：「女承筐無實，士刲羊無血，無攸利」。其中，卦辭有四卦，爻辭有五卦。「女」字，甲骨文闕，但首見於〈毛公鼎〉之銘文。臺灣話之女

（LI₂），與你（LI₂）字同音；通行本《易經》之「女」字，均以「你」或「汝」之解釋為佳。總之，古文「女」，表示你、汝之義，與現今所稱「女性」之女（Female），截然有別。

婦

　　《易經》經文，「婦」字共有八見，包括：蒙卦九二爻：「包蒙吉，納婦吉，子克家」；小畜卦上九爻：「既雨既處，尚德載，婦貞厲。月幾望，君子征凶」；大過卦九五爻：「枯楊生華，老婦得士夫，無咎無譽」；恆卦六五爻：「恆其德，貞，婦人吉，夫子凶」；家人卦九三爻：「家人嗃嗃，悔厲吉；婦子嘻嘻，終吝」；漸卦九三爻：「鴻漸于陸，夫征不復，婦孕不育，凶」，九五爻：「鴻漸于陵，婦三歲不孕，終莫之勝，吉」；及既濟卦六二爻：「婦喪其茀，勿逐，七日得」。家人卦「婦子」兩字，泛指家中之婦孺。俗諺云：「不是一家人，不進一家門」，表示一家人組織一個家庭，而家人應該長幼有序並遵守倫常；而《顏子家訓》有一名句：「教子嬰孩，教婦初來」，代表古人相當重視家人在初始階段的教養與訓誡。

　　另外，《易經》之「婦」字，應指貴婦而言，與殷商武丁朝之名女人「婦好」，在文字意義上，似有一些關連性。據說「婦好」是商王武丁諸后之一，「婦好」與武丁是中國歷史上的一對佳偶，她曾經親率大軍攻打鬼方，最後卻因生產而命喪沙場。正史雖無明文記載，但從甲骨卜辭，及殷墟小屯宮殿基址出土之豐富墓葬品中，可以看出「婦好」在世當時，她的權勢與地位已經相當尊榮。根據學者研究指出，「婦好」既生養子女，又主持祭祀，且能征善戰。「婦好」是武丁三位法定配偶之一，她具有女性、妻子、母親、王妃之身分，甚至跨越性別的界限，擔任率領軍隊的將軍及舉行祭祀的祭司。[5]

五　結論

　　《易經》家人卦，卦名「家人」兩字，具有一詞雙關之意義，它可以指稱「家人」與「家仁」。「家人」、「家仁」，發音相同，但意義略有差別。「家人」與「家仁」，可以說明家庭組織與家人之間的親情關係，也可用來界定「治家」與「齊家」之不同意涵。從文字意義之體與用去作分析，「家人」是體，「家仁」是用；因為「家人」是以家庭組織為體，而「家仁」則以發揮親愛為用。事實上，家人卦之經文旨意，在於闡述「治家以嚴，齊家以仁」之態度與內容；而「齊家」應以「治家」做後盾，「治家」有家法，「齊家」才能獲得保障，也才能收到無後顧之憂的好效果。「治家」的意思，表示要用寬嚴有律之家法，還要運用聰明智慧去治好一個家庭。「齊家」的意思，則是從自我完善之修己功夫入手，並要力行「孝、悌、慈」之仁道精神，讓一家人、上上下下都能齊心協力，長長久久都能和睦相處。

　　俗語說：「不是一家人，不進一家門。」能成為一家人，這是人世間相當難得的緣分，藉此大家可以相親相愛，同時遵守家法家規。從「治家以嚴」之概念出發，本卦經文至少反映出三種層面：一，爻辭「閑有家，悔亡」，藉此敘說治家之道，在於防範於未然，就像家門要設有閑闌，這是為了防禦大門，防範發生悔憾之情事；而「家法」之概念，可能濫觴於「閑有家」之爻辭。二，爻辭「無攸遂在；中饋，貞吉」，意指家人沒有遊手好閒者，沒有隨心所欲做壞事者，更沒有自由自在之行事風格。反之，家人態度都很溫和，喜怒哀樂沒有形諸於色，也很尊敬並奉侍長輩；事實上，治家要有聰明智慧，這樣才能得到吉祥。又，臺灣話有古漢語活化石之稱，從「遂在」一詞，即可得到一個明證。三，爻辭「家人嗃嗃，悔厲吉；婦子嘻嘻，終吝」，意指

持家以嚴之重要性，因為家人如有犯錯，就必須嚴厲斥責；能夠適時給予糾正制止，情況才不至於惡化。家人受到嚴厲斥責，雖有興悔憾之心及生危厲之險，卻能得到平安吉祥之結果。另一方面，婦子若有不當吵雜聲，就應受到教訓制止，此時雖有令人難堪之場面，卻能避免禍事之發生。

　　另外從「齊家以仁」之層面去理解家人卦，爻辭「王假有家，勿恤，吉」，表示君王治國要從「齊家」做起，這樣才能讓一家人相親相愛；王侯之間不搞內鬥，如此君王才可專心治理國家，他也不會有後顧之憂，這才是得到吉祥之徵兆。二十世紀中國思想家熊十力（1885-1960），在他晚年力作《乾坤衍》一書中，他認為《周易》、《春秋》二經，可以代表孔子晚年之思想，其中更有「立內聖外王之弘規，內聖者，深究宇宙人生根本問題，求得正確解決，篤實踐履，健以成己，是為內聖學。外王者，王猶往也，如人心有所嚮往，而不容已者，謂之一往直前」之內容。[6] 熊十力是湖北人，他很推崇同鄉前輩王夫之（1619-1692）之學術成就。根據學者研究，王夫之亦曾針對「內聖外王」一詞，提出獨特見解，認為「內聖」是修己之功夫，「外王」則是治人的道理。另據辭書解釋「內聖外王」一詞，雖是語出《莊子‧天下》篇，卻最能表徵儒家之學。內聖，是內而成就聖賢之德；外王，是外而推行仁政王道。如就《大學》八條目而言，由格物、致知、誠意、正心，以至於修身，屬內聖；由修身推而至於齊家、治國、平天下，屬外王。[7]「齊家以仁」表示「家仁」之旨意與重要性，也代表家人對於「孝、悌、慈」精神的發揮。

　　在「家人」卦中，經文首先揭櫫「利女貞」之卦辭，最後以「有孚威如，終吉」之爻辭，做為一卦之總結。事實上，爻辭中「吉」字多達五個，這是用來詮釋卦辭「利」字之所在；另外爻辭有一個「貞」字，亦有「悔」、「厲」、「吝」三個警示性用語，這是用來呼應卦辭

「貞」字之意涵，並反映爻辭先有「有孚威如」之因，才能得「終吉」之果。總而言之，談論與尋求治家與齊家之良策，你我都要有聰明智慧，還要有誠信之態度，兼有威嚴之作為，這樣才能讓家人永保平安吉祥。

注釋

1　高樹藩：《正中形音義綜合大字典》（臺北市：正中書局，1977 年），頁 1962。

2　費成康主編：《中國的家法族規》（上海市：上海書店，1998 年），頁 8-9。

3　連雅堂：《臺灣語典》（臺北市：金楓出版，1987 年），頁 59。

4　萬心權：《大學中庸精注》（臺北市：正中書局，1969 年），頁 1。

5　蔡玫芬主編：《武丁與婦好：殷商盛世文化藝術特展》（臺北市：故宮博物院，2012 年），頁 35、57。

6　熊十力：《乾坤衍》（上海市：上海書店，2008 年），頁 3-4。

7　中國文化大學編輯，「內聖外王」，載《中華百科全書》（http://ap6.pccu.edu.tw/Encyclopedia/data.asp?id=33）

第九講
淺釋易經蹇卦

一　前言

　　競爭是推動進步的力量之一，就像奧林匹克運動會一樣，這是一種良性競爭，而且有定期舉辦一次大競賽，因此能夠藉此競賽機會，讓各項成績紀錄不斷向前推進。自古以來，在人類社會生活中的各項競爭，可能是以政治場上的競爭最為激烈與殘酷。事實上，歷史上的改朝換代，都會造成很嚴重的殺戮與破壞。但是從民主政治實施以來，人們都可以透過定期而公平、公開之選舉，讓政黨之競爭成為制度化，並讓有好名聲或有好政見之政黨執掌政權。政治上實施選舉制度，讓政黨競爭良性化，這才是維持民主社會的基石，但是在政黨輪替過程中，偶爾也會發生政治亂象，或演變成失序狀態。以美國為例，在一九三三年以前，總統與國會大選通常都在十一月初舉行，但是新當選人之宣誓就職典禮，卻要拖到隔年的三月四日舉行；中間相隔約四個月之久，在新舊政府之總統與議員不同情況下，就可能造成短期性的施政困難，或法案審議上之爭議。在此情況下的政府運作，有人就以政治「跛腳鴨」稱之。後來國會通過憲法修正案，並將就職時間提前；國會議員在一月三日，新任總統在一月二十日，從此大大縮短了政治「跛腳鴨」之尷尬期。

　　在現代民主社會中，當大選翻盤成功而進行政黨輪替時，因新舊

總統不屬同一黨派，所以就會出現政治上的「跛腳鴨總統」（a lame
duck president）現象。在古代中國封建社會中，也有類似之情況發生；
三千多年前殷商末年的紂王，因他專斷蠻橫、暴虐無道，不能接受大
臣們的建言，最後演變成眾叛親離。《易經》作者已經暗示我們，當時
的紂王處境，確實已經符合「跛腳鴨皇帝」（a lame duck emperor）之
窘況。一般而言，鴨子走路本來就是搖搖擺擺的，萬一受傷跛腳了，
走路重心就會失去平衡，因此而舉步就更加艱難。在美國政治界，常
用「跛腳鴨」（a lame duck）來形容任期即將屆滿的政治人物之窘境，
尤其是第二任期快要結束，且大選又被在野黨打敗的總統。《易經》
蹇卦之經文內容，先以「蹇」字象徵「跛腳鴨」之意思，再以「往」
（outgoing）、「來」（incoming）分別代表並說明對立兩政權之狀態與
差異。卦辭「利西南，不利東北」，西南與東北剛好位在一條直線上，
意指當時之情勢將對商族不利，對周族卻較為有利；爻辭「來譽、來
反、來連、來碩」等語，都是用來稱讚周族領導人較能得到民心，因
此勢力就逐漸壯大起來，終於造成政治天平上的失衡狀態。本文試以
語言文字及歷史文獻之研究方法，探索蹇卦經文之意象，並依照卦爻
辭之解釋、關鍵字辭之解釋、六十四卦之聯通，三個段落順序，分別
撰述個人鄙見，並就教於方家。

二　卦、爻辭之解釋

卦辭：蹇：利西南，不利東北，利見大人，貞，吉。

譯文：論蹇之卦：兩派勢力出現不平衡狀態；對西南方者較為有利，
　　　　對東北方者較為不利；此時有利於賢能大德者之表現，他們若
　　　　能聰明選擇一方效勞，這將會得到吉祥的。

初六：往蹇，來譽。

譯文：往者已露出跛腳艱難形狀，而新來者卻擁有美好之名聲。

六二：王臣蹇蹇，匪躬之故。

譯文：君臣不和諧，他們言行不能一致，因為有人態度專橫而不能謙
　　　恭之緣故。

九三：往蹇，來反。

譯文：往者已露出跛腳艱難形狀，而來者態度卻都能反躬自省。

六四：往蹇，來連。

譯文：往者已露出跛腳艱難形狀，而來者卻能與各方諸侯聯合結盟。

九五：大蹇，朋來。

譯文：大人物紛紛走避，他們卻讓對方得到相助之好人才。

上六：往蹇，來碩；吉，利見大人。

譯文：衰退者更形蹇顛困窘，而新來者勢力卻更加壯大成熟；這是吉
　　　祥好徵兆，將會有利於賢能大德者之表現。

三　關鍵字辭之解釋

　　卦名「蹇」，考其文字音義，《唐韻》曰：居偃切，《集韻》、《韻
會》曰：紀偃切，從音犍。《說文解字》曰：跛也。《釋名》曰：蹇，
跛蹇也，病不能執事役也。段玉裁《說文解字注》引鄭云：「跛，偏任
也；此謂形體偏任一邊如尳者然，凡經傳多作跛」。[1]跛，古文　，跛腳

也；人因腳傷而走路不順，甚至跌跌撞撞地行進奔跑，引申為態度輕浮傲慢，所以才會倒仆下跌，因此有敗亡傾覆之窘狀。蹇、顛兩字，都有跌倒的意思，也表示顛躓、傾覆之義。臺灣話以「蹇顛」（KIAN₂ TIAN₁）兩字合用，意指走路不看前方與地面，卻老是看天空或東張西望，走起路來跌跌撞撞的樣子；例如，當有年輕人走路跌倒了，長輩就會罵他走路「蹇顛、蹇顛」，表示這個人走路很不專心。

「蹇」卦有四個爻辭，特別用「往、來」兩字說明對立雙方情勢之優劣與消長狀態。在爻辭中，「往」（outgoing）、「來」（incoming）兩字，分別代表對立雙方「退」與「進」、「消」與「長」之變化。明朝易學家來知德（1526-1604）曰：「往來者，進退兩字也。」[2]「退」與「進」，象徵朝代更替前之兩個政權或群體之興衰狀態，例如古代商族與周族，或現代的兩個不同政黨。現代民主政治經過一次大選之後，有可能形成政黨輪替局面，那就是一個即將卸任、一個即將接任之政黨。針對政治大環境的改變，作者以具體事實描述兩大政治集團之間的消長情況，因此卦中有「利西南，不利東北」之辭。西南和東北，表示兩點是處於一條直線的兩端，就像東和西、南和北一樣。在正常情況下，位處兩端者都應保持平衡狀態，但如兩邊情況出現較大差異，就會形成優勝劣敗之後果，商族衰敗、周族崛起，就是一個歷史事實與見證。「蹇」卦內容所述之史實，在《史記・殷本紀》中，即有如下之記載：

> 西伯歸，乃陰修德行善，諸侯多叛紂而往歸西伯。西伯滋大，紂由是稍失權重。王子比干諫，弗聽。商容賢者，百姓愛之，紂廢之。

另外《史記・周本紀》也有相關記載，其文曰：

公季卒，子昌立，是為西伯。西伯曰文王，遵后稷、公劉之業，則古公、公季之法，篤仁，敬老，慈少。禮下賢者，日中不暇食以待士，士以此多歸之。伯夷、叔齊在孤竹，聞西伯善養老，盍往歸之。太顛、閎夭、散宜生、鬻子、辛甲大夫之徒皆往歸之……西伯陰行善，諸侯皆來決平。於是虞、芮之人有獄不能決，乃如周。入界，耕者皆讓畔，民俗皆讓長。虞、芮之人未見西伯，皆慚，相謂曰：「吾所爭，周人所恥，何往為，祗取辱耳。」遂還，俱讓而去。諸侯聞之，曰「西伯蓋受命之君」……九年，武王上祭于畢。東觀兵，至于盟津……是時，諸侯不期而會盟津者八百諸侯。

據《史記》、《竹書紀年》等歷史文獻之記載，在紂王滅亡前的二十年間，往者與來者之對立現象已很明顯。我們若回溯過去歷史，本卦經文之內容與意涵，應該是作者在追述紂王掌權的最後二十年之窘狀，時間大約在周文王從羑里脫險開始，到周武王完成翦商滅紂才告結束。

從中國地理位置觀之，當時位於東北方者，是中原的商族，位於西南方者，是關中的周族。事實上，卦辭有「利西南，不利東北」；而爻辭更以「往」者，表示東北方的商族，另以「來」者，代表西南方的周族，兩族地位剛好形成一個對立的狀態。從歷史事件發展觀之，本卦卦辭及爻辭之內容，確實都隱含對立之情況，例如，卦辭「利西南」vs.「不利東北」。從經文章句結構觀之，在六個爻辭中，可以看到兩種不同政治型態：一，有四個爻辭明示「往者與來者」之對立狀態，這些都屬於同一爻的對立情況，包括：往蹇vs.來譽，往蹇vs.來反，往蹇vs.來連，往蹇vs.來碩；二，有二個爻辭敘述「衰退與進取」之形成原因，它們分別屬於不同爻的對立說明，如六二爻：「王臣蹇蹇，匪躬之故」vs.九五爻：「大蹇，朋來」。

　　卦辭中「利西南、不利東北」，及爻辭中「往、來」，都是作者用來描述當時商、周兩國的對立狀態。對照歷史文獻，我們可以發現用來形容周族者，均屬於正面而有「利」的事件，例如：一，來譽：「西伯歸，乃陰修德行善」，諸侯虞、芮之人皆來決平；二，來反：文王、武王都能反躬自省，「遵后稷、公劉之業，則古公、公季之法，篤仁，敬老，慈少。禮下賢者，日中不暇食以待士，士以此多歸之。伯夷、叔齊在孤竹，聞西伯善養老」；三，來連：諸侯不期而會盟津者八百諸侯；四，來碩：「西伯滋大」，表示周族勢力壯大起來，最後並由周武王完成翦商滅紂之大業。反之，對「不利」於商族的負面評價，作者概以「蹇」字代之，並在爻辭中舉出兩個關鍵性評論：第一，「王臣蹇蹇，匪躬之故」，意指紂王權重而專橫，王子比干諫，弗聽；樂官商容，為殷之賢人，他欲感化紂而不能，去隱；第二，「大蹇，朋來」，意指商朝祖先本有容賢之美德與時尚，且百姓愛之，但紂王卻將他廢掉了，因此有太顛、閎夭、散宜生、鬻子、向摯、辛甲大夫之徒，也就先後歸周去了。事實上，在決戰最後關頭又有太師疵、少師彊之奔周，真可謂是「壓垮駱駝的最後一根稻草」。有關本卦之關鍵字辭，茲分別詮釋如下：

往蹇，來譽

　　初六爻辭：「往蹇，來譽。」意指衰退者已露出跛腳艱難形狀，而新來者卻擁有美好名聲。站在歷史回溯角度觀之，「往蹇」一詞，應指「跛腳鴨皇帝」殷紂王其人；「來譽」一詞所指之人物，應該就是周文王了。「來譽」之「譽」字，據《康熙字典》引用《唐韻》、《集韻》、《韻會》、《正韻》曰：從羊茹切，余去聲；《說文解字》曰：稱也，《玉篇》曰：聲美也。做人有好名聲，就是一種榮譽，而周文王從羑里

脫險回到西岐後，他「不暇食以待士，士以此多歸之。伯夷、叔齊在孤竹，聞西伯善養老」，因此卦中指稱的「來譽」者，正是指周文王其人。

王臣蹇蹇

六二爻辭：「王臣蹇蹇，匪躬之故。」意指君臣之間不和諧，他們言行不能劃一，這是態度專橫而不能謙恭之緣故。《周易折中》引韓愈之言論曰：「所居之時不一，所蹈之德不同」；說明君王大臣之間，權力不對等平衡，兩者因失去互信而同床異夢，因此他們不能一同議論軍國大事。事實上，如果君臣彼此缺少互信與誠敬之心，他們言行就不能一致，治國恐會是顛顛跛跛的，而施政也是朝三暮四的。「躬」字，《康熙字典》引《唐韻》曰：居崇切，《集韻》、《韻會》曰：居雄切，從音弓；《說文解字》曰：躳或从弓，身也。弓身者，曲之會意也，表謙卑、恭敬之義。

根據歷史文獻記載，仲虺是一位商湯時期的大臣，他與伊尹並為商湯左、右相，曾輔佐商湯完成滅夏大業。《尚書‧商書》載有仲虺之誥曰：「能自得師者王，謂人莫已若者亡。好問則裕，自用則小」。此誥在於訓示為人君王者，絕不能自專、驕傲，他必須禮賢下士、好問大臣、多聽建言。商朝建國伊始，朝中還有義伯、仲伯兩位賢臣，傳說他們因得美玉而作〈典寶〉，這一篇誥詞特別強調君臣同議政治的重要性，後來就成為夏末商初的一種時尚。[3]到了商朝末年，紂王因自認「資辨捷疾，聞見甚敏；材力過人，手格猛獸」，所以他就完全不理祖訓，故《史記‧殷本紀》描述紂王曰：「知足以距諫，言足以飾非；矜人臣以能，高天下以聲，以為皆出己之下。」

往蹇，來反

　　九三爻辭：「往蹇，來反。」意指往者已露出跛腳艱難形狀，而來者做人態度卻都能反躬自省。「反」字，據《康熙字典》引《唐韻》曰：府遠切，《集韻》、《韻會》：甫遠切，從音返；《詩經・周頌》；福祿來反，《註》言福祿之來，反覆不厭也。六二爻辭「匪躬」，表示個性太硬，態度不謙卑、不恭敬；相對的，九三爻辭「來反」，則表示做人能夠反躬自省，因此福祿即來。古代之聖人、君子，他們每日必「反躬自省」，有過必改之；《禮記・樂記》曰：「人生而靜，天之性也；感於物而動，性之欲也。物至知知，然後好惡形焉。好惡無節於內，知誘於外；不能反躬，天理滅矣」。

往蹇，來連

　　六四爻辭：「往蹇，來連。」意指一方趨向衰退者，已經露出跛腳而艱難之形狀，而另一方興起新來者，卻能與各方諸侯豪傑連結力量，並藉會盟而組成超強之聯軍。「連」字之音，《唐韻》曰：力延切，在臺灣話中，「連」、「聯」同音同義；「來連」意指一起來會盟與聯合作戰，表示大家要組成一個聯軍部隊，並一起對付殷紂，一起消滅共同之敵人。據《史記・周本紀》記載：「諸侯不期而會盟津者，八百諸侯」，從此段史實記載，最足以說明周武王東征伐紂以後，確實已經得到各方諸侯的擁戴與支持。事實上，紂王因暴虐無道而造成人民不安，天下諸侯也心生恐懼而紛紛表態，他們都願意幫周軍作戰。因此一聽周軍已開始興師問罪了，立刻就有八百諸侯趕到孟津這個地方，並與周軍會盟，好為翦商滅紂大業做出貢獻。

大蹇，朋來

　　九五爻辭：「大蹇，朋來。」意指有在朝大官，或指「太顛」其人，他們在兩軍對峙緊要關頭，紛紛來周營投靠與效力。古代「大」字，與「太」字通用；「蹇」字，與「顛」字義同，因此爻辭似有假「大蹇」一詞，以代「太顛」之名字。按臺灣話是以「蹇顛」（KIAN₂ TIAN₁）兩字合用；「顛」字，仆也，據《釋名》曰：倒也。事實上，蹇、顛兩字，都含有跌倒的意思，也有表示顛躓、傾覆之義。據《史記》相關內容記載，周文王在世時，包括姜尚、太顛等重要人士，他們都已相繼來到周營擔任重要職位，他們出力獻計並輔佐周文王、周武王，終於幫助周國完成滅商之使命。自古亂世出英雄，俗話常說：「此處不留爺，自有留爺處」，紂王跋扈自專，殷國這裡不歡迎英雄豪傑，自然有他們可以發揮長才的地方。據歷史文獻之記載，當時有很多在野賢士及朝中大臣，都懷著英雄氣概，紛紛投奔到周營去了。這些名留青史的天下英雄好漢，其中要以姜尚最為有名，另外還有太顛者，他與散宜生、閎夭、鬻子、辛甲大夫等人，也一起出來輔佐西伯昌，並把囚禁在羑裡的文王營救出來，最後在興周滅商的過程中，他們都有立下不少的汗馬功勞。

往蹇，來碩

　　上六爻辭：「往蹇，來碩：吉，利見大人。」意指衰退者更形蹇顛困窘，而新來者勢力卻更加成熟壯大；這將會是得到吉祥好徵兆，有利於賢能大德者表態抉擇的好時機。因此誰勝誰敗，兩者之差異已經相當明顯。如果情勢確實已經發展到這種地步，此時就是他們為國貢

獻之好時機了。「碩」字，《廣韻》、《集韻》、《正韻》曰：常隻切，《韻會》曰：常亦切，从音石；《爾雅·釋詁》曰：大也。臺灣話「碩」（SIK₈），與熟、汐、席、錫等字同音。「碩」字，臺灣話指成熟或壯大之意思；形容稻穀或水果成熟，「碩」（SIK₈）字與「熟」（SIK₈）字，算是同音、同義。古人說：天下非一人之事也，濟天下非一人之能也。天下有難，天下不平，此時正是聖人及賢能大德，出來輔佐君王的好時機。大官為國服務，應以隨從貴人為尚；爻辭「利見大人」一詞，表示當時情勢發展已經成熟了，此時確實有利於達官貴人、賢能大德者，出面繼續為國為民服務了。

四　六十四卦之聯通

　　《周易》六十四卦中，以殷紂王失國故事背景作為經文內容者，應以離卦及蹇卦最為明顯。離卦及蹇卦之經文，各以紂王之自專與暴虐為因，並以朝中大臣紛紛離去為果，同時也塑造出周國因勢而崛起之良機。在文字章句之排比上，離卦有死與生之對比寫照，而蹇卦則有往與來之對立關係。離卦九四爻辭「突如，其來如，焚如，死如，弃如」，似乎在描述紂王面對死亡的最後一幕慘狀，六五爻辭「出涕沱若，戚嗟若，吉」，則用來描述周朝誕生及創立過程之苦痛與喜悅情況。反之，蹇卦比較明確敘述朝野兩者之對立關係，包括卦辭「利西南、不利東北」，及爻辭「往、來」，這是作者用來描述當時商、周兩國的對立狀態，其中「不利」與「往」者，皆指向殷朝與紂王，而「利」與「來」者，則指向周國及武王。據學者研究指出，萬事萬物之發展定律，似有朝對立方向而轉化的現象。[4]事實上，爻辭「往」vs.「來」，「不利」vs.「利」，都隱含對立而轉化之狀態。在《周易》經文中，一卦中同時出現「往、來」兩字者，共有九卦，包括：泰、

否、復、咸、蹇、解、井、震、豐。另外，蹇卦與解卦，兩卦之排序相鄰，而兩卦之經文意涵，也都與商、周兩代之興替與轉化有所關聯，茲簡述如下：

蹇、解

《周易》六十四卦中，蹇、解兩卦之卦象，是屬於綜卦之關係。考經文之內容，可以窺探出作者對殷紂王及周武王，他們兩人在行事作風與施政態度上，確實截然不同而形成強烈對比，這也說明殷紂王敗亡，及周武王肇興之原因所在。事實上，蹇卦在論述「跛腳鴨皇帝」紂王之敗亡原因，而解卦則論述「解放中原」武王之相應措施，包括對殷商舊朝之無辜子民，他都採取不咎既往之寬厚態度。在殷商末年，紂王因自專無道，官員百姓都蒙受苦難煎熬，當時生民塗炭而天下情勢危在旦夕。所幸在關中地區的周族順勢崛起，文王、武王也能相繼得到各方英雄豪傑的相挺與輔佐，並能適時與八百諸侯舉行會盟。最後兩軍雖處於對立狀態，但殷紂因已漸漸陷入「蹇顛」狀態，才讓武王掌握機會並完成翦商滅紂之使命。比較這兩卦之經文內容，卦辭中各有一「利西南」之關鍵字詞，意指位在中原西南方的周族，他們正處於最有利之條件，而其出兵伐紂之師，也算是對天下萬民最為有利之舉動；在完成「解放中原」之後，為了和諧與吉祥，更要採取有利於舊朝子民之措施。兩卦經文含有對比或對立性之用語，在蹇卦四個爻辭中，皆有「往、來」之關鍵字詞，並以此表示優勝劣敗之原因與結果。在解卦卦辭中，也有「往、來」之用字，卻表示「來者」對「往者」不咎既往，因此而有利於創造和諧與吉祥之新環境。

五　結論

在《易經》六十四卦中，同一卦經文含有「往」及「來」兩字者，共有九卦。蹇卦之「往」（outgoing）與「來」（incoming），應指「往者」與「來者」之簡稱，並以「往」、「來」兩字，說明對立兩政權之起伏與優劣。簡言之，就是指位在東北方的中原地區，是一逐漸走向衰敗的商族；位在西南方的關中地區，卻有一逐漸崛起的周族。在地理位置上，商族正好位在周族的東北方，而周族則位在商族的西南方。東北與西南，剛好位在一條直線上；位居兩端的商國與周國，就像正在進行一場政治拔河比賽。卦辭「利西南，不利東北」，就是指當時之情勢對商族相當不利，而周族在各方面之表現，卻是相當優秀而有利。

蹇卦之經文，應該是作於中原政治環境得到底定之後，也就是武王完成翦商滅紂大業後不久；作者藉此追述紂王在位最後二十年間，商、周兩族之對立與消長變化。本卦之經文內容，作者先以「蹇」字象徵政治「跛腳鴨」之狀態，再以「往」、「來」分別說明兩個政權之對立狀態與優劣差異。蹇、顛兩字，都有跌倒的意思，臺灣話以「蹇顛」（KIAN₂ TIAN₁）兩字合用，意指走路不看前方與地面，卻老是看天空或東張西望，因此走起路來跌跌撞撞的。在六個爻辭中，我們可以看到兩種不同政治型態：一，有四個爻辭明示「往者與來者」之對立狀態，這些都屬於同一爻的對立情況，包括：往蹇 vs. 來譽，往蹇 vs. 來反，往蹇 vs. 來連，往蹇 vs. 來碩；二，有二個爻辭敘述「衰退與進取」之形成原因，它們分別屬於不同爻的對立說明，如六二爻：「王臣蹇蹇，匪躬之故」vs. 九五爻：「大蹇，朋來」。

由於時代背景不同，政治上出現「跛腳鴨」狀態之時間會有差

別。現在是民主時代，總統及行政機關因有國會的監督，加上有任期制的約束，因此政治上出現「跛腳鴨總統」窘狀之期間，一般都不會拖得太久，最長也不超過半年才對。但是在殷商末年所出現的「跛腳鴨皇帝」紂王，他卻有超過二十年之久的窘狀。政治「跛腳鴨」狀態拖久了，百姓受累時間就更久更苦了，所幸當時有文王、武王之應運而起，加上在朝官員也紛紛棄商奔周，以及眾多在野賢士也趕來周國獻策相助，周國因此而能夠大會諸侯，並一舉殲滅暴君紂王。爻辭「往蹇，來碩：吉，利見大人」，指出衰敗中的紂王，要面對蹇顛困窘，而新來者武王的勢力，卻更加成熟壯大。臺灣話「碩」（SIK 8），意指成熟或壯大之意思。古人常說：天下非一人之事也，濟天下非一人之能也。「利見大人」一詞，表示大官賢人能以追隨貴人為尚，一當天下有難，就應站出來輔佐明君，並為報效國家而努力。

注釋

1〔清〕段玉裁：《新添古音說文解字》（臺北市：洪葉文化公司，1999年），頁84。

2 來知德：《易經來註圖解》（臺北市：大千世界出版社，1981年），頁314。

3 楊善群、鄭嘉融：《創世紀在東方》（上海市：上海文藝出版社，2003年），頁210。

4 張善文：《周易：玄妙的天書》（上海市：上海古籍出版社，2008年），頁15。

第十講
淺釋易經解卦

一　前言

　　打開商、周時代之中國歷史，可以發現周武王從關中遠征中原的殷紂王，並完成翦商滅紂之歷史大業；當時兩軍對峙之時間，前後還不到二年。據《竹書紀年》記載：「十二年辛卯，王率西夷諸侯伐殷，敗之于坶野。王親禽受于南單之臺，遂分天之明。」其中「敗之于坶野」，就是指兩軍在牧野決戰一役；而「王親禽受于南單之臺」，是指武王在朝歌拿下暴君紂王；「遂分天之明」，說明武王隨即就地稱帝，代表他已達成「逐鹿中原」之重大使命。考《易經》解卦之內容，作者以「解」字闡述解除中原紛亂的歷史背景；針對殷商王朝的頹廢衰敗，最後終於被周武王擊敗而獲得解放（Liberation）。事實上，中原地方本屬富庶之地，經過晚商二百多年的經營統治後，卻因末代皇帝紂王的暴虐無道，致使人民生活陷入最大苦難之境地，最後才靠周國的崛起而滅亡。經過歷史朝代的更替，無論在政治、社會、文化各方面，中原從此得到「解救」與「解放」。卦名「解」字，《說文解字》曰：判也，從刀判牛角，牛解也；《莊子・養生主》曰：庖丁解牛。又《博雅》曰：散也；《玉篇》曰：緩也，釋也；《廣韻》曰：脫也。按「解」字之甲骨文字形，從角、從牛、從雙手，表示人用雙手去解剖牛隻之頭顱。據此可知「解」字，它具有一字多義之特色；含有以刀解

牛，甦解艱困，解放無辜，解脫困境等多種意思。

　　周武王「解放中原」之歷史大業與其軍事行動過程，在司馬遷《史記》中已有相關之記載，其歷史事實與「解」卦之經文，兩者之間存有一些關聯性。事實上，「解」卦之核心內容，是在肯定武王他能赦過宥罪及解救萬民之功勞，其中卻也隱含一些貶抑之詞，例如爻辭「負且乘，致寇至，貞吝」，就是暗諷周軍伐殷之動機與手段，確有美中不足之遺憾。本文試以語言文字及歷史文獻之研究方法，用以探索解卦經文之意象，並依照卦爻辭之解釋、關鍵字辭之解釋、六十四卦之聯通，三個段落順序，分別撰述個人鄙見，並就教於方家。

二　卦、爻辭之解釋

卦辭：解：利西南，無所往，其來復吉；有攸往，夙吉。

譯文：論解之卦：對於從西南方來解救中原苦難者是有利的；那些受困被折磨而「無所往」的柔順弱者，終於可以獲得解救，並回復平靜的生活，這是平安吉祥之徵兆；對於當初不滿暴政而「有攸往」的逃離者而言，他們也能馬上獲得諒解與尊敬，這也是得到平安吉祥的好徵兆。

初六：無咎。

譯文：〔除暴無過〕看到暴君被砍下頭顱了，而受苦受難人民也獲得解救了；這項解放中原之行動，因處置得宜而不會有過錯的。

九二：田獲三狐，得黃矢，貞，吉。

譯文：〔矜懲變臣〕從戰場上擒獲三位有如狐狸般之變臣，將他們解除武裝並沒入所持有的尊貴兵器，這是聰明之舉動，也是得到吉

祥之徵兆。

六三：**負且乘，致寇至，貞，吝。**

譯文：〔自我招諷〕在戰車上看到有人揹負著祖先的神主牌位，其情況
　　　有如遭受過寇盜打劫而逃難一般；這種行動計謀看來很聰明，
　　　其手段卻讓人感覺有點不夠光明磊落。

九四：**解而拇朋，至斯孚。**

譯文：〔化敵為友〕在解放戰爭中，突然出現敵方倒兵以戰之現象，雙
　　　方視如朋友並且並肩作戰，他們要一起來對付暴君，這是展現
　　　彼此互信的最佳狀況。

六五：**君子維有解，吉，有孚于小人。**

譯文：〔統御有方〕蒙受苦難困境之君子貴族們，現在他們得以獲得解
　　　脫；能夠維持舊有的尊榮，這是吉祥之徵兆，而且還能藉此取
　　　信於屬下之子民。

上六：**公用射隼于高墉之上；獲之，無不利。**

譯文：〔待時而動〕利用公侯就近監視殷都之子民，萬一將來有事也會
　　　有所防備與拿獲，這樣安排將是無往而不利的。

三　關鍵字辭之解釋

　　卦名「解」，考其文字音義，據《康熙字典》引用《唐韻》、《正
韻》曰：佳買切。又《集韻》、《韻會》曰：下買切，《正韻》曰：胡買
切。另《說文解字》曰：判也，从刀判牛角，尸解也；《莊子·養生

主》曰：庖丁解牛。又《博雅》曰：散也；《玉篇》曰：緩也，釋也；《廣韻》曰：脫也。按「解」字之甲骨文字形，从角、从牛、从雙手，表示人用雙手去解剖牛隻之頭顱。據此解析「解」字，它應該具有一字多音、多義之特色；可以作解剖（to anatomize）、解救（to rescue）、解決（to solve）、解放（to liberate）等動詞用語；含有以刀解剖，解救受難，解決困難、解放無辜，解脫窘境，解釋疑難，釋放罪犯……等多種解釋。

　　考歷史文獻之相關記載，在《史記・殷本紀》有曰：「周武王於是遂率諸侯伐紂，紂亦發兵距之牧野。甲子日，紂兵敗。紂走入登鹿臺，衣其寶玉衣，赴火而死。周武王遂斬紂頭，縣之〔大〕白旗，殺妲己。」又，《史記・周本紀》曰：「武王至商國，商國百姓咸待於郊。於是武王使群臣，告語商百姓曰：『上天降休！』商人皆再拜稽首，武王亦答拜。遂入，至紂死所。」考察此段人事與時代背景，可以理解《史記》所敘述之歷史內容，與《易經》「解」卦之經文內容，兩者確實含有一種很微妙之對應關係；其中「上天降休」，代表周武王係奉天行事，他所進行的翦商滅紂之舉動，可稱為「解放中原」之歷史大業；而武王「遂斬紂頭」之動作，象徵以刀解牛，藉此永遠解除禍害之意象。

　　卦辭似以周武王「解放中原」作為歷史背景，他的出征行動獲得肯定，他的成功策略，正是創造國家社會和諧，與人民安樂吉祥的碁石。卦辭出現二個對比狀況，包括：無所往 vs. 有攸往；復吉 vs. 夙吉。據《史記・周本紀》載曰：「封商紂子祿父殷之餘民，武王為殷初定未集，乃使其弟管叔鮮、蔡叔度相祿父治殷。已而，命召公釋箕子之囚，命畢公釋百姓之囚，表商容之閭，命南宮括散鹿臺之財，發鉅橋之粟，以振貧弱萌隸；命南宮括、史佚展九鼎保玉，命閎夭封比干之墓」。從此可以看出，武王在他解放中原當下，馬上對蒙難、受困之殷

商大臣，表現出他最大之敬意與寬恕；當時獲得解脫或受到表封者，都是殷商之舊臣，包括：釋箕子之囚，表商容之閭，封比干之墓等。

經文有「復吉」、「夙吉」兩個字詞，說明解困者已經來到，而解放動作又很快速，這是吉祥的徵兆。「無所往」，意指那些沒有或無法出走避難者，像箕子裝瘋，像比干受虐罹難，還有千千萬萬的無辜子民。「復」字，恢復也；表示讓他們恢復平靜生活，回復原有之身分、地位、或榮譽等。「夙」字，《說文解字》曰：早敬也。古人說：當解之事，早為之乃吉。臺灣也有一句俗話說：有花要插、插頭前，表示如果有助人之心意，例如做善事、說好話、送好禮等，就要在興起善念之時，馬上採取具體行動。「夙吉」，表示早做、早好；對象就是指那些「有攸往」者，就像已經隱匿如微子啟，或避難出走如太師疵，或已遭貶黜如賢者商容，或眾多遭受冤屈而蒙難之臣民。武王進入朝歌之後，馬上就釋出善意與表達敬意；武王能赦過宥罪、以解萬民之難，這些都是有利於周國一統天下的要件，也是卦辭「利西南」一語的最佳寫照。有關本卦之關鍵字辭，茲分別詮釋如下：

無咎

初六爻辭：「無咎。」意指暴君紂王被砍下頭顱了，而蒙受苦難之人民也得到解救了；對於周武王的解放中原行動，因他處置相當得宜而不會有過錯的。針對武王討伐紂王之歷史，從兩軍開始對峙到翦商滅紂，司馬遷在《史記・周本紀》中，已有記載整個過程，其文曰：

> 帝紂聞武王來，亦發兵七十萬人距武王。武王使師尚父與百夫致師，以大卒馳帝紂師。紂師雖眾，皆無戰之心，心欲武王亟入。紂師皆倒兵以戰，以開武王。武王馳之，紂兵皆崩畔紂。

紂走，反入登于鹿臺之上，蒙衣其殊玉，自燔于火而死。武王
持大白旗以麾諸侯，諸侯畢拜武王，武王乃揖諸侯，諸侯畢
從。武王至商國，商國百姓咸待於郊。於是武王使群臣，告語
商百姓曰：「上天降休！」商人皆再拜稽首，武王亦答拜。遂
入，至紂死所。武王自射之，三發而後下車，以輕劍擊之，以
黃鉞斬紂頭，縣大白之旗。已而至紂之嬖妾二女，二女皆經自
殺。武王又射三發，擊以劍，斬以玄鉞，縣其頭小白之旗。武
王已乃出復軍。

《周易》六十四卦、每卦各有六爻，但爻辭所用之文字都很精簡。經文
每爻從二個字到二十七個字（睽卦），用字數目多寡不一；其中一爻二
字者，共有五卦，包括：否卦六三爻「包羞」，解卦初爻「無咎」，恆
卦九二爻「悔亡」，大壯卦九二爻「貞吉」，及兌卦上六爻「引兌」。
作者僅以「無咎」兩字作為解卦初爻之刪節內容，恐與紂王自焚而死
後，又被武王斷頭之下場有關，因為聖人不忍心將此兇殘畫面，再度
呈現於經文之故也。

田獲三狐

九二爻辭：「田獲三狐，得黃矢，貞，吉。」意指從解放戰爭中
擒獲三位有如狐狸般之嬖臣；將他們解除武裝，並沒入所持有的尊貴
兵器，這才是聰明之舉動，也是得到吉祥之徵兆。據歷史文獻記載，
商朝末年確有多位嬖臣助紂為虐，包括蜚廉、惡來、費仲、崇侯虎等
人。《史記・殷本紀》曰：「用費中為政，費中善諛，好利，殷人弗
親。紂又用惡來，惡來善毀讒，諸侯以此益疏。」狐是邪媚之野獸，蜚
廉、惡來、費仲、崇侯虎之徒，他們都是紂王身邊之嬖臣，其行為有

如狐狸般。事實上，蜚廉已早死，因此在解放戰爭當時，所謂「田獲三狐」者，應指惡來、費仲、崇侯虎這三個姦猾嬖臣。

負且乘

六三爻辭：「負且乘，致寇至，貞，吝。」此爻內容略含諷刺口氣，意指在東征伐紂之戰車上，武王叫人揹負祖先之神主牌，其情況有如遭受寇盜打劫過一般；這種行動計謀看來很聰明，但其作風與行動，卻讓人感覺有點不夠光明磊落。據歷史文獻記載，周武王出動干戈討伐暴君紂王，當時他特別安排在東征戰車上，令人揹負已逝的文王神主牌，藉口這是奉文王之命出征。自古戰爭有兵不厭詐之說，這項舉動雖算是很聰明，卻也引來賢者伯夷、叔齊等人之非議。《史記 · 伯夷列傳》就有如下之記載：

> 伯夷、叔齊，孤竹君之二子也。父欲立叔齊，及父卒，叔齊讓伯夷。伯夷曰：「父命也。」遂逃去。叔齊亦不肯立而逃之。國人立其中子。於是伯夷、叔齊聞西伯昌善養老，盍往歸焉。及至，西伯卒，武王載木主，號為文王，東伐紂。伯夷、叔齊叩馬而諫曰：「父死不葬，爰及干戈，可謂孝乎？以臣弒君，可謂仁乎？」左右欲兵之。太公曰：「此義人也。」扶而去之。武王已平殷亂，天下宗周，而伯夷、叔齊恥之，義不食周粟，隱於首陽山，采薇而食之。及餓且死，作歌。其辭曰：「登彼西山兮，采其薇矣。以暴易暴兮，不知其非矣。神農、虞、夏忽焉沒兮，我安適歸矣？于嗟徂兮，命之衰矣！」遂餓死於首陽山。

爻辭「負且乘」之「負」字，音婦；《說文解字》曰：恃也，從人守貝，有所恃也。又，《釋名》曰：背也，置項背也；《玉篇》曰：擔

也。臺灣話「負」（PE₇），與背同音，意指揹負。「且」字，《禮記‧檀弓》引曾子曰：祖者，且也；段玉裁《說文解字注》曰：且，古音俎；臺灣話「俎」（TSO₂），與祖、阻同音。又，甲骨卜辭之「且」，祖也，意指祖先而言。「乘」字，音繩，《廣韻》曰：駕也，登也。「寇」字，音扣；《說文解字》曰：暴也，擊也。此爻似可另作「自我致戎」之詮釋，意指朝中有嬖臣助紂為虐，且仗勢欺善；他們上慢下暴而招來周國出師，最後演成兵戎相見之場面。清人朱駿聲解曰：「負乘者小人，我致戎者，用小人以召亂」；他又引證曰：「負，鈇鉞也；乘，羽林軍也；寇北落師門，主兵者也，戒兵之不戢。」[1]此說之「小人」一詞，專指紂王身邊之嬖臣，這些人正是招致亂象之幫兇。

解而拇朋

　　九四爻辭：「解而拇朋，至斯孚。」意指在解放戰爭過程中，能化敵為友、並肩作戰，這是雙方發揮誠信的最高境界。事實上，當周武王軍隊與殷紂王軍隊，兩軍陳師牧野正要展開交戰時，卻突然發生「紂師皆倒兵以戰，以開武王」之驚人場面。當時在戰場上突然發生「倒兵以戰」之現象，就是指商紂之將士，他們把對方看成朋友，因此把武器槍口都倒轉過來。商國將士與周國軍隊並肩作戰，大家一起來對抗紂王之暴虐無道行為，而且彼此產生互信，正是發揮共濟天下之決心。

　　據《康熙字典》所引字書，「拇」之發音有二：一如《唐韻》、《集韻》、《韻會》、《正韻》曰：莫厚切，及《玉篇》曰：莫口切；一如《正韻》曰：莫補切。臺灣話之「拇」字，若從其音、義觀之，至少有三種狀況與雙手之動作有關，包括：一，「拇」（BOA（ŋ）₁），伸手搭放在另一人之肩膀上，表示兩人很親密的樣子，有化敵為友之意思表

示；二，「拇」（MOU₂），以手抱住他人（hug, hold in one's arms），表示把人擁抱在自己懷中，藉此表達友善之意思；三，「拇」（BO₂），比出大拇指之動作（say yeah!），表示讚許他人看法之意思。在西方人之禮節中，通常會以雙手動作表示忠誠與善意，例如舉手敬禮及握手問候，這些都是表達至誠的最佳方式。另據宋人程伊川《周易程傳》之註釋：拇，茂后反；²它與臺灣話「拇」（BOA（ŋ）₁）之音訓相同，故「拇」字，應以第一解為佳。「拇」字，《說文解字》曰：將指也；《莊子‧駢拇》有曰：「駢拇枝指，出乎性哉。」「駢」，合也；「駢拇枝指」，形容重疊並連的物體，就像兩個人相互搭肩併排，藉以表達真誠性情的樣子。

維有解

六五爻辭：「君子維有解，吉，有孚于小人。」對遭受窘困羞辱之前朝君子貴族而言，當國家被人打敗之後，他們卻也因此獲得解脫，甚至還能維持原有的貴族身份與尊榮；這種情況不但是一種吉祥之徵兆，而且還能藉此取信於他屬下的子民。《周易》經文常有一字多義之現象，「解」字，含有解剖、解放、解散、解救、解脫等多種意思；而「維」字，也含有受困、堅持、維持、連結等多種意思。「維」字之義，繫也，意指心繫於某種事物之上。「維」字，甲骨文闕，據《甲骨文編》之考證曰：隹，用為唯，經典亦以惟、維字為之。³由此可以推論，「維」字之最早字源，應該是「隹」字。另外，金文、陶文、小篆之「維」字，其字形結構也都很相近，就像有一隻短尾小鳥，牠為了要啄食禾麥之穀粒，或樹枝上之果實，因此牠必須飛到穀粒或果實旁邊，並且不停地在空中拍打牠的翅膀。據二〇一四年四月號《悅讀大臺中》雜誌報導，素有「臺灣小麥的原鄉」之稱的原臺中縣大雅鄉，

每年三月麥子成熟時，就可看到很多麻雀「駐飛」在金黃麥穗上方取食的景觀。小鳥因專注於啄食而不停在原地振翅飛動，可引喻為人們為了度過最大之難關，他必須展現他的堅強意志力（Will）。「維」，繫也；因此爻辭「君子維有解」一詞，似有兩種不同解釋，其一為受困之貴族獲得了解救；一為貴族靠其意志力的堅持而獲得解脫。有原則與堅持，這樣才會有好的結局；大難不死的君子貴人，全憑意志力而度過困境的。

當年周武王大封諸侯，目的就是要安撫君子貴人，《史記・周本紀》曰：封商紂子祿父殷之餘民……封諸侯，班賜宗彝，作分殷之器物。武王追思先聖王，乃褒封神農之後於焦，黃帝之後於祝，帝堯之後於薊，帝舜之後於陳，大禹之後於杞。另據《詩經・小雅》曰：四方是維；《周禮・夏官・大司馬》曰：以維邦國，《註》曰：維，猶連結也。古代之封建制度組織，即以天子為王，下轄諸侯；附於諸侯者，曰附庸。諸侯爵位大致分成公、侯、伯、子、男等層級，各級諸侯各有大小不等之領地與人數不等之子民。過去封建社會，各邦諸侯都是一方、一國之領導人，他們就是經文所謂的「君子」。事實上，「君子」由帝王封賜，且多是世襲職；而擔任「君子」者，必須負責統御屬下之附庸。「君子」各自負責統領一些附庸子民，其統轄範圍與組織型態，就像一個個的「肉粽綰」。

臺灣話所說之「肉粽綰」，就是指有一綰粽子，其中還含有一、二十個不等數目之好吃肉粽，而每一個粽子又分別綁在一條麻繩上。封建制度底下之「君子」，就像「肉粽綰」上端之綰結；其「附庸」，就像「肉粽綰」下端之肉粽。臺灣話「綰」（KUAN₇），與流汗之「汗」同音。金文之「綰」，其字形頗像一串肉粽的樣子；小篆之「綰」，从系、官聲，本義作繫解。繫，乃繫束之意，故从系，又以官本作「吏事君也」解，乃治民理政者之稱，因有約束四民之意，綰為繫束，故

為官聲。[4]事實上，當我們提起一個「縮結」，就能輕易抓住所有同縮之肉粽；反之，當上端之「縮結」被切斷後，所有下方之肉粽就會分崩離析了。從「肉粽縮」之統、離道理，似可幫助我們理解爻辭「君子維有解，吉，有孚于小人」之意涵。

公用射隼

上六爻辭：「公用射隼于高墉之上，獲之，無不利。」意指周武王解放中原之後，他卻很聰明而預留一手，萬一將來有事也會有所拿獲，這種安排確實無往而不利。據《周易・繫辭下》曰：「公用射隼，以解悖也。」子曰：「隼者，禽也。弓矢者，器也。射之者，人也。君子藏器于身，待遇時而動，何不利之有？動而不括，是以出而有獲。語成器而動者也。」「公用」者，意指利用公侯之權利或力量。「射隼」者，意指補捉飛來之隼鳥；「隼」是鳥類，而鳥是商族之圖騰。「高墉」者，意指殷商王宮之高牆；站在高牆上，視野廣闊，具有眼觀四方之利。據《史記・周本紀》記載曰：「封商紂子祿父殷之餘民，武王為殷初定未集，乃使其弟管叔鮮、蔡叔度相祿父治殷」。本爻辭之涵義，則指武王安置公侯於殷都舊城周圍，方便就近監視紂王之子祿父的一舉一動，這與後來發生的「三監」歷史事件，不謀而合。《郝敬讀書通》有曰：凡言之者，物有所指，事有所屬，地有所往，連屬之辭也。「之」字，通作「至」；往彼曰之，到此曰至，音義互通。爻辭「獲之，無不利」，表示將來如果不幸發生了叛亂或紛爭，因預先有作準備，所以會有所得，這也是最有利的一種安排。

四　六十四卦之聯通

　　《易經》六十四卦中，蹇卦、解卦，兩卦之排序相鄰；考其經文意涵，也都與商、周兩代之興替有關。蹇卦論述殷紂王陷入「跛腳鴨皇帝」期間之惡狀，而解卦則說明周武王進行「解放中原」過程之作為。根據歷史記載，在殷商末年，因紂王自專無道，其官員百姓也都受到不少的苦難與折磨，當時情況正是生民塗炭而使中原地方陷於紛亂之中。所幸有西南方之周族順勢而崛起，其文王、武王兩代，都能獲得各路英雄豪傑的相挺與輔佐，更能創造機會與八百諸侯會盟，最後才從兩軍對立狀態中脫贏而出，並結束殷紂王長逾二十年的「蹇顛」窘狀，也順利完成「解放中原」的歷史使命。比較這兩卦之經文內容，其卦辭中各有一「利西南」之關鍵字詞，意指位在中原西南方的周族，他們正處於最有利之條件，而其出兵伐紂之師，也算是對東北方的人民最為有利。周武王在他完成「解放中原」大業之後，為了全天下之和諧與吉祥，更採取各種有利於前朝子民之措施。

　　在經文用字方面，《易經》六十四卦中，「獲」字共七見，包括：隨卦：隨有獲；離卦：獲，其匪醜；明夷卦：獲明夷之心；解卦：田獲三狐；獲之，無不利；艮卦：不獲其身；巽卦：田獲三品。其中，解卦「獲之」一詞，表示未來如有狀況發生，則將會有所收穫的，因為早有預作防範之故也。在易經全文中，「維」字共四見，包括：隨卦：乃從維之；坎卦：維心；晉卦：維用伐邑；解卦：維有解。「維」字，繫也，含有受困、堅持、連繫等多種意思。據《韻會》曰：案六經惟、維、唯三字，皆通作語辭。解卦之「維有解」，具有一詞多意之特色：一方面說明受困者可以解脫了；一方面說明憑意志力克服困境而有解了；一方面說明被解放者仍可維持既有的身分、地位與權勢。

另外，再舉「吝」、「君子」二字詞，並分別說明聯通關係如下：

吝

　　在易經全文中，「吝」字二十見，包括吝、往吝、貞吝、小吝、終吝等字詞。其中「貞吝」一詞，共有四卦；包括：泰卦上六爻，恆卦九三爻，晉卦上九爻，解卦六三爻。「吝」字，據《唐韻》、《集韻》、《韻會》、《正韻》曰：良刃切，音藺；《說文解字》曰：惜也、恨也，意指婉惜、遺憾，表示有美中不足之處。屈萬里（1907-1979）曰：吝，小疵也。[5]臺灣話以「吝」（LIM7），表示差一點點，藉此表達婉惜之意思。例如有人說：他這次競賽「差一吝吝啊」就奪冠軍了，意思表示很可惜啊，差那麼一點點就可以拿到比賽第一名了。經文「貞吝」一詞，則說明當事人之舉動很聰明；他們事先都有經過精心策畫，但其動機與手段卻有美中不足之憾。據歷史文獻記載，周武王出動干戈討伐暴君紂王時，他就特別安排在東征之戰車上，以人揹負已逝的文王之神主牌，並藉口這是奉文王之命出征討伐暴君；周武王的作法雖很聰明，卻也引來賢者如伯夷、叔齊等人之非議。

君子

　　《周易》經文所用之王、君子、大人、小人等字詞，均屬於上古殷商時代的政治性用語，代表他們當時的社會地位之尊卑與貴賤。在六十四卦經文中，「王」字共有十九見，「君子」有二十見，「大人」有十二見，「小人」有十見。在一卦經文中，同時有君子及大人或小人者，則有七卦；包括：否卦，觀卦，剝卦，遯卦，大壯卦，解卦，革卦。經文之「王」字，應與古代所通稱的「天子」、「皇帝」同義；而「子」

字，應屬商朝時代的貴族，其身分應出自王族。在出土甲骨文中，屢見「王」、「子」兩字，李學勤認為，卜辭的「王族」是由王的親族組成的隊伍，「多子族」是由大臣或諸侯親族組成的隊伍。[6]根據考古學者唐際根的研究，他認為殷墟卜辭中的「王族」，是商代宗族社會中地位最高者；「王族」以下是「子族」，亦即王的同姓宗族。[7]另據韋心瀅研究指出：卜辭中「子Ｘ」（子某）的身份，大部分學者認同應是王子，或是與商王有較近關係的同族貴族；可知「子某」中可能有時王之子（王子），也可能有時王的兄弟（同父從父兄弟）和時王的父輩（叔伯）等。這些「子某」因年齡大小、分家立族早晚的不同，各自擁有規模不同的宗族組織及其勢力範圍。[8]據此推論，卜辭中「子某」的身份，與經文中「君子」的身份，均指他們在政治上的地位與尊榮。

　　從考古學角度研究商王朝的控制範圍，依唐際根之研究指出，殷墟及其周圍地區是商文化的核心地域，周邊地區商文化的發展步調，基本取決於殷墟類型的發展變化。這一以殷墟為中心的文化分布格局，應是商代國家結構「內服外服制」的反映；商王朝直接控制者，被稱為「內服」的王畿區；王畿以外者，是由諸侯和眾多方國組成的「外服」區。據他統計，目前所知卜辭中稱侯者有三十五位，稱伯者四十位，稱子者一百八十五位，稱男者近十位。又，商代諸侯一部分是由王族子弟或功臣受封而成，如卜辭中的子鄭、子宋、子商、禽子、唐子、盟子。[9]歷史文獻亦有相關記載，例如《史記・殷本紀》曰：契為子姓，其後分封，以國為姓，有殷氏、來氏、宋氏、空桐氏、稚氏、北殷氏、目夷氏。

　　《易經》六十四卦經文中「君子」一詞，應專指受封的貴族與諸侯，這是政治性用語；而《周易・象傳》所稱及後世所用之「君子」一詞，係指學術品德很高尚之人士，含有褒揚學養之意味。再者，經文所用之王、大人、小人等字詞，與「君子」一詞，同樣是屬於上

古殷商時代的政治性用語，代表他們的社會地位之尊卑與貴賤。綜觀歷史與經文之記載內容，可以理解殷商之階級社會，確實具有三個現象：一、天子是「王族」，君子是「子族」；二、貴族與諸侯是「君子」，附庸是「小人」；三、尊貴者是「大人」，卑賤者是「小人」。

五　結論

古人有六經皆史之說，以《易經》解卦之內容為例，我們可看到周武王「解放中原」之歷史過程與善後措施。回顧當時周武王取得勝利之後，他能赦過宥罪、以解萬民之難，因此死後才能享諡「武王」之廟號。對周朝開國君王姬發而言，能夠獲此殊榮，他確實當之無愧。綜合歷史文獻及經文內容，我們可以理解當時天下政局巨大變革，但是除了推翻紂王之政權，及解救中原之苦難外，卻也看不到有明顯的報復與殺戮場面。

卦名「解」字，具有一字多義之特色；它含有以刀解牛，甦解艱困，解放無辜，解脫困境等多種意思。據《說文解字》曰：判也，從刀判牛角，尸解也；《莊子・養生主》曰：庖丁解牛。又《博雅》曰：散也；《玉篇》曰：緩也，釋也；《廣韻》曰：脫也。「解」字之甲骨文字形，從角、從牛、從雙手，表示用雙手解剖牛頭之動作，作者似乎藉此隱喻暴君紂王之頭顱，最後被武王砍下之一幕情景。

卦辭「無所往，其來復吉；有攸往，夙吉」，代表解救者之寬容態度，與被解救者所能獲得的優惠禮遇；「往」、「來」兩者之感受與態度，正是維持社會和諧的碁石，這也是人民得到平安吉祥的好徵兆。初爻僅有「無咎」兩字，言簡意賅，卻已說明解放中原之行動，因處置得宜而不會有過錯，但同時也透露出作者對於紂王之死，不忍再予咎責之心境。爻辭「解而拇朋，至斯孚」及「君子維有解，吉，有孚

于小人」，最足以呈現「解」字之高超境界，並以「孚」與「吉」兩
字，說明「化敵為友」與「統御有方」之重要性。

注釋

1 〔清〕朱駿聲:《六十四卦經解》(臺北市:頂淵文化公司,2006年),頁172。

2 黃忠天:《周易程傳註評》(高雄市:高雄復文圖書出版社,2004年),頁351。

3 中國社會科學院考古研究所編:《甲骨文編》(北京市:中華書局,2005年),頁171。

4 高樹藩:《正中形音義綜合大字典》(臺北市:正中書局,2006年),頁1326。

5 屈萬里:《讀易三種》(臺北市:聯經出版公司,1983年),頁45。

6 李學勤:〈釋多君、多子〉,《甲骨文與殷商史》第一集(北京市:中國社會科學院歷史研究所先秦史研究室,1981年),頁18。

7 唐際根:《殷墟:一個王朝的背影》(北京市:科學出版社,2009年),頁55。

8 韋心瀅:《殷代商王國政治地理結構研究》(上海市:上海古籍出版社,2013年),頁172。

9 唐際根:《殷墟:一個王朝的背影》(北京市:科學出版社,2009年),頁60-63。

第十一講
淺釋易經損卦

一　前言

　　發行公益彩券，這是現今世界各國為了募集資金，以做公益性活動經費的好方法。事實上，公益性彩券因偶有超大額獎金之誘惑力，因此能夠吸引廣大民眾的喜愛與投入，可是每次開出大獎之結果，除了極少數幸運者有機會可以拿高額獎金外，其他更有非常高比率的彩券買家，恐怕都要成為該項公益彩券的輸家與奉獻者。對某些人來說，買彩券是以小搏大，除了可以做公益外，還可碰運氣中大獎，因此在他們休閒生活中就樂此不疲。但是，對於眾多未能中獎者而言，他們確實都是拿出金錢去做公益了，而臺灣人就戲稱不能中獎為「貢龜」，也就是把金錢貢獻出來給那些得到分配款或捐助款項的弱勢者。考「貢龜」一詞，原指古代的進貢烏龜而言，其來源應與殷商時期之占卜舊俗有關。根據歷史文獻及出土殷墟甲骨文物分析，讓我們知道商人重視祭祀，而祭祀前必須先利用龜甲或獸骨進行占卜。近百年來從中原安陽出土的殷墟甲骨文物中，最足以說明商人利用龜甲以進行占卜者為多，而王族用為占卜之龜甲，都是由各方諸侯所進貢的。據說上古時代之人，多視貨貝與神龜為寶物，但是中原地方並不產烏龜，因此占卜用之烏龜，就必須經由西方或南方之產地進貢而來。

　　從出土的眾多殷墟卜辭中，可以發現商朝歷代帝王都懷著虔誠之

心，去安排祭祀先王、先公的各項禮儀；他們除了要事先利用龜甲或獸骨進行占卜吉凶外，還要準備相當豐盛的酒肉、五穀等各項祭品。在另一方面，商朝之走向頹敗與衰亡，似乎又與祭祀活動太過頻繁，具有很大之關係。一般人認為，占卜含有迷信色彩，而祭祀頻繁又有奢靡浪費之弊端。考《易經》損卦之內容與意涵，似乎也在針對商人之祭祀舊俗，提出很有建設性之批判與議論。據《說文解字》之解釋曰：損，減也；表示對於不合時宜之浪費，我們都要充滿信心並做出減損之決策。事實上，「損」者，應以「下自減損，以奉於上」為原則，對於殷商舊民而言，這是他們面對周朝統治伊始，最洽當不過之一項處世哲理。

　　在現代臺灣人之結婚禮俗中，目前還保存很多的古禮項目與儀式，其中在「完聘」大禮中，男方大都會備有十二項聘禮，其中就有「豬朋」這一項重禮。「豬朋」或「豬平」，意指半隻的豬肉，這是要呈獻給女方作為祭祀祖先之祭品用的。「朋」或「平」，具有對半而分之意思，例如「朋分」或「平分」；朋、平之臺灣話發音皆為 PIN（ŋ）₅，因此兩字之音、義相通。在「損」卦經文中，其六五爻「或益之十朋之龜」一詞，「或益之」是指有人來進貢；「十朋之龜」，則指十個半隻的龜甲。一隻烏龜，通常可分成上背甲與下腹甲兩個部分，能利用作為占卜用途者，專指烏龜的下腹甲那一半而言。從「損」卦「或益之十朋之龜」之物象與意涵觀之，似可用來印證臺灣話「貢龜」與「豬朋」二語之淵源。本文試以語言文字、考古文物及歷史文獻之研究方法，探索損卦經文之意象，並依照卦爻辭之解釋、關鍵字辭之解釋、六十四卦之聯通，三個段落順序，分別撰述個人鄙見，並就教於方家。

二　卦、爻辭之解釋

卦辭：損：有孚，元吉；無咎，可貞，利有攸往；曷之用，二簋可
**　　　用，亨。**

譯文：論述減損之卦：行減損之道者，必須充滿信心，才能順理而得
　　　到最大之吉祥。減損而沒有過差，要善用你的智慧，才會有利
　　　於向前發展。拿什麼東西來當作祭品？雖然只用二簋之禮器與
　　　祭品也無妨，這樣也會得到護佑的。

初九：巳事遄往，無咎，酌損之。

譯文：因辦理祭祀事宜而急急忙忙、進進出出的樣子，雖無過錯可
　　　言，但能酌量減少也無妨。

九二：利貞，征凶，弗損益之。

譯文：要有智慧權衡利益，為了軍隊出征與舉辦喪禮所舉行之祭祀禮
　　　儀，不要隨意去作減損或增加。

六三：三人行，則損一人；一人行，則得其友。

譯文：由三個人共同來作決行之事，其中若有一個人反對，那麼這一
　　　個不同意見，就可以捨棄不用；可以由一個人自行決定去做的
　　　好事，則會得到很多理念相同者的贊同與參與。

六四：損其疾，使遄有喜，無咎。

譯文：不要太過急急忙忙的，往來辦事要懷著歡喜之心，這樣才不會
　　　有差錯。

六五：或益之十朋之龜，弗克違，元吉。

譯文：或許有人進貢十版寶貴的龜甲，你就用它來占卜祭祀事宜；若有呈現犯剋之兆紋，就不能違犯它，這樣才能順理而得到最大之吉祥。

上九：弗損益之，無咎，貞吉，利有攸往，得臣無家。

譯文：對於祭祀之道，不能隨意去作減損或增加；行事不要有過差，要有智慧才能得到吉祥；有利往前去發展，就要盡到以公忘私，這是值得去做的。

三　關鍵字辭之解釋

《易經》損卦之「損」字，減也，傷也，貶也，失也；它含有一字多義之特色。考「損」字之音、義，據《正韻》曰：蘇本切，《集韻》、《韻會》曰：鎖本切；《說文解字》曰：減也。臺灣話損失的「損」（SUN₂），與竹筍的筍（SUN₂）同音。本卦以「損」作為名，在六個爻辭中又有五個「損」字，很顯然聖人是想藉經文闡述祭祀禮法之重要性，同時也藉此表示不合時宜之浪費，我們都要有信心去做適度的減損。

損卦經文與商朝之祭祀及占卜具有密切之關係，例如爻辭「已事遄往」、「十朋之龜」屬之。卦辭「二簋可用，亨」，表示雖只用二簋之禮器與祭品也無妨，這樣也會得到神明之護佑的。「簋」是古代用來盛放食物的盛器，也是當時的一種重要禮器，並和鼎配套使用。《史記・樂書》載曰：「簠簋俎豆制度文章，禮之器也。」據專家學者之考證，在商朝時，簋大多為圓形，體型厚重，表面多用獸面紋作為裝飾，有的器耳為獸面形狀。到了周朝，簋出現了三足、四足、四耳、

圓身方座等多種樣式，有的簋上加蓋。簋是重要的祭祀禮器，和鼎配合使用，簋為雙數，鼎為單數。其使用數量有嚴格等級限制，根據史書記載，只有天子可以使用九鼎八簋，而諸侯則使用七鼎六簋，卿大夫使用五鼎四簋，士則只能使用三鼎二簋。[1]此外，《易經》損卦經文與〈洪範〉篇內容亦有關聯，例如爻辭「三人行，則損一人」，「十朋之龜，弗克違」等詞屬之。茲依爻辭順序分別詮釋如下：

巳事遄往

初九爻辭：「巳事遄往，無咎，酌損之。」意指為了辦理祭祀事宜，參與祭祀人員常常都在急急忙忙、進進出出的樣子；舉辦祭祀雖無過錯可言，但能酌量減少數量也是無妨的。「巳事遄往」一詞，「巳」字，代表祭祀；「遄」字，《說文解字》曰：往來數也；「遄往」，意指多次往來之意思。《詩經・周頌・清廟》曰：「對越在天，駿奔走在廟」，駿，急貌；此句詩意表示藉祭祀來發揚祖先在天上的恩德，並形容參與宗廟祭典者，他們都顯得很急忙的情形。[2]舉辦祭祀雖很重要，但「酌損」兩字，表示可以酌量減少祭祀之次數或祭品之數量。《禮記・祭義》有曰：「祭不欲數，數則煩，煩則不敬。祭不欲疏，疏則怠，怠則忘。」這也是中國歷史進入周朝以後，祭祀禮制面臨重大改革的主要原因。

征凶

九二爻辭：「利貞，征凶，弗損益之。」意指要有智慧去權衡利益，若是為了軍隊出征與舉辦喪禮所舉行之祭祀禮儀，就不能隨意去作減損或增加。「征凶」一詞，「征」是軍隊出征，「凶」是喪葬事宜；

出征用兵與辦理喪事之祭祀活動，本屬緊急或偶發性質，它不像商朝「旬祭」之祭祖活動，是屬於經常性、週期性的浪費無度。中華文化之根在於禮，因而夏、商、周三代皆很重視禮教，尤其是商人更重視祭祀禮儀。據《左傳‧成公十三年》云：「國之大事，在祀與戎」，這是指君王掌理國家的最大職責，應該在於主持祭祀和戰爭之決策與執行上。事實上，「祀與戎」亦可泛指吉禮與軍禮，因為這兩者均屬禮制範疇，也就是舉行祭天、祭祖之禮儀。為國家祈福，包括吉禮與軍禮，祭天與祭祖，這些都與祭祀禮儀有很密切之關係。鄒昌林認為六經皆禮，並強調中華文化就是根源於禮。他進一步舉證說明《易經》亦是禮，他引《禮記‧禮運》孔子的一段話：「我欲觀殷道，是故之宋，而不足徵也，吾得《乾坤》焉。《乾坤》之義，《夏時》之等，吾以是觀之。」《乾坤》是指《周易》這部著作而言。[3]過去因民風不古，故有道德日趨淪喪之趨勢，因而提出六經皆禮之論述，並希望能夠據禮顯理，循名責實，重新闡述傳統道德的價值與精神。據王愛和之研究指出，商朝王族的政治優勢，是通過王者壟斷多層宇宙的一條垂直軸線，也就是靠祭祖通神而獲得。[4]

　　再者，《禮記‧祭統》曰：「凡治人之道，莫急於禮。禮有五經，莫重於祭。夫祭者，非物自外至者也，自中出生於心也；心怵而奉之以禮。是故，唯賢者能盡祭之義。」「禮有五經，莫重於祭」，據鄭玄注曰：「禮有五經，謂吉禮、凶禮、賓禮、軍禮、嘉禮也。」據《周禮‧春官宗伯》云：「五禮的功能，在於以吉禮事邦國之鬼神示，以凶禮哀邦國之憂，以賓禮親邦國，以軍禮同邦國，以嘉禮親萬民。」古代五種禮儀，要以吉禮為上，也就是要以吉禮事邦國之鬼神示；「事」者，係指稱祀之，祭之，享之等禮儀。據《禮記‧月令》所云，吉禮是五禮之冠，主要是對天神、地祇、人鬼的祭祀典禮，也就是「皇天、上帝、社稷、寢廟、山林、名川之祀」。賓禮即為天子接見諸侯、

賓客，以及各諸侯國之間相互交往的禮儀。凡飲食、昏冠、賓射、燕饗、脤膰、慶賀等禮，均屬嘉禮。嘉禮旨在規範秩序與導正人心，上位者以嘉禮親萬民。賓客是主人，祭祀不是重點。

三人行

六三爻辭：「三人行，則損一人；一人行，則得其友。」意指由三個人共同來作決行之事情，其中若有一個人反對，那麼這一個不同意見，也可以捨棄不用了；另一方面，可以由一個人自行決定去做的好事，當他率先付諸行動以後，則會得到很多理念相同者的贊同與參與。現代民主決策大都是採用多數決，就連古代帝王治國，也有採用多數人共商大計，以決行有疑難之國家大事者。例如在《尚書・周書》中，就記載有「洪範九疇」，其中第七疇〈稽疑〉曰：「擇建立卜筮人，乃命卜筮。曰雨，曰霽，曰蒙，曰驛，曰克，曰貞，曰悔，凡七。卜五，佔用二，衍忒。立時人作卜筮，三人占，則從二人之言。」古代卜筮有三人占，則從二人之言，代表其結果或看法若有差異時，就要以多數人之意見作為決策之依據。現代國會多屬代議制，其立法程序也都採行多數決。

爻辭「一人行，則得其友」，意指只要一個人就能決定去做的事，其善行將會得到更多人的響應，唐朝發願東渡日本去傳播佛法的鑒真和尚，就是一個很好的例子。據佛教相關文獻之記載，鑒真俗姓淳于，他生於唐武則天垂拱四年（688），逝於唐代宗寶應二年（763）。他原是揚州江陽縣（今江蘇省揚州市）人，十四歲時進揚州大雲寺，從聞名天下的智滿禪師受戒學禪門。在名師的教誨指引下，鑒真的學業突飛猛進。直到開元二十一年（733），他被譽為江淮一帶的授戒大師，在佛教徒中的地位很高，因此成為一方的宗首。唐玄宗開元元年

（713），鑒真回到揚州大明寺宣講戒律，寺中聽他講經和由他授戒的弟子，竟多達四萬多人。這個時候，鑒真已是學識淵博、威望很高的佛學大師；當時有日本來到大唐的留學僧，也都仰慕他的佛學造詣。唐開元二十一年（733），日本第九次遣唐使又來到大唐，隨團前來的日本留學僧榮睿、普照，因受日本聖武天皇之命，就約請鑒真東渡。唐玄宗天寶元年（742）冬十月，榮睿、普照來到揚州大明寺拜謁鑒真和尚，並表達日本仰慕之意。當時鑒真先詢問寺內諸僧，是否有誰願意應此遠請，眾僧卻都默然以對。原來寺中和尚們，他們都是懼怕赴日路途遙遠，而且搭船東渡生命確實難保之故。鑒真了解狀況之後，就說出：為法事也，鑒真願意東渡。[5]由於鑒真和尚的發願親自東渡日本傳法，立即得到很多寺僧之響應，從此大家也就展開東渡日本弘法之準備。

十朋之龜

六五爻辭：「或益之十朋之龜，弗克違，元吉。」意指有人進貢十版寶貴的龜甲，並用它來占卜祭祀大事；若有呈現犯剋之兆象，就不要去違犯它，這樣才能獲得最大之吉利。「弗克違」之「克」字，意指占卜出現犯剋之兆紋。「克」、「剋」，可以通假；兩字之臺灣話發音亦相同。事實上，受贈者也不能隨意用它來卜占小事情，這樣才不會違背人家助益之善義，這也是維護大吉大利的基本原則。根據陳夢家針對殷墟卜辭之研究，他認為卜辭中的「朋」，是單位詞；在卜辭記數文法上，例如「貝幾朋」一詞，貝是名詞，幾是記數，朋則是單位詞（Unit）。他進一步指出殷代的數字是十進位制，並舉卜辭「十朋」為案例。[6]另有語言學者研究指出，從文獻和不同的方言中，我們可以觀察到漢語量詞整體的發展史和各種量詞的演變歷史。從量詞個體看，

「反响型」或稱為「拷貝型」，是量詞（Unit）的初始形式。在甲骨文中，以「羌百羌」一詞為例，前面之羌為名詞，後面之羌屬於「反响型」量詞；殷商卜辭中的漢語，只有「人」、「朋」等較少的幾個「非反响型」量詞。[7]在現行的臺灣話中，我們稱東西一分為二以後的每一單位，曰「朋」；一分為四者，曰「塊」；一分為八者，曰「周」；再細分下去，就稱為「片」與「絲」了。

　　考文字之形、音、義，在現有眾多出土文物中，殷墟甲骨文集內就有收錄「朋」字，但無「平」字。事實上，甲骨文「朋」之字形呈現多樣化，其中引用《殷虛書契前編》及商承祚《殷虛佚存》收錄數字之字形，似可視作「平」字之甲骨文字源。[8]從字義觀之，《說文解字》並無「朋」這一字，僅說以鳳字古文為朋，似有不當。另《玉篇》曰：平，齊等也；《增韻》曰：平，均也。俗話常說「朋分」或「平分」者，即指兩人對分一樣東西之意思。我們另以臺灣話之發音為例，「朋」字只發一音PIN（ŋ）₅，「平」則一字多音，包括；PIN（ŋ）₅, Pi（n）₅, PIA（n）₅, PI₅，其中平安之「平」（PIN（ŋ）₅），與朋友之「朋」（PIN（ŋ）₅），兩字發音完全相同。

　　「十朋之龜」，應指十版（片）龜甲而言，而龜甲是古人拿來供做卜占刻辭之用的神貴器物。考「朋」字之音義，據《康熙字典》引《唐韻》曰：步崩切，《集韻》、《韻會》曰：蒲登切，从音鵬。臺灣話「朋」（PIN（ŋ）₅），除含有朋友之意思外，還可做一半、一邊解。在現代臺灣人之結婚禮俗中，目前還保存很多的傳統古禮項目與儀式，其中在「完聘」大禮中，男方尚有準備十二項聘禮者，其中就有「豬朋」這一項重禮。臺灣話之「豬朋」或「豬平」，意指半隻豬肉，這是要呈獻給女方作為祭祀祖先之祭品用的。據字書之解釋，「朋」或「平」，具有對半而分之意思，例如「朋分」或「平分」；朋、平之臺灣話發音，皆為PIN（ŋ）₅，因此兩字之音、義相通。「豬朋」或「豬平」是指

半隻豬肉，若以此物象連結甲骨文之字形，可以發現兩者之意象頗為相似。另外，人們把西瓜或大餅切開，或將橘子剝成兩半，臺灣話稱此動作為「扒朋」（PAT₄ PIN（ŋ）₅）。在《甲骨文編》卷六中，共收錄十一個大同小異之甲骨文「朋」之字形，有些頗與「豬朋」實物之形狀相似；另在〈合文〉也收錄「二朋」及「十朋」、共七個甲骨卜辭。

　　占卜與祭祀構成殷商文化的主要活動內容。占卜之「卜」（POH₄），其甲骨文字形，就像龜甲經過鑿、鑽、灼以後之兆紋，包括有一條豎直之兆幹，與一條橫斜之兆枝組合而成。「卜」之古音，訓為「博木切」，它與燃燒骨頭與竹木所產生的爆裂聲音相同，更與卜字臺灣話發音POH₄，完全相似。現在我們從殷墟龜甲殘片中，猶可見到「某某來龜」之契刻誌文，由此可證諸侯「進貢烏龜」之禮俗，確實由來已久。據王宇信研究指出，甲骨文記載表明，南方和西方當是占卜用龜的產地；商代占卜用龜數量是很多的，這麼多的龜甲，應主要從南方進貢而來。[9]一百年來從河南安陽殷墟出土大量的甲骨文，其中「甲」，便是指龜甲。殷人嗜祭，龜甲即被用來事先占卜與刻字的神物，因而諸侯進貢烏龜是何等的重要與神聖。時下臺灣人戲稱不能簽中彩券為「貢龜」，也就是把金錢貢獻出來給那些得到分配款或捐助款項的弱勢者。由此可知，「貢龜」一詞原指進貢烏龜而言，其來源正與殷商時代之占卜舊俗有關。考文字之音義和歷史淵源，現代人一句「貢龜」之玩笑話，竟然與古代「進貢烏龜」之嚴肅禮俗有關；古今用詞，頗為貼切。

四　六十四卦之聯通

　　聖人制禮以示人，故天下國家可得而正。在《易經》六十四卦中，以禮制主題，或以祭祀禮法作為物象者，至少就有：履、損、

萃、升、困、革、豐、渙，等八個卦。易卦論述禮制及禮法，其中要以豐卦內容最為顯著而具體；豐卦爻辭中之「旬」字，與殷墟甲骨卜辭之「旬祭」，兩者在意象上頗為相似，這也是殷人最為獨特的祭祀禮儀。另外損、革二卦之內容，則論述傳統祭祀禮儀在面對國家社會有重大變革時，主政者應該如何做出減損與改變等相應措施。要而言之，從易卦論述祭祀禮法之議題上，我們可以窺探出祭祀制度在歷史上的變化過程，也就是「豐→損→革」的三段變化過程。事實上，豐，代表從盛世時期開始採行豐厚祭祀禮制；損，代表改朝換代之過渡時期的減損禮制；革，則代表邁入新朝新代後所做出的重大禮制變革。豐卦之禮，是專論殷商之祭祖禮儀，而其祭祀活動又以每旬為一週期，從此可知當時禮儀較為繁縟，實有失節制之弊。古人曰：儀繁則易疏，禮應以時為大。一旦時代改變以後，禮制若有不合時宜者，當然可以進行變革。

依據甲骨文字形，上古時代之「豐」、「豊」兩字，可以互假相通；準此，「豐」卦可以「禮」卦解之。豐卦初九爻辭曰：遇其配主，雖旬無咎，往有尚。「旬」字，代表當時奉行「旬祭」之週期制。損卦初九爻辭曰：已事遄往，無咎，酌損之。「已」字代表祭祀，「酌損之」，則說明減損祭祀之次數或禮法之內容。革卦之卦辭曰：已日乃孚，元亨利貞，悔亡。又，六二爻辭曰：已日乃革之，征吉，無咎；這些都是針對改革祭祀禮制的一種肯定言論。

從卦序之排列觀之，損、益兩卦相鄰，損卦表示從自己做起，從內向外，或從下向上作出減損；而益卦之內容，則顯示施予者的正大與純正，及受益者的謙虛與柔順。事實上，損、益兩卦均在闡述損己益人之哲理，兩卦之卦爻辭中，各有「利有攸往」一詞，及強調「有孚」及「無咎」之可貴與狀況。根據先秦古典文獻所載，先賢已有不少關於損與益之各種論述，茲摘錄五則如下：一，《論語・為政》子

曰：「殷因於夏禮，所損益，可知也；周因於殷禮，所損益，可知也；
其或繼周者，雖百世可知也」；二，《荀子・大略》曰：「君子進則益
上之譽，而損下之憂」；三，《莊子・齊物論》曰：「如求得其情與不
得，無益損乎其真」；四，《道德經》曰：「故物或損之而益，或益之而
損」；五，《列子・天瑞》曰：「故物損於彼者盈於此，成於此者虧於
彼」。

五　結論

　　「損」字具有減、傷、貶、失等意思，如何面對「損」的衝擊，這
也算是一種修身養性的好方法。在日常生活中，人們常藉不同方式去
體驗「損」的哲理，例如回教徒在回曆之齋戒月（Ramadan）中，他們
就有白天不進食之戒律，另有很多虔誠的佛教徒，也在奉行過午不食
之規矩。過去時候，個人在一九八五年至二○一一年間，也曾經有過
連續二十六年、每月斷食兩天之紀錄。這些事實都算是以減損進食之
次數或份量，做為鍛鍊身心的一種手段。不管是斷食或節食，我們都
可藉此行動來減少資源的浪費；另一方面，我們也可藉此修行方式，
來培養一個人的愛心、信心與毅力。《易經》損卦之內容，首先以「已
事遄往」敘述人們都在為祭祀活動而忙碌，而「酌損之」一詞，則說
明可以減損祭祀之次數及供奉祭品之數量。在《易經》六十四卦經文
內容中，以祭祀作為核心議題者，分別有豐、損、革三個卦，它們可
以代表「豐→損→革」的三段變化過程；「損」卦位置居中，象徵過渡
時期的一種減損祭祀禮制之措施。

　　在損卦之卦爻辭中，也有關於主政者應以民主方式及客觀態度，
作為重大疑難之決策參考。例如六三爻辭：「三人行，則損一人；一人
行，則得其友」，表示如果經由三個人共同來作決行之事，其中若有

一個人反對，那麼這一個不同之意見，就可以捨棄不用了。另外可以由一個人自行決定去做的好事，當他率先付諸行動以後，則會得到很多理念相同者的贊同與參與。以六三爻辭內容之意涵，拿來對照《尚書・周書・洪範》第七疇〈稽疑〉之內容：「立時人作卜筮，三人占，則從二人之言」，可以發現兩者似有前後互相呼應之效果，也就是訓示我們要以多數人之意見，作為疑難決策時之依據。事實上，卜筮有三人占，從二人之言，則必會有損一人之憾。俗話說：「德不孤，必有鄰」；一人行，則得其友，代表面對最困難之時刻，總要有一人能率先出面表態。能經由一個人的犧牲小我，才能喚起大眾之良知，這樣才能影響更多人的共襄盛舉，最後才能達成一個偉大之目標。在佛教發展歷史上，唐朝發願東渡日本去傳播佛法的鑑真和尚，就是一個最好的說明典範。

　　損卦之經文多與上古時代之祭祀有關，而其中的爻辭用字，還可幫助我們探索一些臺灣話用語之源頭。六五爻「或益之十朋之龜」一詞，不但可以佐證臺灣話「貢龜」一詞之典故，還可幫助了解「豬朋」一詞之音義。商朝重視祭祀禮制，而祭祀前必須先利用龜甲或獸骨來進行占卜吉凶。我們從河南安陽出土的殷墟甲骨文物中，知道商人占卜多以龜甲作為媒介，其中又以烏龜的腹甲最為多見。考占卜之「卜」，其甲骨文字形，就像龜甲經過鑿、鑽、灼以後之兆紋，包括有一條豎直之兆幹，與一條橫斜之兆枝組合而成。卜字之古音，訓為「博木切」，它與燃燒骨頭或竹木所產生的爆裂聲音相同，更與卜字之臺灣話發音POH4，完全相同。再根據專家考證，上古時代多視貨貝與神龜為寶物，但中原地方卻不產烏龜，殷墟卜辭已有「來龜」一詞，說明當時王族作為占卜用之龜甲，就是經由西方或南方產地進貢而來的。一隻烏龜通常分成腹甲與龜甲兩半，「十朋之龜」，係指十版烏龜之腹甲而言；爻辭「十朋之龜」，意指十個半隻的烏龜。事實上，現

代臺灣人口中所說「貢龜」一詞，就是指進貢烏龜而言；它與殷商時代之占卜舊俗，確實具有淵源關係。另外，臺灣話「豬朋」或「豬平」之用詞，意指半隻豬肉而言，這是臺灣人舉行「完聘」時，所要準備給女方，以作為她們祭祀祖先之一項大禮。「朋」或「平」，具有對半而分之意思，例如「朋分」或「平分」；朋、平之臺灣話發音皆為 PIN（ŋ）₅，兩字之音、義皆可相通。

注釋

1 參考維基百科〈簋之解釋〉（http://zh.wikipedia.org/wiki/），2014/4/21。

2 李辰冬：《詩經通釋》（臺北市：水牛出版社，1980 年），頁 114。

3 鄒昌林：《中國禮文化》（北京市：社會科學文獻出版社，2000 年），頁 15-25。

4 王愛和：《中國古代宇宙觀與政治文化》（上海市：上海古籍出版社，2011 年），頁 92。

5 參考百度百科〈鑒真〉之解釋（http://www.baike.com/），2014/4/20。

6 陳夢家：《殷墟卜辭綜述》（北京市：中華書局，2013 年），頁 94、109。

7 吳安其：〈析型語言的名量詞〉，《漢藏語系量詞研究》（北京市：中央民族大學，2005 年），頁 5。

8 中國社會科學院考古研究所編：《甲骨文編》（北京市：中華書局，2005 年），頁 280。

9 王宇信：《甲骨學通論（增訂本）》（北京市：中國社會科學院，1999 年），頁 104 -105。

第十二講
淺釋易經益卦

一　前言

　　一提起「風水」話題，大家都知道它與居家環境及祖先塋墳之關係最為密切；在臺灣人之日常生活中，如果遇到有營建房屋，或是安葬祖墳等大事時，很多人就馬上會連想到「風水」之好壞這項與利害攸關之課題。根據傳統中華文化之載述，風水（Feng Shui）算是中國五術（Five Arts of Chinese Metaphysics）之一，它屬於一種相地之方術；古人把風水稱為「堪輿」，也叫它為「地理」。中國人的風水觀念與實務之存在歷史確實相當悠久，而對於古今中外人文生活之影響也很深遠。據說「風水」觀念，最早出現於伏羲時代，但「風水」一詞，最早應該來自於晉朝郭璞《葬經》所言：「氣乘風則散，界水則止。古人聚之使不散，行之使有止，故謂之風水。」事實上，一般人對於風水衍生之問題，常會造成迷信或排斥之兩極反應，但做為一個學科課題，在民俗學之研究及建築學之應用上，似乎仍存有一些參考價值。我們若從民間信仰角度觀之，風水術的主要理論基礎，應該來自於傳統的陰陽、五行玄術學說，及河圖、洛書時空觀念，同時把易經之卦象也扯上一點關係。傳統風水師喜歡借用充滿哲理思想的《周易》這一部經典著作，他們善於從卦象與卦氣觀念暢談地理風水術。據說依山傍水是風水學最基本的原則之一，風水即是臨場校察地理的方

法；風水又叫地相，因此古人把它歸類為堪輿術，其目的是用來選擇皇室宮殿、宗廟、王陵之基址，而民間則應用於村落選址及墓地建造等方面。古代堪輿術的方法與原則，也有應用到科技之部分；《管子‧地數》云：「上有磁石者，下有銅金」，先民很早就認識了磁場，因此指南針成為中國四大發明之一。風水師的思想主張，就是要順應地磁方位，而古代之指南針、日圭、司南之應用，正是古人用來測量陽光照射與地磁方位的儀器。

　　兩益（利）相權取其重，兩害相權取其輕，任何一個人為方案都會有其利與弊，決定選擇某一方案時，就要能忍受其帶來的弊端或衝擊。據歷史記載，商朝自中丁以後，國勢就逐漸衰落；當時弟子爭相代立，諸侯不再來朝。到了商王盤庚即位後，因受應侯來朝之影響，他力排眾議並決定從奄（今山東省曲阜）遷都於殷（今河南省安陽），歷史上稱此史事為「盤庚遷殷」。《史記‧殷本紀》曰「行湯之政，然後百姓由寧，殷道復興」，盤庚遷殷為「九世之亂」畫下句點，並使商朝經歷一段繁盛時期，這就是享國達二百七十三年的晚商時期，因此後世也稱商朝為「殷商」。在《尚書‧商書》中存有〈盤庚〉三篇，文中載有「盤庚遷于殷」、「視民利用遷」、「盤庚作，惟涉河以民遷」、「盤庚既遷，奠厥攸居，乃正厥位，綏爰有眾」等等事實經過與論述內容。對照《易經》益卦之經文內容，卦爻辭有「利有攸往，利涉大川」、「利用為大作」、「利用為依遷國」等等遷徙國都於殷之故事背景，讓「盤庚遷殷」這一歷史事實，獲得更多經典文獻之佐證。本文試以語言文字、考古文物及歷史文獻之研究方法，探索益卦經文之意象，並依照卦爻辭之解釋、關鍵字辭之解釋、六十四卦之聯通，三個段落順序，分別撰述個人鄙見，並就教於方家。

二　卦、爻辭之解釋

卦辭：益：利有攸往，利涉大川。

譯文：論述增益之卦：受到增益而得利，因此而能安居樂業，並有利於出外遠行。

初九：利用為大作，元吉，無咎。

譯文：善用資源以利營建工程之用途，如此能夠創造一個新而美好的開始，這將是吉利的，應無過錯可言。

六二：或益之十朋之龜，弗克違，永貞吉。王用享于帝，吉。

譯文：或許有人進貢十版寶貴的龜甲，你就用它來做卜問祭祀事宜；龜甲若有呈現犯剋兆紋，那就不能違犯神的旨意，帝業才能獲得永恆，這才是聰明而吉祥的做法。帝王先用占卜再舉行祭祖，藉此祭祀先王、先公，這會很吉祥的。

六三：益之用凶事，無咎；有孚，中行，告公，用圭。

譯文：對辦理喪葬事宜者給予補助，如此可以幫助他們克盡孝道，這樣做沒有罪過可言。為了慎終追遠而辦理祭祀事宜，藉此機會可以增加大家之信心；祭祀事宜應在日中舉行，選在吉日良辰稟告祖先，因此要利用日圭來測定正確之時辰。

六四：中行告公從；利用為依遷國。

譯文：祭祀事宜選在日中舉行，並藉此良辰向祖先稟告你所要從事的計畫；能夠遵照原則與程序去辦事，這樣才可順利執行國都遷

徙到殷地之大計畫，全體國人也將因此而獲得利益。

九五：有孚，惠心；勿問，元吉；有孚，惠我德。

譯文：對於遷徙國都之大業要充滿信心，而達成計畫將可寬慰萬民之心；不用去質疑它，這項計畫將會啟動一個歷史新紀元，並將帶來裕國裕民與吉利安祥之好處；大家都應該充滿信心，完成遷都大業之後，將可拿此成果來告慰歷代祖先之功德。

上九：莫益之，或擊之；立心，勿恆，凶。

譯文：做出沒有增益之事情，或許有人會對你進行批評或攻擊；如果心志因此而不能堅持恆久，其結果恐將會有凶事要發生了。

三　關鍵字辭之解釋

《易經》「益」卦，考「益」字之音，《唐韻》、《集韻》曰：伊昔切，嬰入聲。「益」字之義，饒也，加也；《廣韻》曰：增也，進也。據古典文獻所記載之「益」字，例如《尚書‧大禹謨》曰：滿招損，謙受益。《詩經‧邶風‧北門》曰：王事適我，政事一埤益我。《左傳‧昭公七年》曰：三命茲益共。《禮記‧曲禮》曰：請益則起。清人段玉裁《說文解字注》解曰：益，伊昔切，饒也；从水皿，皿，益之意也。另，饒字，食部曰：饒，飽也。凡有餘曰饒。事實上，「益」字之甲骨文字形，頗像因水滿而從盤中溢出之樣子；臺灣話之「益」（IK4），除有增益、利益之義外，同時也表示水從盤中或桶中溢出來之意思。總而言之，「益」字之義，增益也，含有增利、創利、讓利等多層意思；以有利、有益、受惠而論之，對於施予者與受惠者，同樣含有助人、利他，及感恩、回報之啟發性作用。本卦經文所舉之「益」

者，如爻辭「益之十朋之龜」及「益之用凶事」；在這兩個事例中，一方面是與古代祭祀禮儀有關，一方面是在敘述以下益上或以上益下，具有雙方互動與回饋之意思。爻辭「利用為依遷國」，則在突顯一國明君為了達成裕國裕民之大業，因此他就做出以遷徙國都為上策之決定。有關本卦經文之關鍵字辭，茲依爻辭順序分別詮釋如下：

大作

初九爻辭：「利用為大作，元吉，無咎。」意指善用一己資源以利營建工程之用途，如此才能夠創造一個新而美好的開始；這將是很吉利的，應無過錯可言。「利用為大作」之「作」字，《唐韻》曰：則洛切，《集韻》、《韻會》、《正韻》曰：即各切，臧入聲；興起也。《春秋穀梁傳‧僖公二十年》曰：新作南門；作，為也。又，《詩經‧魯頌‧駉》曰：思無斁，思馬斯作；作，始也、作為也。臺灣話之「造作」（TSO7 TSOK4）兩字，即指營造、建築及裝潢等大小工程。以國家遷都大業為例，爻辭「大作」兩字，當指古代之明君，他絕不會為了私人享受與利益而浪費公帑；他會善用國家資源去從事大型建築，例如因遷都計畫而必須興建的宮殿與宗廟等工程。

凶事

六三爻辭：「益之用凶事，無咎；有孚，中行，告公，用圭。」意指對辦理喪葬事宜者給予補助，如此可以幫助他們克盡孝道，這樣做沒有罪過可言。為了慎終追遠而辦理祭祀事宜，藉此機會可以增加大家之信心；祭祀事宜應在日中舉行，選在吉日良辰稟告祖先，因此要利用日圭來測定正確之時辰。古代所指之「凶事」，可以涵蓋人類

所遭遇到的水、火、兵、震等災害，以及家人不幸過世之悲傷事件。本卦所指之「凶事」一詞，當以因家人過世而辦理的治喪事宜為是。「凶」字之音，《唐韻》、《正韻》曰：許拱切《集韻》、《韻會》曰：詡拱切，从胷上聲。古音「許拱切」或「詡拱切」，又與臺灣話指稱喪事為「凶事」（HIONG₁ SU₇）之「凶」字同音；並與兇、匈、鄉等字之發音，亦屬同聲同調。據文獻記載，古代皇帝或諸侯會對屬下恩賜一筆撫恤金，以便幫助他們辦理喪葬禮儀，協助他們支付治喪等費用，此項撫恤金稱為「賵禮」。「賵」字之義，贈死也，助也；「賵禮」正是帝王君主頒賜給功臣的一種特別撫恤金。據歷史文獻所記載，古代有諸侯之禮凶必告訃，而臨益之。例如《白虎通德論‧崩薨》解曰：此君哀痛於臣子也，欲聞之加賵之禮；《大戴禮記‧朝事》曰：然後諸侯之國札喪，則令賵補之。

　　本卦經文「中行」兩字，具有一語雙關之意思：一指祭祀事宜必須選在中午時刻，就如「豐」卦經文之「宜日中」、「日中見斗」、「日中見沬」一樣，意指舉行祭祖之最佳時辰，當以日中為宜；一指決定做事必須要客觀公正，「中」就是不偏不倚，「行」就是決行之意思。「告公」一詞，就是利用祭祀機會來稟告祖先。「用圭」一詞，同樣具有一語雙關之意思，一指持神聖玉圭禮器以行敬拜天神之用，「圭」字意指玉圭，這是古代最重要的禮器，也是一國之中官位最高者所執用的瑞器。諸侯晉見皇帝持用玉圭，國家舉行祭天大典時，皇帝所持用的也是玉圭。另外，「用圭」一詞表示祭祀之時辰，必須利用「日圭」來測定；因為純白玉圭有如現代之玻璃，其特性就是具有聚光作用，因此不管是晴天或陰天，都可用它來測得日影，並得知正確之時辰。據說古代有一種玉圭，長五寸，它專用于祭日。據《宋史‧禮志》曰：朝日日圭，夕月月圭，皆五寸。古人用天星來辨別方位；白天通過日影來分辨方位，晚上則通過觀察北極星定方位。事實上，在很早

的時候，我們的祖先就發明了指南車和日圭等儀器，先民就是用它來分辨方向與時辰。現代的臺灣人，不管是在辦理喜事或喪事，對於擇定吉日良時這一古老習俗，他們絕對是不敢違犯的。

依遷國

六四爻辭「中行告公從；利用為依遷國。」意指祭祀事宜選在日中舉行，並藉此良辰向祖先稟告你所要從事的計畫；能夠遵照原則與程序去辦事，這樣才可順利執行國都遷徙到殷地之大計畫，全體國人也將因此而獲得利益。「告公從」一詞，表示從事你的計畫之前，要先詳細稟告祖先才可以。考「從」字之音、義，《廣韻》曰：疾容切《集韻》、《韻會》、《正韻》曰：牆容切，从俗平聲；《說文解字》曰：本作从，相聽也；《廣韻》曰：就也。又《廣韻》、《集韻》曰：从七恭切，促平聲；《廣韻》曰：從容也；《正韻》曰：從容，舒緩貌。又《集韻》曰：書容切，音舂。從容，久意。又，《集韻》曰：將容切，音蹤。東西曰衡，南北曰從。據臺語專家之考證，「從」字臺灣話有多種發音，包括CIONG5, CING7, CHIONG1, TUI5, UI5；[1]其中臺灣話「從啥」（CIONG5 SIA2）一詞，就是問人在做何事之意。「依遷國」一詞，表示遷徙國都到地名叫「殷」這一個地方。從其音、義考之，首先，「依」字，與「衣」同音，且兩字之甲骨文字形也很近似；據《說文解字》曰：衣，依也；依，倚也。再者，據甲骨文學家李孝定（1918-1997）解釋曰：依字，象人體著衣之形，倚也，其引申義也，其本義當為動字，及「解衣衣人」之第二「衣」字之義也。[2]另據《甲骨文編》之解釋曰：衣，象形，卜辭衣、殷通用，合祭稱衣祭，即殷祭；又稱，卜辭「王其田衣」之衣，指地名，即殷。[3]

事實上，若從古文「殷、衣、肙」三字之音、義考之，據各家辭

書之註解，《康熙字典・殷部》曰：殷，齊人言殷聲如衣，今姓有衣者，殷之冑，見《禮記註疏》。《康熙字典・衣部》曰：衣，於希切，音依；一作朕。《說文解字・朕部》曰：朕，歸也，從反身。《廣韻・上平聲・微・依》曰：朕，於希切，歸也；《廣韻・上聲・隱・隱》曰：朕，於機切。另外，在《廣韻・依》中，對屬於同音之「依、衣、朕」三字之註解，曰：依，倚也，祿也，於希切，八。衣，上曰衣、下曰裳，《世本》曰胡曹作衣；《白虎通》云衣者隱也，裳者障也，所以隱形自障蔽也；又姓，出《姓苑》。「朕」字，《說文解字》曰：歸也，從反身。又，在臺灣話中，「依、衣、朕」（I₁），三個字之發音皆相同。[4] 按，甲骨文「殷」字闕，小篆及隸書「殷」字，從朕、從殳，音「於巾切」；依文字發展觀之，「殷」屬形聲字，其甲骨文應與「朕」字同源。綜合以上諸家之註解，我們從「依、衣」，「衣、朕」，「朕、殷」，「殷、依」四組之音、義交叉論證中，可以理解為「依、衣、朕、殷」四字之間，已有相通之處；在古代應該是具有同音、同義之關係。

　　再從上古時代「遷殷」之史實觀之，已有學者研究指出，以今本《竹書紀年》：「帝芒三十三年，商侯遷于殷」及「帝孔甲九年，殷侯復歸于商丘」兩文所載，並從歷史文獻中的「有易」、「河伯」、「商丘」（即漳水流域之商邱）這些地名、人名來看，這個「商侯遷于殷」的「殷」，很可能就是近於漳水流域的安陽附近的甲骨文中的「衣」地。也就是說，商人在其先公時期，就很早地居住在「殷」（衣）之地；此地稱「殷」與國號「殷」，確實源遠流長。又，衣、殷之古音相通，例如《尚書・康誥》與《左傳・宣公六年》所指之「殪戎殷」事件，《禮記・中庸》中之「壹戎衣」及《尚書・武成》中之「一戎衣」，其中「殪、壹、一」，及「殷、衣」之用字，均屬同義可證。[5] 另在古典文獻中，有《史記・殷本紀》載曰：「乃遂涉河南，治亳，行湯之政，

然後百姓由寧，殷道復興。諸侯來朝，以其遵成湯之德也」，這是針對盤庚遷殷之歷史功績而言的。又，《尚書‧商書》有〈盤庚〉三篇，文中可以見證到更完整的遷殷緣由與歷史經過。另據皇甫謐《帝王世紀》之記載：「商盤庚徙都殷，始改『商』曰『殷』」。從帝盤庚遷殷之後，國勢逐漸復興，並能傳世八代、十二王，享國長達二百七十三之久，此即通稱之晚商時代。因此盤庚遷殷之歷史事實，更是受到史家與世人的重視，這也是諸多歷史文獻所記載的重點。按照安陽考古學家的分期法，「洹北商城」屬殷墟文化第一期，遺址位在殷墟都城的東北部，這裡應是盤庚遷都之地方。根據一九六一年中國國務院所公布的「殷墟遺址分布圖」，其範圍包含安陽市附近的「洹北商城」及洹河南岸的小屯遺址等地。事實上，以《易經》「利用為依遷國」之爻辭內容，確實可以拿來佐證「盤庚遷殷」這一段歷史事實與經過。

惠心

九五爻辭：「有孚，惠心；勿問，元吉；有孚，惠我德。」意指對於遷徙國都之大業要充滿信心，達成計畫將可寬慰萬民之心；不用去質疑它，這項計畫將會啟動一個歷史新紀元，並將帶來裕國裕民與吉利安祥之利益；大家都應該充滿信心，完成遷都大業之後，將可拿此成果來告慰歷代祖先之功德。「惠心」及「惠我德」之「惠」字，《唐韻》、《集韻》、《正韻》曰：胡桂切《韻會》曰：胡計切，從音慧；《說文解字》曰：仁也。《尚書‧皋陶謨》曰：安居則惠；西漢劉向編輯的《賈誼新書‧道術》曰：心省恤人謂之惠；反惠為困；與卦辭「利有攸往」之意涵頗為相似。

四　六十四卦之聯通

在《易經》六十四卦中，依卦序排列，損、益兩卦相鄰，損卦表示可以從自己做起，從內向外，或從下向上作出減損；而益卦之內容，則顯示施予者的正大與純正，及受益者的謙虛與柔順。就如《道德經》曰：「故物或損之而益，或益之而損」；《列子‧天瑞》曰：「故物損於彼者盈於此，成於此者虧於彼」。事實上，損、益兩卦均在闡述損己或益人之哲理，兩卦之卦爻辭中，各有「利有攸往」一詞，及強調「有孚」及「無咎」之可貴。《易經》六十四卦經文中，「益」字共七見，皆用在損、益兩卦；其中各有「或益之十朋之龜」之爻辭，意指有人進貢十版寶貴的龜甲，並可利用它作占卜與舉行祭祀事宜。損卦六五爻辭：「或益之十朋之龜，弗克違，元吉」；益卦六二爻辭：「或益之十朋之龜，弗克違，永貞吉。王用享于帝，吉。」在結果中，損卦得一元吉，益卦則是雙吉。占卜與祭祀構成殷商文化的主要活動內容，而諸侯能以進貢龜甲表示歸順之意；相對的，商王也能撫卹諸侯並贈予「賻禮」以供治喪費用，正代表商族因此可以安享太平與吉祥之兆。經文「十朋之龜」，係指十版（片）龜甲，而龜甲是古人拿來做卜占刻辭之用的神貴器物。考「朋」字之音義，《唐韻》曰：步崩切，《集韻》、《韻會》曰：蒲登切，从音鵬；臺灣話「朋」（PIN（ŋ）ₛ），除含有朋友之意思外，還可做一半、一邊解，例如半隻豬肉，我們稱它為「豬朋」。在殷墟甲骨文集內，只見收錄「朋」字，卻無「平」字。事實上，甲骨文「朋」之字形呈現多樣化，其中引用《殷虛書契前編》及商承祚《殷虛佚存》收錄數字之字形，似可視作「平」字之甲骨文字源。[6] 據《玉篇》解曰：平，齊等也；《增韻》曰：平，均也。俗話常說「朋分」或「平分」者，就是指兩人對分一樣東西之意思。以臺

灣話之發音為例，「朋」字只發一音 PIN（ŋ）₅，「平」則一字多音，包括；PIN（ŋ）₅, PI（n）₅, PIA（n）₅, PI₅，其中平安之「平」（PIN（ŋ）₅），與朋友之「朋」（PIN（ŋ）₅），兩字發音完全相同。[7]

《易經》六十四卦經文中，「利」字共一百一十九見，「有」字共一百二十見，「用」字共五十八見。在益卦之卦、爻辭中，「益、利、有、用、吉」等用字各有四見；一卦具有一字多見之特色，正可說明「益」卦經文如何敘述「吉、利、用、惠」之好結果。作者更以「益」字之哲理，用來闡述執行「依遷國」這一偉大計畫。事實上，遷都是一國之大事，商族從契傳至盤庚，就已經歷過十數次的遷都，而最後「盤庚遷殷」這一重大事件，更為晚商時代創造出一個長達二百七十三年的歷史記錄。以「遷國 vs. 盤庚」詮釋「益」卦經文內容，頗符合以史證易的好效果，茲簡述如下：

遷國 vs. 盤庚

「遷國」是益卦經文中的一個關鍵用語，而「盤庚」則是影響殷商歷史發展的一個重要帝王，兩者卻因「盤庚遷于殷」這一段史實，而產生相當密切的關係。從經文中的利用、大作、用圭、遷國等用詞看來，本卦之物象與意象，應以營建、益民、祭祖、遷都等事宜，作為主要論述重點，但與傳統中華文化中的風水、羅盤概念與應用，似乎也有一些關連。以「用圭」一詞為例，表示主事者可以利用日圭測定吉時良辰，因為玉圭具有聚焦取影之效用，因此日圭成為輔助先民的測量日影之儀器。圭，瑞玉也，玉圭，古玉器名，為一瑞信之物。臺灣話「圭」字有兩種發音（KUI₁, KE₁）。據說古代精選上品玉的色澤重在均勻，它透明晶瑩如玻璃，不能有髒雜斑點，或出現發糠發澀等現象。據說不分晴雨天，只要是白天，都可利用玉圭來測得日影，並幫

助人們知道真正的時刻，而選擇吉日、測定良辰正是傳統風水術的重
要課題之一。根據報導，真正的玉圭首見於商代，並有兩種形式：一
是平首，圭身飾雙鉤弦紋；一是尖首平端，近似後代的圭。[8]另有一種
日晷（Sundial），又稱日規；日晷本義是指日影，它是用太陽的位置來
測量時間的一種設備。據說「日晷」源於更古老的觀日儀器「圭表」，
二者都是中國流傳久遠的天文儀器。根據科學原理，陽光會在均勻介
質中沿直線傳播，而計時工具就是根據影子的變化計時的；因為影子
的形成是光的直線傳播形成的，所以它的工作原理是光的直線傳播。
據考古發現，陶寺遺址位於山西襄汾縣陶寺村以南，地處汾河以東，
塔兒山西麓，距縣城不遠，是中國黃河中游地區以龍山文化陶寺類型
為主的遺址。據研究指出，陶寺古觀象台於二〇〇三年發現，它距今
約四千七百年，古人可以通過柱間狹縫觀測日出判斷節氣，這也證實
了《尚書‧堯典》上所說的「曆象日月星辰，敬授人時」之言。[9]從
田野考古資料來看，最早的玉圭見於新石器時代晚期的龍山文化遺址
中，上海博物館中國古代玉器館藏玉圭，就是屬於商代晚期古物；一
端橢圓，一端平頭，中有一小洞。

　　在傳統文化及民間習俗中，研究與利用風水術者，一定需要備有
一個羅盤。民間流行的羅盤有三合盤、三元盤、綜合盤、專用盤等區
分。羅盤收藏很多風水地理方面的資料，而羅盤內各圈、各層收錄更
多的訊息，盤中圈圈層層，仿如一部天書。羅盤之發明與應用，未知
昉於何時何人？據古籍文獻所載，《呂氏春秋》曰：功名著于盤盂；
《大學》曰：湯之盤銘。又首出御世曰盤古氏。南朝梁文學家任昉《述
異記》曰：盤古氏，夫婦陰陽之始也，天地萬物之祖也。這些文獻中
的「盤」字，可與「般」字通。據《康熙字典》曰：盤，〔古文〕鎜，
《唐韻》曰：薄官切，《集韻》、《韻會》、《正韻》曰：蒲官切，从畔
平聲。羅盤又稱羅經，但臺灣人卻以獨特的「羅庚」（LO₅ KENN₁）稱

之。測量方位儀器「羅庚」之庚，正是商王廟號「般庚」或「盤庚」之庚；「羅庚」與「盤庚」，似乎存有一些微妙關係。盤庚，殷王名；《前漢書・古今人表》曰：作般庚。又叶符兵切，音平。「般」字見於甲骨文，古有搬動之義，後由「搬」字代之。「盤」字甲骨文闕，可以「般」字代替，就如帝號曰「般庚」或「盤庚」。「般」字，作動詞解，其本義為撐船擺渡，航運人員與物資。《玉篇》曰：般，運也。「般」是「搬」的本字；古代「般」、「搬」通用，「般」、「盤」互假。臺灣話「般」、「搬」（PUANN）同音。「般庚」是第二十位商王之廟號，他本名「旬」，謚名「般」，「庚」則是生或死日，這是商朝以旬為期祭祀先王、先公排序用的天干別。帝王謚名「般」，「般」、「搬」同義，因此謚名相當符合帝王在位時進行遷都之偉大功績，他就是史書上「盤庚遷殷」的「般庚」或「盤庚」。綜上觀之，「羅盤」又稱為「羅庚」，「盤庚」古文作「般庚」，而「羅盤」與「盤庚」之「盤」，用字也相同。以此推論，「羅盤」之發明與應用，似乎與史書「盤庚」其人，及經文「遷國」一事，具有某些淵源關係；但事實究竟如何，尚待深入考證。

　　古代帝王如有遷徙國都計劃，必也事先祭告先王、先公知道。盤庚遷于殷，史書多有所載，但對於新都所在之地，卻有諸多不同說法。《史記・殷本紀》曰：「帝盤庚之時，殷已都河北，盤庚渡河南，復居成湯之故居，乃五遷，無定處……乃遂涉河南，治亳，行湯之政，然後百姓由寧，殷道復興。諸侯來朝，以其遵成湯之德也。」《竹書紀年》曰：「自奄遷于北蒙，曰殷。」歷史記載，契封商，湯始居亳；盤庚涉河南，治亳。「居亳」與「治亳」之「亳」，有學者認為是商族遷徙中的重要地名。「亳」同「商」一樣，也是一個與商族有關的流動地名，因此不只一個；有最早的亳，有發展中途的亳，也有與商代並存的亳都。[10]事實上，古文之亳、高、京、墉等字，其甲骨文字

形，各有一高高城牆之象；[11]因此各字之本義，應與古代都城或遷國之意象有關。「亳」字，《唐韻》曰：旁各切，《集韻》、《韻會》曰：白各切，从音泊。「播」字，从補過切，波去聲；《說文解字》曰：種也；《增韻》：逋也，遷也。《尚書・商書・盤庚》曰：王播告之修，不匿厥指。事實上，「播」字甲骨文闕，亳、播，古義相通；「治亳」、「播遷」，詞意相同。再者，播，種也、遷也，如成語「播種」、「播遷」。「亳」之甲骨文字形，上方是城牆高聳狀，下方則是草木幼苗狀，表示在城牆下方另有種植草木或插竹，以加強護城之效果。臺灣話「亳」、「播」發音如「布」（POO₃），例如「播田」（POO₃ CHAN₅）；「播田」就是插秧、播種之意思。總而言之，「治亳」之「亳」，當名詞用，可以古地名解之；當動詞用，則含有建都、播遷、拓殖等多種意思。

五　結論

　　卦名「益」字之義，增益也，含有增利、創利、讓利等意思。王夫之曰：「華（花）歸根而成實，君自節以裕民，文反（返）樸而厚質，志抑亢而善動，利有攸往，允矣」，這是他對益卦之卦名與卦辭所作出的詮釋。[12]在現代生活中，世界各國政府為了刺激景氣回甦，有時還會採取減稅、退稅，或發放消費券等手段，而臺灣在一九六〇年代末到一九七〇年代時所實施的十大經濟建設，則是為了促進經濟發展的重大施政計畫。在過去的十大建設中，有六項是交通運輸建設，三項是重工業建設，一項為能源項目建設；這許多公共基本建設項目，不但是帶動臺灣走向現代化的基礎建設工程，更是增益國民福利的一大德政。事實上，本卦六二爻「或益之十朋之龜」，六三爻「益之用凶事」，從其物象可以理解最尊貴的古代帝王，他一方面能憑其高度來承

受諸侯進貢龜甲，以供祭祀占卜之用，另一方面針對王公諸侯之「凶事」，他也能藉行「賻禮」而賜予厚葬。再者，六四爻「利用為依遷國」，表示要利用所有資源為殷商遷建國都之計畫，其意義頗像臺灣過去的十大經濟建設；觀之古今兩大建設，同樣都是影響國家發展至為深遠的計畫。總之，爻辭中的這些「益」舉，都算是聖人給予「益」卦經文的最佳詮釋。

《周易程傳》曰：「自古國邑，有民不安其居則遷；遷國者，順下而動也。」《前漢書‧眭兩夏侯京翼李傳》書奏曰：「昔成王徙洛，般庚遷殷，其所避就，皆陛下所明知也。非有聖明，不能一變天下之道。臣奉愚戀狂惑，唯陛下裁赦。」又，《說苑‧反質》曰：「殷之盤庚，大其先王之室，而改遷於殷，茅茨不剪，采椽不斲，以變天下之視。」《申鑒‧時事》曰：「盤庚遷殷，革奢即約，化而裁之，與時消息；眾寡盈虛，不常厥道，尚知貴敦，古今之法也。民寡則用易足，土廣則物易生，事簡則業易定。厭亂則思治，創難則思靜。」翻開古今中外地理歷史，讓我們了解遷徙國都原因雖是五花八門，但是計劃與執行就必須相當謹慎；而遷都的成敗關鍵因素，在於能否喚起廣大國人之信心及創造利國益民之契機。商朝盤庚遷殷，確實是中國歷史上的一大盛事，在《尚書‧商書》〈盤庚〉三篇內容中，已經很詳細記錄其遷都之動機與經過；而《易經》益卦爻辭「中行告公從；利用為依遷國」，正好可以用來肯定與佐證這一段歷史故事。

注釋

1　董忠司總編纂：《臺灣閩南語辭典》（臺北市：五南圖書出版公司，1990 年），部首索引頁 32。

2　李孝定：《甲骨文字集釋》（臺北市：中央研究院歷史語言研究所，1965 年），頁 2633。

3　中國社會科學院考古研究所編輯：《甲骨文編》（北京市：中華書局，2005 年），頁 355。

4　徐金松：《最新臺語字音典》（臺北縣：開拓出版社，1998 年），字典部，頁 233。

5　朱彥民：《商族的起源、遷徙與發展》（北京市：商務印書館，2007 年），頁 309-315。

6　中國社會科學院考古研究所編：《甲骨文編》（北京市：中華書局，2005 年），頁 280。

7　廖慶六：〈淺釋易經損卦〉，《國文天地》第 349 期（2014 年 6 月），頁 116。又收入本集第十一講，頁 161-176。

8　參考百度百科〈玉圭〉：（http://baike.baidu.com/view/54441.htm），2014/7/4。

9　參考維基百科〈陶寺遺址〉：（http://zh.wikipedia.org/wiki），2014/7/4。

10　朱彥民：《商族的起源、遷徙與發展》（北京市：商務印書館，2007 年），頁 335。

11　中國社會科學院考古研究所編：《甲骨文編》（北京市：中華書局，2005 年），頁 244-246。

12　王夫之：《船山易傳》（臺北市：夏學社出版公司，1980 年），頁 300。

第十三講
淺釋易經井卦

一　前言

　　井水可以養人濟物，但在宇宙萬物間，似乎只有人類才懂得如何掘井取水，知道取用井水以供飲用、洗滌及灌溉之需。依據考古發現，在塞浦路斯（Cyprus）有一口地球上最古老的人工水井（Water Well），據說它是西元前七千五百年前所遺留下來的；另外在以色列（Israel）地方，也發現兩口約開鑿於西元前六千五百年前的人工水井。[1]再依據現有文獻記載，井在中國是於夏朝伯益所發明的。[2]由此觀察比較，井水之使用與人類進化發展是息息相關的，而中國人掘井取水之歷史，至少可以上溯到夏朝初年，它距今至少也有四千多年以上之歷史。事實上，井水對於人類經濟與文化之發展相當重要，因為井水可以讓人類放棄不安定的逐水草游牧，並演進到聚居成邑之生活方式。水是生活必需品，要取得用水也不是一件容易的事，因此我們必須懂得飲水思源，對於井水的價值貢獻與正面意義，更應有所認識與了解。另一方面，我們做人絕不能太過主觀與自私，自己要避免成為井底之蛙，而珍貴水源還要能有與他人分享之心胸。

　　解讀「井」卦經文之內容與物象，可以觀察到「井水」所代表的深層意涵；卦中首先有「改邑不改井，無喪無得」之卦辭，最後有「井收勿幕，有孚元吉」之爻辭，對於了解人生哲理，認識王朝制代更

替，及詮釋全卦經文內容，同樣都具有啟發意義。在唐朝知名易學家李鼎祚之《周易集解》一書中，他引用前賢之言並注解其卦辭曰：「夫井，德之地也，所以養民性命而清潔之主者也……當殷之末，井道之窮，故曰『汔至』；周德雖興，未及革正，故曰『亦未繘井』；井泥為穢，百姓無聊，比者之間，交受塗炭，故曰『羸其瓶，凶』矣。」考察殷、周之封建帝王，分別由子、姬兩姓當政，二代在人事制度上，亦有因時制宜之差異性。事實上，任何朝代與國家，在啟用人才之態度上，都有如汲用井水一般，主政者都必須隨時掌握水井之各種優劣狀況，並懂得適時清洗與維護水井之重要性。本文試以語言文字及歷史文獻之研究方法，探索井卦經文之內容，並依照卦爻辭之解釋、關鍵字辭之解釋、六十四卦之聯通，三個段落順序，分別撰述個人鄙見，並就教於方家。

二　卦、爻辭之解釋

卦辭：井：改邑不改井；無喪無得，往來井井；汔至，亦未繘井；羸其瓶，凶。

譯文：論井之卦：社會環境發生變遷，都城邑人雖可他遷，但城中水井卻是原地不動；水井不因汲水者之不同而會有差別待遇，不會因人們常來汲水而會興起私心或計較得失；挖掘新井、井水取之不竭，人來人往、汲水川流不息；從汲水者的態度觀察，有人等到井水都快要乾枯見底了，卻還不動手進行清理舊井或挖掘新井，如果連他們汲水用之瓶子也都擦撞破了，那就是一種不祥之徵兆。

初六：井泥，不食，舊井無禽。

譯文：〔舊井淤泥〕水井若有淤泥未清，井水就不能被人汲用；遭人遺
　　　　棄之舊井，因日子久了它會變成一口死水，因此就無法在此獲
　　　　得飲用之水源。

九二：井谷，射鮒，甕敝漏。

譯文：〔井塌器頹〕崩塌的舊井，因井水不再滲出下注而成一灘淺水
　　　　池；此地只能用撈魚器撈捕一些泥鰍小魚，就像已破掉的水
　　　　甕，是無法用來盛裝飲用的井水。

九三：井渫，不食，為我心惻；可用汲，王明，並受其福。

譯文：〔擇食用才〕水井污泥雖已清洗乾淨，卻不去汲水食用，因為不
　　　　忍心見到民苦而讓我獨享一口井水；井水資源本來就是要為眾
　　　　人奉獻取用的，就如地方上之良才，他可以出來效忠賢明之君
　　　　王，能有廣為人們服務之心胸，這樣大家才能同享利益而獲得
　　　　福祉。

六四：井甃，無咎。

譯文：〔井固無患〕為了堅固一口水井，因此才用磚石砌壘井壁周圍，
　　　　這樣做是不會有錯誤的。

九五：井冽，寒泉食。

譯文：〔井好水甜〕這是一口好水井，其井水有如甘泉一般，水質沁涼
　　　　甜美又好喝。

上六：井收，勿幕；有孚，元吉。

譯文：〔有福同享〕水井完成開鑿後，即可提供眾人所需並隨意汲用，不必要特意去掩飾它的存在與價值；只要大家心存誠信，就能得到大吉與和諧。

三　關鍵字辭之解釋

　　井卦是以水井（Water Well）作為物象，從解讀井卦之卦、爻辭，就可以比較清楚地理解到全卦主要內容，首先了解卦辭之意涵，可算是解讀易卦之切入點。卦辭曰：「井：改邑不改井；無喪無得，往來井井；汔至，亦未繘井；羸其瓶，凶。」卦辭先以「改邑不改井」為首，意指井養不窮之大道理，因為地上任何一口水井之存在，都不會因人事之異動而改變其地位價值與服務功能。綜觀中國歷史演變過程，殷商算是遷都改邑次數最多的一個王朝，依據《竹書紀年》之記載，有殷一代，其建都與遷都之處，就包括：亳→囂→相→耿→庇→奄→北蒙（殷）。遷都改邑應屬國家的一項重大決策，據《後漢書‧班彪列傳下》記載：「遷都改邑，有殷宗中興之則焉」。另《前漢紀‧孝元皇帝紀上》亦載荀悅之上疏，曰：「臣聞昔盤庚改邑，以起殷道，聖人美之。」遷都改邑是為了追求更佳環境，是為了振興朝政與增強國勢，而殷商就在祖乙、盤庚二帝遷都改邑後，他們都有創造商道復興長達數十、百年之事實。「無喪無得，往來井井」，表示水井之功用非常單純，它提供井水資源，且取之不竭，它無私奉獻且始終如一；井水一直是在默默地滲進水井中，但井水絕不會無故溢出水井，它也不會與人計較得失。依據西漢學者揚雄撰《太玄經‧守》次三之辭，曰：「無喪無得，往來默默。測曰，無喪無得、守厥故也。」易經「往來井井」與太玄經「往來默默」二詞，其意境前後似可相輝映。「汔至，亦未繘

井」，則在提醒人們不要只顧取水，而不主動去做清理舊井與掘挖新井之工作。事實上，每口水井之水資源自有其侷限性，如果耗水量增加了，卻不早作準備，即會因人員牲口數量之增多，或是遇到乾旱之季節，即有發生無井水可供汲用之虞，或是面對臨渴掘井之窘狀。「羸其瓶，凶」，則在訓誡我們，一當井水乾枯見底時，不但無法在一瞬間汲到用水，還會因頻頻打水動作而使汲水瓶遭到多次碰撞而破損，如果有發生這種狀況，那就表示凶象快要臨頭了。

　　考「井」字之形音義，穴地出水曰井，《玉篇》曰：穿地取水，伯益造之，因井為市也。《說文解字》曰：古者伯益初作井。包括金文、小篆、隸書，中文之「井」字，均作「丼」，與日文「丼」字之意相近。古字「丼」，均在「井」字方形框架井中加一點，表示坑穴中有水，或指放入井中汲水器之意象。《荀子・儒效》曰：方形或洞狀的東西：井井兮其有理也。「井」字可引申為「市井」之意思，《管子・小筐》曰：人口聚集的自然村邑：處商必就市井。卦辭中之「井」字，代表一口水井與其中的井水資源，而「井井」兩字，則可表示人們清理舊井與挖掘新井之動作。我們若從另一角度去看井卦內容，並以欣賞詩歌文學之心情去看「井」卦經文，可以發現井卦之遣辭用字，及辭章語法之設計安排，確實具有獨特之規律、節奏與韻律美；以經文「韻腳」為例，學者即有如下之論述：

> 「井」廣韻靜部，古韻耕部。「瓶」廣韻青部，古韻耕部。「食」廣韻志部（職部），古韻職部。「禽」廣韻侵部，古韻侵部。「鮒」廣韻遇部（虞部），古韻侯部。「漏」廣部侯部，古韻侯部。「惻」廣韻職部，古韻職部。「甃」廣韻宥部，古韻耕部。「福」廣韻屋部，古韻職部。「收」廣韻尤部，古韻幽部。其中「井」與「瓶」押古韻耕部，與侵部「禽」諧韻；屋部「谷」與

侯部「魪」、「漏」陽入對轉諧韻;「食」、「惻」、「福」用古韻
職部,與幽部「甃」、「收」諧韻。[3]

在「井」卦六個基本爻中,作者是以「井泥、井谷、井渫、井甃、井
冽、井收」,分置於各爻辭之首,而這六個字詞,不但具有井況變化
之物理性,也是幫助我們詮釋本卦關鍵意涵之基礎。事實上,作者以
「井泥、井谷、井渫、井甃、井冽、井收」用在六個不同爻辭中,卻同
樣以「井」字開頭,再以「泥、谷、渫、甃、冽、收」六個字,分別
代表井的環境變化,並敘說井水品質的優劣,茲分別敘述如下:

繘井

依據字書之注釋,「繘」字之音,《唐韻》:餘律切《集韻》:允律
切;「繘」之字,从糸矞聲;甲骨文闕,其字源疑為「矞」字。「矞」
字,《說文解字》曰:以錐有所穿也;一曰滿有所出也。「以錐有所
穿」,含有以尖銳利器穿土鑿井之意思,所以「繘井」兩字,應指掘井
之動作。卦辭曰:「改邑不改井;無喪無得,往來井井;汔至,亦未繘
井;羸其瓶,凶。」井水人人可汲、可飲,雖常汲用卻永不枯竭,這
是平常備有一口水井的好處,也是突顯井水具有取用而不竭之特點。
但是,如果井水有遭到人為的破壞,或不經常清理井中的汙泥,平時
也不預先挖掘新井以備不時之需;遇到緊急情況時,就算你弄破汲
水瓶,也無法立刻取得用水之窘狀,在此情況下,那就是一種凶象無
疑。事實上,若是臨渴才要掘井的話,那是來不及的;「汔至」,表示
舊井之水已經快要乾枯見底了,而「亦未繘井」,則含有來不及挖掘
新井之意。水是動植物生存的必須品,當一個地方有「汔至」及「亦
未繘井」兩種狀況同時發生時,那就表示會有危害百姓性命之災禍

了。唐李鼎祚撰《周易集解》一書，匯集子夏至唐初三十餘家之易家
學說，其中更以三國虞翻之注釋，佔去最多之比率內容。對於井卦及
「汔至」、「未繘井」二辭，虞翻曰：夫井，德之地也，所以養民性命
而清潔之主者也……當殷之末，井道之窮，故曰「汔至」。周德雖興，
未及革正，故曰「未繘井」。井泥為穢，百姓無聊，比者之間，交受
塗炭，故曰「羸其瓶，凶」矣。[4]虞氏以殷末周初政治與社會環境為背
景，敘說井卦卦辭之意旨，其說尚屬允當可信。

井泥不食

　　初六爻辭：「井泥，不食，舊井無禽。」本爻意指水井若有淤泥
未清，井水就不被人汲取食用；倘有遭人遺棄之舊井，日子久了就會
變成一口死水，因此就無法在此舊井獲得飲用之水源。「禽」，獲也；
舊井無禽，表示在古舊之井中，是沒有井水可以供人汲用的。易卦
經文常有一字多義之現象，以「禽」字而言，一作名詞解，如鳥禽之
「禽」；一作動詞解，如戰勝執獲曰「禽」；一作複詞之簡稱，如禽獸之
「禽」。爻辭舊井無禽之「禽」，以作「擒拿」解為佳。「禽」有「擒拿」
之意，所以可以解作「獲得」；用在「舊井無禽」時，表示想在舊井汲
水的人，他將不會有所獲得的。

井谷射鮒

　　九二爻辭：「井谷，射鮒，甕敝漏。」意指已經崩塌的古舊水井，
井中因不再有水滲出而形成一處淺水池，此地現在只能用撈魚器撈捕
一些泥鰍小魚，它就像已破掉的水甕，這是無法用來盛裝飲用之井水
的。井谷之「谷」字，其甲骨文之字形，仿如一口古井中間段落之泥

土，已經崩塌陷落下去之樣子。清王船山注曰：井一面崩塌若谷，水不能渟涓涓細流。[5]古井崩塌就不再有井水滲出，如果因此而形成一處淺水池，那些水也只夠供泥鰍小魚生存之用。以「井谷射鮒」及「甕敝漏」而言，它代表崩塌井及破瓦甕兩種惡劣情況；它們都已喪失原有的功能，就有如一位賢能人士遭到迫害一般。人才如被遺棄不用時，那就是國家社會的一大損失。

「射鮒」兩字，意指拿撈魚器來撈捕泥鰍小魚。據學者研究指出，「射」之古字為「予」，臺灣話發音IA；如作注射或射箭解，臺灣話發音SIA。[6]有人手持撈魚用具在水中撈魚，臺灣話稱此動作為HIA₁（希瓦反）魚仔。在鄉下有一種取水用之勺子，臺灣話稱為HOW₇ HIA₁，這可能就是指「鱟射」而言，因為這種取水勺子之形狀，與食用後「鱟」魚空殼的形狀、大小、功用非常相似。根據研究指出，鱟魚是海洋底棲無脊椎動物，早在四億年前就已經生活在海洋裡，目前已被列為保育類動物。鱟的尾巴尖尖的，有如弓矢一般。事實上，做為勺水器「鱟射」（HOW₇ HIA₁）之整體外型，它頗像「射」之甲骨文字形。以臺灣話發音之HIA, IA, SIA，其聲韻皆相同。泥鰍是鄉下稻田、水溝、池塘最容易見到的小魚，臺灣人都叫泥鰍為「鮒溜」（HOU₅ LIU₄）；名詞「鮒溜」兩字，可簡稱為「鮒」。準此，井卦「射鮒」之「鮒」，應該就是泥鰍之古名。另外根據電視媒體報導，在日本愛知縣地方，每年都還有舉辦一次以「射」撈捕香魚的的民俗活動。[7]日本愛知縣民以「射」來撈捕香魚，應與中國古人以「射」來撈捕泥鰍之方式與情景，似有相通之處。

井渫不食

九三爻辭：「井渫，不食，為我心惻；可用汲，王明，並受其

福。」意指水井中的污泥雖已清洗乾淨了，卻有人不願去汲水食用，因為他不忍心見到苦難之邑人，卻要他獨自一人去享用這一口乾淨之井水。「井渫」，意為泄井，表示要定時清理井中之汙泥。《管子・輕重己》曰：「教民樵室、鑽鐩，墐灶、泄井，所以壽民也」，古代教民泄井工作，也是一項重要施政項目。再者，井水資源本來就是要為眾人奉獻取用的，就如地方上之良才，他本應被賢明君王拔擢任用；能有廣為人們服務之心胸，這樣大家才能同享利益而獲得福祉。在此段經文中，似乎隱含周武王平定天下，此時因改朝換代而出現一位新的明君，但是做為殷商舊朝之貴族成員，像箕子他就不願接受武王之俸祿，他寧可遠離家鄉而另謀發展之地。歷史記載箕子不願接受周朝食祿而遠走朝鮮之一段事實與經過，似可拿來印證「井渫，不食，為我心惻」之爻辭意涵。

井收不幕

上六爻辭：「井收，勿幕；有孚，元吉。」意指水井完成開鑿後，即可提供眾人所需並隨意汲用，人們不必要特意去掩飾它的存在與價值；只要大家心存誠信，就能得到大吉與祥和。明朝易學家來知德（1526-1604）認為：收者，成也；物成於秋，故曰秋收；井收者，井已成矣。[8]「井收」，表示新井已經挖掘完成，它可以開始供人汲水飲用了，這正是避免發生卦辭所言「汔至」及「亦未繘井」窘狀的最佳對策。有福同享本屬好事一樁，有「井收不幕」之心胸作法，確可締造一個比較和諧的社會。「收」字，《說文解字》注曰：逐也；從攴方聲。依此注釋，井收之「收」字，亦可作「逐」解；而「井收」之意，似可指逐水井而汲水之意。臺灣話有一「放伴」（PANG₃ POA（ŋ）₇）做之說法，這是專指同一村莊的農戶們，他們會在農忙時期組成一個

輪流播種或收成之隊伍，他們會依序到各家之農田去協助幹活；「放伴」式耕作，即含有逐田而耕之意思。準此臺灣鄉間農人「放伴做」之風氣，當可幫助理解井卦「井收」兩字之意涵；因此「井收勿幕」一詞，表示人們可以到同村、同鄉每個已經開放使用的水井，隨意去取水來飲用才對。

四　六十四卦之聯通

困、井

　　困卦與井卦，兩卦之排序相鄰，從其經文內容觀之，困、井兩卦相似之處，包括在兩卦之六個爻辭中，各含有一個「困」或「井」字，都含有環境、器物或人才受到困頓或頹壞之象。困卦是以「困于××」為文句骨幹，作者用它來敘說人遇困頓之環境；井卦則以「井×」作為六個爻辭之首，用它來強調水井變化之不同狀況，兩卦在文詞句法安排上，頗有相似之處。在朝高官有時也會陷入困境，但他必須克制、忍耐與發揮智慧，就像困卦之卦辭，最終他將會有「亨，貞，大人吉，無咎」之徵兆與結局。另一方面，國家賢才有如散處鄉邑之水井與井水，良才似以出自基層或民間者為多；對於賢能人士，只要他們心胸開闊，且能獲得明君之賞識與拔擢，這樣就能營造和諧社會與獲得官民雙贏之局面，這也是針對井卦上六爻辭：「井收勿幕，有孚元吉」的最佳詮釋。

羸

在易經爻辭中，「羸」字共有四見，包括大壯卦「羸其角」、「藩決不羸」，姤卦「羸豕」，及井卦「羸其瓶」。「羸」字代表精神疲憊或器物有所擦撞之意思。四處與「羸」字有關之經文對象，分別是羊、豬、汲水瓶等動物和器具。在相關之經文中，羊以羊角擦撞藩籬，豬隻因被綑綁而以四腳掙扎，汲水瓶則是在井裡打水，因上上下下之動作而頻繁擦撞井壁。「羸」字，《廣韻》曰：力為切，《集韻》、《韻會》曰：倫為切；《說文解字》曰：瘦也。一般而言，凡動物之瘦，意指有病也。對於身體很虛弱或感覺精神很疲憊之人，臺灣話形容他的樣子為「虛羸羸」。「羸」字，臺灣話發音為 LEI₃。以井卦「羸其瓶，凶」之字辭為例，正可印證「羸」者，將會有不祥之徵兆也。

五　結論

人類利用井水之歷史相當久遠，依據考古發現，在塞浦路斯（Cyprus）有一口地球上最古老的水井，它是西元前七千五百年前所遺留下來的。在以色列（Israel）地方，也發現兩口約開鑿於西元前六千五百年前的水井。在中國方面，據現有的考古資料證明，黃河流域最早的水井是出現在邯鄲澗溝的新石器時期文化遺址中，這說明早在五千多年前，黃河流域先民已掌握了掘井技術。到了夏商周三代，用於飲水的井泉逐漸多了起來。學者還指出，黃河流域相對乾燥，古代民居聚落的形成往往是以水井作為前提，或說水井是村落的重要標誌。[9]從井卦「改邑不改井」一詞觀之，除了可以藉此見證殷商多次遷都改邑之歷史事實外，還可以拿來佐證住在中原黃河流域地區的上古先

民，他們確實已和水井文化緊密地結合在一起了。

　　陽光、空氣、水，是人類及所有動植物在求生存及長成過程中，所不能或缺的重要元素；其中水的功用與重要性，至少含有飲食、洗滌、降溫、滅火及灌溉等多種用途。我們知道水之來源是多方面的，包括雨水、河水、雪水、井水、海水、地下水等等，可是不同水源都會受到不同條件之影響，而水源供應之狀況與水質之優劣，也都會因客觀環境之差異而有區別。井卦之內容，在於論述水井與井水，兼論人們對它的生活依賴與互動關係。依自然環境與人文演進的歷史觀之，人類最先使用的水源應該是河水，後來才知道鑿井取用井水；河水是由高處往低處流，井水則是從下往上汲，獲取水資源之方式，兩者截然有別。在地球上，相信只有人類才懂得如何掘井取水，知道取用井水之好處與相關哲理。古聖先賢說過：「夫井，德之地也，所以養民性命而清潔之主者。」今日科技比較發達，因此地球上的各種「井」，在深度、廣度與效用上，都已大大的增加。事實上，透過「掘井」所開發出來的地下資源，至少就有地下水，原油及各種礦產，這些寶貴物資都是改變人類生活的重要資源。

　　井養而不窮，從水井與井水之意涵，可以闡述善用各地方賢良人才的重要性。井水是從下往上汲的，井水資源可以取之不竭；「水井」象徵散處在各個鄉邑、村莊之地方，「井水」象徵來自於所有基層、民間之賢才。井卦是以「井泥、井谷、井渫、井甃、井冽、井收」之詞，依序分置於六個爻辭之首。聖人以「井」作為物象，再以「泥、谷、渫、甃、冽、收」六字，附於「井」字之後，從這些文詞內容，可以訓誡人們要去正確認識水井的效益，嚴肅使用井水的功能。事實上，從這些字詞之組合，可以說明水井環境的變化，井水品質的優劣，以及修護舊井與挖掘新井的必要性。從井卦六個爻辭意象之轉化，讓我們可以真正領會到徵用人才、善用人才、留用人才的意義與智慧。

注釋

1 "Water well", Wikipedia（https://en.wikipedia.org/wiki/Water_well）2013/7/26.

2 歷史文獻記載如下：《世本・作篇》曰：「化益作井。」《淮南子》：「伯益作井而龍登　玄雲，神棲崑崙」；《呂氏春秋・勿躬篇》曰：「伯益作井。」《太平御覽・居處部十七井》曰：「伯益作井而黃龍登。」

3 胡慈容，「談《周易》中有關『生活』的古歌」（blog.ncue.edu.tw/sys/lib/read_attach.php?id=2462），2013/7/27（《周易古歌考釋》（頁222）：「釋為井壁崩塌而水瀉若谷」《周易集解纂疏》曰（頁287）：「是若谷水不注，唯及于魚，故曰：井谷射鮒」周易集註曰（頁977） 。

4 張文智、汪啟銘整理：《周易集解》（成都市：巴蜀書社，2004年），頁155-156。

5 〔清〕王夫之：《船山易傳》（臺北市：夏學社，1980年），頁717。

6 陳冠學：《臺語之古老與古典》（高雄市：第一出版社，1984年），頁203、210。

7 臺灣「民視電視台」（53台節目，於2011/9/25下午7:40播出）。

8 〔明〕來知德：《易經來註圖解》（臺南市：大千世界出版社，1981年），頁352。

9 朱士光、吳宏岐主編：《黃河文化叢書・行住卷》（西安市：陝西人民出版社，2001年），頁78-79。

第十四講
淺釋易經革卦

一　前言

　　科技的進步與應用，已經縮短全球人類之間的往來距離；以運輸交通與電腦通訊為例，從飛機、輪船到電話、網路，目前這些科技新產品，已大大提升人們的旅遊與溝通的方便及速度。但是，因為使用交往工具的方便性，卻也帶來文化的衝擊與變化，例如語言、風俗、服飾、時尚等，在不同國度交往與文化交流情況下，包括食、衣、住、行等日常生活，目前均受到很廣泛的影響或改變。再以臺灣為例，每逢歷次統治者改變時，在不同的政治環境背景中，確實有對島上居民帶來很大之衝擊。十七世紀滿清統治臺灣後，隨即頒布「薙髮令」；以「不從者斬」為手段，強令島民易服剃髮。從西元一八九五年起，換成日本統治臺灣，在異族政權之強硬壓制下，臺灣本地之語言、習俗、法規、姓氏等方面，又先後受到影響而有所改變，同時也衍生不少適應與反抗等問題。尤其在皇民化政策推動與干預下，漢文化及人民生活方面之改變，顯得更為擴大與激烈。

　　改革可以是一種典章制度或民風習俗之改變與創新。改革的目的，在於除弊去害或除舊布新，而主政者對於改革必須要有信心及智慧才行。在上古時代，湯、武革命都算是順乎天，而應乎人；故古人曰：革之時、大矣哉。以三千年前之時空背景為例，當時武王已戰

勝紂王，周族開始取代商族而一統天下；過去以祭祀為特色的商族文化，因已滋生諸多弊端，所以是周族執政後必須面臨改革的一大項目。《禮記・祭義》云：「祭不欲數，數則煩。祭不欲疏，疏則怠，怠則忘。」另外，《尚書・周書・酒誥》亦云：「封，我西土棐徂，邦君御事小子尚克用文王教，不腆于酒，故我至于今，克受殷之命……封，汝典聽朕毖，勿辯乃司民湎于酒。」這是周初平定「三監之亂」之後，周成王封康叔於殷國舊地，並改國號曰衛；而周公隨即以成王命作「酒誥」一篇，以「戒酒」事誥示康叔之辭。這就是新朝代針對商朝祭祀太過頻繁，甚至有造成商民「酗酒」之惡習，所以會被列為首當其衝的改革理由與課題。

　　現今世界交往頻繁，因此各國之政治、經濟、文化、教育等方面，無不受到全球化（Globalization）風暴之衝擊。考《易經》之成書年代，當在殷末、周初之間，在此朝野交替之際，與政治環境及主政人物關係最為密切之祭祀禮儀，正是「革」卦所要論述之內容。觀之過去中原在政治上之變化，當時朝代是從商朝進入周朝；而一統中原大地者，就是從西南方來的周族，取代東北方的商族；不但政體上有大變動，在文化上也要面對一些改革。以周初為例，當時的文化改革，應該可以涵蓋祭祀、風俗、服飾等方面，而祭祀禮儀更是核心議題。考「革」卦經文內容，是以上古時代之文化改革作為背景，作者藉此敘說太過繁瑣的祭祀禮儀，應該如何進行改變。本文試以語言文字及歷史文獻之研究方法，探索革卦經文之意象，並依照卦爻辭之解釋、關鍵字辭之解釋、六十四卦之聯通，三個段落順序，分別撰述個人鄙見，並就教於方家。

二　卦、爻辭之解釋

卦辭：革：巳日乃孚，元亨利貞，悔亡。

譯文：論述改革之卦：舉行祭祀當日能夠喚起人們的信心，而改革具
　　　有創造初始、護佑、地利、智慧之誘因與優勢，因此改革祭祀
　　　活動是不會後悔的。

初九：鞏用黃牛之革。

譯文：〔繫帶祭服〕黃牛皮經過鞣製加工成為皮帶，如此就可利用它來
　　　繫綁祭祀之禮服。

六二：巳日乃革之，征吉，無咎。

譯文：〔祭祀改革〕針對祭祀日期問題可以進行改革，但對於用兵出征
　　　與祭祀祖先之祭祀禮儀，就不要有歉疚自責之心理了。

九三：征凶，貞厲，革言，三就，有孚。

譯文：〔征凶禮制〕對於出征用兵及辦理喪事之祭祀禮儀，辦事要有智
　　　慧，態度要很莊嚴；談論改革，不如紆尊降次；參與祭祀時，
　　　改乘有三就之飾的馬車即可，這是代表對於改革很有信心。

九四：悔亡，有孚，改命，吉。

譯文：〔除舊布新〕順乎天、應乎人去進行改革之道，這樣就不會令人
　　　後悔了；改革一定要充滿信心，這樣才能順利改變舊朝政令，
　　　並得到平安吉祥。

九五：大人虎變，未占有孚。

譯文：〔威武精神〕文武官員之辦案鋤奸與沙場作戰，要變成像老虎之威武果斷；各級官員能夠施展衙門之威武，及軍人帶兵能夠展現武德而折衝萬里，如此對於他們的治民與應戰能力，不待占筮決果就可相信了。

上六：君子豹變，小人革面，征凶居貞，吉。

譯文：〔因地制宜〕君子貴族之封爵與采邑，有如花豹之獵食地域與獵物種類會有改變；君子的采食地域及轄下庶民不同，雖受到民風丕變之影響，但對於出征用兵及辦理喪事之禮儀，及為了安定民心之目的，貴族要變成更有智慧且行事也能因地制宜，這樣才能得到平安吉祥。

三　關鍵字辭之解釋

　　卦名曰「革」，考「革」字之音、義，據《康熙字典》引《唐韻》曰：古覈切，《集韻》、《韻會》曰：各核切，从音隔，臺灣話「革」（KEK4）之發音如「激」。「革」之義，更也，改也，變也；也就是改變，變革，去其故也。據《說文解字》曰：獸皮治去其毛，革更之；《註》徐鍇曰：皮去其毛，染而瑩之曰革。「革」字甲骨文闕，段玉裁注曰：革，更也，象古文革之形；更，改也，更訓改，亦訓繼。不改為繼，改之亦為繼。據此可知，古字革、更，兩字可以通假。改革含有改變（Changes）與創新（Renovation）之意涵；而改革的目的，在於除弊去害或除舊布新，因此主政者對於任何改革措施，都必須要有智慧及信心才行。在上古時代，湯、武革命算是一種政體之革，易卦所述牛皮之革及虎豹之變，則是呼應政體之革，聖人藉此闡述隨時代

之改變，祭祀禮儀亦須順天應人去做必要的改革。古代先王立禮，必合義理，故《禮記・禮器》有曰：

> 禮器，是故大備。大備，盛德也。禮釋回，增美質，措則正，施則行。其在人也，如竹箭之有筠也，如松柏之有心也。二者居天下之大端矣。故貫四時而不改柯易葉。故君子有禮，則外諧而內無怨，故物無不懷仁，鬼神饗德。先王之立禮也，有本有文。忠信，禮之本也；義理，禮之文也。無本不立，無文不行。禮也者，合於天時，設於地財，順於鬼神，合於人心，理萬物者也。是故天時有生也，地理有宜也，人官有能也，物曲有利也。故天不生，地不養，君子不以為禮，鬼神弗饗也。居山以魚鱉為禮，居澤以鹿豕為禮，君子謂之不知禮。故必舉其定國之數，以為禮之大經，禮之大倫。以地廣狹，禮之薄厚，與年之上下。是故年雖大殺，為不匡懼，則上之制禮也節矣。禮，時為大，順次之，體次之，宜次之，稱次之。堯授舜，舜授禹。湯放桀，武王伐紂。時也。《詩》云：匪革其猶，聿追來孝。天地之祭，宗廟之事，父子之道，君臣之義，倫也。社稷山川之事，鬼神之祭，體也。喪祭之用，賓客之交，義也。羔豚而祭，百官皆足，大牢而祭，不必有餘，此之謂稱也。諸侯以龜為寶，以圭為瑞，家不寶龜，不藏圭，不臺門，言有稱也。

禮以時為大，武王伐紂，時也。祭祀禮儀雖是殷商文化之特色，但朝代進入周朝以後，祭祀文化亦應隨政體之改變而略作變革。以下謹依卦、爻辭之順序，分別詮釋本卦之關鍵語詞：

巳日

革卦之內容應與商朝之祭祀文化有關，在卦辭中先有「巳日乃孚」，而爻辭又有「巳日乃革」之詞。「巳」字之本義為「祀」，作祭祀解；「巳日」乃指當時的祭祀日期而言。另，甲骨文之「祀」字，本義是祈禱；商族以「旬」祭為期輪流祭祀歷代之先王、先公、先妣，一年合計有三十六或三十七旬，稱為一「祀」，因此商人用「祀」來紀年。根據殷墟出土之甲骨文內容，可以得知商人舉行祭祀之目的，是為了祭神祈福，並藉此祭祀活動增強統治者的自信心。卦辭曰：「革：巳日乃孚，元亨利貞，悔亡。」革卦這一篇經文，主要是論述祭祀文化之改革，並強調在舉行祭祀日能夠喚起們人的信心。古人相信改革具有創造初始、護佑、地利、智慧之優勢，因此改革祭祀文化活動，將不會讓人後悔的。六二爻辭曰：「巳日乃革之，征吉，無咎。」係針對祭祀日期所衍生的問題提出改革之議，但也肯定為了用兵出征與祭祀祖先之祭祀禮儀，因此不應該有自咎之心。

三就

九三爻辭：「征凶，貞厲，革言，三就，有孚。」意指對於出征用兵及辦理喪事之祭祀禮儀，決定辦事就要有智慧，而且態度要很莊嚴；談論改革，不如紆尊降次；參與祭祀時，改乘有三就之飾的馬車即可，這是代表對改革很有信心之舉動。古有「薦馬縷三就」之禮制，《儀禮·既夕禮》曰：「薦馬，縷三就，入門，北面，交轡，圉人夾牽之。御者執策立於馬後。哭成踴，右還，出。賓出，主人送於門外。」；〈士喪禮〉下篇曰：「薦馬縷三就、入門北面交轡，圉人夾牽

之，馭者執策立于馬后。」這是有關古代凶禮之禮制，唐朝杜佑《通典・禮四十六》解釋凶禮八喪制之部分內容曰：「周制，大喪，及祖，喪祝飾棺，乃載，遂御之。諸侯、大夫、士喪，柩既朝，乃薦車，直東榮，北輈。……薦馬纓三就；入門，北面交轡，圉人夾牽之。」另外，前賢對此爻辭也有不同之見解，認為剛取得政權者，因難得位以正，而未可頓改，故以言就之；據唐朝李鼎祚之《周易集解》卷十，他引述同代易學家崔憬之言曰：「夫安者有其危也，故受命之君，雖誅元惡，未改其命者，以即行改命，習俗不安，故曰征凶，猶以正自危，故曰貞厲。是以武王克紂，不即行周命，乃反商政，一就也；釋箕子囚、封比干墓、式商容閭，二就也；散鹿臺之財、發鉅橋之粟、大賚於四海，三就也，故曰革言三就。」

改命

　　九四爻辭：「悔亡，有孚，改命，吉。」為了遵循天道而進行改革，順乎天、應乎人去進行改革，這樣就不會令人後悔了；而改革一定要充滿信心，這樣才可以改變舊的政令，並可得到平安吉祥。改命之「改」，改變也；「命」，政令、命令也。考「命」字之音義，《唐韻》、《集韻》、《韻會》、《正韻》曰：眉病切，鳴去聲。《說文解字》曰：使也；《玉篇》曰：教令也；《增韻》曰：大曰命，小曰令；上出為命，下稟為令。又《爾雅・釋詁》曰：命，告也。爻辭「改命」一詞，應指改變舊的政令，含有除舊布新之意涵。

大人虎變

　　九五爻辭：「大人虎變，未占有孚。」意指文武官員之辦案鋤奸

與沙場作戰，要變成像老虎之威武果斷；各級官員能夠施展衙門之威武，及軍人帶兵能夠展現武德精神而折衝萬里，如此對於他們的治民與應戰能力，不待占筮決果就可以相信了。經文「大人」一詞，及臺灣話所稱之「大人」（TAI₇ JIN₅），均指文武官員而言。事實上，朝廷命官應該像老虎之威武般，在君王之任命與授權下，他們都應展現出應有的威武精神。據動物學家之研究，老虎是哺乳綱豹屬的四種大型貓科動物中體型最大的一種，牠有「百獸之王」之美稱。老虎是一種獵食動物，具有敏銳的聽力、夜視力，可自由伸縮的尖爪和粗壯的犬齒。除了龐大的體型與有力的肌肉之外，牠們最顯著的特徵，就是在白色到橘紅色的毛皮上有黑色垂直的條紋，這有助於其在捕獵時隱蔽自身。虎的象徵意義在亞洲文化中得到最大的體現，被看作是威武、嚴肅、勇猛的象徵。[1]

　　事實上，在傳統中國政治官場中，最能代表政府衙門之形象及沙場作戰之精神者，正是「威武」兩字。軍人帶兵作戰，其勇猛威武與衝鋒陷陣之精神，頗像老虎之稱霸野獸一般。當我們看傳統戲劇演出時，常可看到包公在開封府衙門辦案這一幕：衙門上頻頻傳出「威武」聲，而階下受審者卻不停哭喊「大人」啊，這正是「大人虎變」一詞的最佳寫照。以包公故事為例，他原名包拯（999-1062），或稱包文正；為官廉潔公正、不攀附權貴，故享有「包青天」或「包公」之美名。包拯本是一介文官，但當他穿上公服、坐上衙門公堂審案後，立刻就變成像老虎一般之威武。文武官員具有「威武」精神才能鎮懾邪惡與敵人，因此革卦九五爻辭之意涵，就是以「老虎」作為物象，象徵政府文武官員要能展現出「威武」精神；而衙門辦案與沙場作戰之重任，正是全權委由「大人」去負責的。

君子豹變

上六爻辭：「君子豹變，小人革面，征凶居貞，吉。」意指君子貴族之封爵與采邑，有如花豹之獵食地域與獵物種類會有改變；君子的采食地域及轄下庶民不同，雖受到民風丕變之影響，但對於出征用兵及辦理喪事之禮儀，及為了安定民心之目的，貴族要變成更有智慧且行事態度也能因地制宜，並這樣才能得到平安吉祥。《周易・象傳》曰：「大人虎變，其文炳也。君子豹變，其文蔚也，小人革面，順以從君。」明朝來知德先生註曰：「文炳以人事論，改正朔，易服色。其文蔚者，冠裳一變，人物一新也。」[2]事實上，貴族之采食邑地（Territory），有如花豹之獵食領域（Territory）一樣；兩者之領域（Territory）一旦變更以後，貴族屬下庶民百姓會有不同，而花豹之獵物也會跟著改變。

根據動物學家之研究，花豹是貓科豹屬下的一種動物；豹是獨居動物，具有很強的領地性。花豹廣泛分布於非洲和亞洲的各個國家和地區。環境適應能力強，行蹤隱秘，總體生存狀況好於牠的貓科親戚獅和虎，但是有些豹亞種的現狀並不容樂觀。在中國文化中，豹常被賦予暴、勇、猛等感情色彩。據說豹捕獵約九十種不同物種的獵物，所以對於食物，豹經常是一個機會主義者。豹是獨行性動物，牠可以說是敏捷的獵手，身材矯健，動作靈活，奔跑速度快。奔跑時速可達每小時五十八公里。豹既會游泳，又會爬樹；性情機敏，嗅覺聽覺視覺都很好，智力超常，隱蔽性強，牠是少數可適應不同環境的貓科動物。老虎在亞洲常常和豹棲息在同一地區，研究發現兩者的獵物種類有百分之八十以上的重疊，在任何可能的情況下老虎都會試圖奪走花豹的獵物甚至殺死花豹。處在同一領地情況下，要去面對這樣一個比

自己大得多的對手，花豹常用的策略，可能是錯開作息時間以及選擇體型相對較小的獵物。[3]事實上，花豹為了避免與老虎正面衝突，或當仔豹長大並可自行獵食以後，都需要另外找到一處新的獵食領地。

四　六十四卦之聯通

　　從龐大出土殷墟卜辭文物中，讓我們見識到商朝的最大文化特色，就是以「旬祭」作為週期的祭祀禮制。在《易經》六十四卦經文中，以禮制作為主題，或以祭祀禮儀作為物象者，至少有：履、損、萃、升、困、革、豐、渙，等八個卦。聖人以經文內容來論述古代之祭祀禮儀，除豐卦之「雖旬無咎」爻辭，另外還有卦爻辭中之「巳」字；包括損卦「巳事遄往」，及革卦「巳日乃孚」與「巳日乃革」；古字「巳」，正是「祀」字之本義。「旬」、「巳」兩字，最能代表商朝祭祀文化之特點，損、革、豐，三卦所論述之物象和意象，應該都與祭祀禮儀有密切關係。殷墟甲骨卜辭與《易經》經文中之「旬」與「巳」字，從文物與文獻兩者可以互為印證殷人的獨特祭祀禮儀。損、革二卦之內容，是論述傳統祭祀禮儀在面對國家社會有重大變革時，主政者應該如何做出減損與改變等相應措施。要而言之，從易卦論述祭祀禮法之議題上，我們可以窺探出古代祭祀制度，在殷末周初的完整變化過程，也就是「豐→損→革」三卦所代表的三段式祭祀文化改革。事實上，豐，代表在盛世時期，因國勢強盛而採用豐厚的祭祀禮制；損，代表改朝換代之過渡時期，應該要有減損豐厚禮制之心理準備；革，則代表邁入新朝代後，典章禮制必須面對政體改革的衝擊。豐卦之禮，是專論殷商過去之祭祖禮儀，而此項祭祀活動又以「旬」作為一個週期，從此可知當時禮儀制度相當繁縟，他們似乎有失節制之弊；禮制若有浪費情況或不合時宜者，那當然要研擬一套變革之措施。

　　「革」卦含有更、改、變之義，改變原是進步的原動力，但改變之內容輕重有別並且要循序漸進；地理位置上的改變，就如井卦「改邑不改井」所言，政治上的改變，就如鼎卦「鼎顛趾，利出否」之結局。革卦之經文結構顯得比較特殊，因為卦中安排三種禮制「吉、凶、征」，三種動物「牛、虎、豹」，及三種人物「君子、大人、小人」，分別作為物象與意象之論述用語，茲分別敘述它們的聯通關係如下：

吉、凶、征

　　在《易經》六十四卦經文中，「吉」字共一百四十六見，「凶」字共五十八見，「征」字共十九見。另外，「征凶」一詞有十見，「征吉」一詞有五見；其中，出現在「革」卦之爻辭者，計有「征凶」二處，「征吉」一處，「吉」字二處。《易經》經文具有一字多義之特色，如果我們從古代祭祀禮儀角度觀之，「吉、凶、征」三字所指稱之事物，似與周人「禮有五經」之「吉禮、凶禮、軍禮」三種禮制，前後具有淵源關係。據《康熙字典》之解釋，「吉」字之義，《說文解字》曰：善也；《廣韻》曰：吉利也。「吉」之相對義字，為「凶」。「凶」字古文為「㐫」，《唐韻》、《正韻》曰：許容切，《集韻》、《韻會》曰：盧容切，從音胷。「凶」字古音「許容切」或「盧容切」，似與臺灣話指稱殺人犯手段凶狠之「凶」（HIONG5），同音同調。臺灣有一句俗話說：「強驚凶，凶驚無天良」（KIONG5 KIANN1 HIONG5，HIONG5 KIANN1 BO1 THIAN1 LIONG5）；此話意指身強體壯的人，也怕內心凶殘的人，而內心凶殘的人，更怕喪失天良的狂人。最近（二〇一四年五月二十一日）臺北捷運（MRT）就發生一樁隨機狂殺四死、二十四傷之不幸事件。根據檢方調查與媒體報導，本案凶嫌是一位鄭姓大學生，當時

他突然在車廂內隨機砍人並釀成重大傷亡，像這麼重大的殺人慘案，只有喪失天良的狂人才幹得出來。事實上，這種致命攻擊的犯罪情況，最像俗話所說的「強驚凶、凶驚無天良」一般。「凶」字之另一古音，《唐韻》、《正韻》曰：許拱切《集韻》、《韻會》曰：詡拱切，从上聲。古音「許拱切」或「詡拱切」，似與臺灣話指稱喪葬事宜為凶事之「凶」（HIONG₁）同音；它與兇、匈、鄉等字，亦屬同音同調。

　　考「征」字之義，用兵也，《韻會》曰：伐也。考「凶」字之義，不吉也，是霸橫、困厄、災禍之泛稱；「凶」字之甲骨文字形，頗像一處地塹惡地，《說文解字》解曰：象地穿交陷其中。在臺灣人之傳統習俗中，治理喪葬事宜稱之為「凶事」（HIONG₁ SU₇），這種用詞相當符合古音古意。在復卦上六爻辭「以其國君凶，至于十年不克征」，最足以說明諸侯邦國之君主崩逝，其國人正奔忙於治理喪事，因此十年間都不克發動征伐與戰爭。在損卦九二爻，困卦九二爻，及本卦九三爻與上六爻中，各有「征凶」一詞；考其物象與意涵，應指發兵出征與辦理喪事兩項祭祀禮儀而言。「征」是軍隊出征，「凶」是喪葬事宜；出征用兵與治理喪事之祭祀活動，是屬於不得已之事，具有緊急或偶發性質，它不像商朝之「旬祭」文化，是屬於經常性、週期性的祭神祈福活動。古人云：「禮有五經，莫重於祭」，據鄭玄注曰：「禮有五經，謂吉禮、凶禮、賓禮、軍禮、嘉禮也。」據此可以推論，在《易經》成書之年代，「吉」是指祭祖禮，「凶」是指喪事禮，「征」是指軍事禮。《左傳·成公十三年》云：「國之大事，在祀與戎」，這是指帝王掌理國家的重責大任，在於主持祭祀和統督戰爭。[4]到了春秋時代，老子已經明確指出「兵者不祥之器」，而且還要「戰勝以喪禮處之」。老子對於「征凶」兩字之獨到見解，可以從下列《道德經》內容中窺探而知：

夫佳兵者，不祥之器，物或惡之，故有道者不處。君子居則貴左，用兵則貴右。兵者不祥之器，非君子之器，不得已而用之，恬淡為上。勝而不美，而美之者，是樂殺人。夫樂殺人者，則不可以得志於天下矣。吉事尚左，凶事尚右。偏將軍居左，上將軍居右，言以喪禮處之。殺人之眾，以哀悲泣之，戰勝以喪禮處之。

《史記・老子韓非列傳》曰：「老子者，楚苦縣厲鄉曲仁里人也，姓李氏，名耳，字聃，周守藏室之史也。」事實上，老子曾經擔任周代的藏史官，他有較多機會可以閱讀古籍，而《道德經》之言論，可以說明聖人對《易經》「征凶」一詞之不同觀點或詮釋。

牛、虎、豹

　　《易經》六十四卦中，作者常藉真實動物以作為經文之物象，包括牛、馬、鹿、羊、豬、虎、豹、狐、雁、隼、雉、鼠、魚、龜等等。事實上，全部經文內容所記載之動物種類很多，但通常是以一卦一物為多見，而最多者為一卦三物，例如大畜卦及革卦。大畜卦所引用之動物為牛、馬、豬，而革卦則為牛、虎、豹。動物之物種繁多而屬性有別，作者可以利用不同物種之特色，去象徵不同易卦之深層意涵。變、變、變，革卦一卦連用三種大型動物之「變」，分別用牠來申述「革」之意象與哲理。過去中原所產黃牛數量不少，黃牛除了食用、役用之外，人們還可利用牛皮製造各種皮製品；據說皮製的大帶，亦屬古代官員穿用的一種服飾品。考中國歷代之官服，可以分成祭服、朝服、公服三等，其中以祭服最為尊貴。《尚書・洪範》曰：「武王既勝殷，邦諸侯，班宗彝。」宗彝就是指宗廟祭祀所用酒器或服飾，而

中國傳統的袞服主體分上衣與下裳兩部分，另有蔽膝、革帶、大帶、綬等配飾。在革卦初九爻辭中，聖人先藉黃牛皮鞣製成革，然後精製成皮帶以做繫綁祭服之用途。另外，在九五爻辭為「大人虎變」，在上六爻辭為「君子豹變」。老虎體大面凶且孔武有力，可以象徵官員之威嚴；花豹膚色美麗又可攀爬登高，可以象徵邦國貴族之尊貴。

君子、大人、小人

在《易經》六十四卦經文中，「君子」一詞二十見，「大人」一詞十二見，「小人」一詞十見。在一卦之經文內容中，卦、爻辭同時出現君子、大人、小人者，只有否卦及革卦。君子、大人、小人這三個名詞，可以代表人們在政治領域上的地位與尊卑身分。事實上，經文「君子」一詞，應指受封的貴族諸侯，這是商代時候的政治性用語；而《周易‧象傳》所稱及後世所用之「君子」一詞，係指學術品德很高尚之人士，含有褒揚尊崇之意味。再者，經文所用之「大人」、「小人」等字詞，與「君子」字詞一樣，同樣屬於上古殷商時代的政治性用語，代表他們的社會地位之尊卑與不同身分之貴賤。綜觀歷史與經文之記載內容，可以理解殷商之階級社會，確實具有三個現象：一、天子是「王族」，君子是「子族」；二、貴族與諸侯是「君子」，附庸是「小人」；三、在朝尊貴者是「大人」，在野卑賤者是「小人」。[5]

從考古學角度研究商王朝的控制範圍，依學者唐際根之研究指出，殷墟及其周圍地區是商文化的核心地域，周邊地區商文化的發展步調，基本取決於殷墟類型的發展變化。這個以殷墟為中心的文化分布格局，應是商代國家結構「內服外服制」的反映；商王朝直接控制者，被稱為「內服」的王畿區；王畿以外者，是由諸侯和眾多方國組成的「外服」區。到了西周時代的采邑，主要集中在王畿之內；學者

呂文郁研究西周王畿的範圍和王畿采邑的分布與變遷，並撰寫了一部
《周代的采邑制度》著作。他在書中指出：貴族采邑作為一種社會實
體，是周代各種制度的聚合點，周代社會的政治、經濟、軍事等各種
制度，都可以通過采邑這個聚合點得到充分的體現。[6]根據唐際根的統
計發現，目前所知卜辭中稱侯者有三十五位，稱伯者四十位，稱子者
一百八十五位，稱男者近十位。又，商代諸侯一部分是由王族子弟或
功臣受封而成，如卜辭中的子鄭、子宋、子商、禽子、唐子、盟子。
[7]凡由王族子弟或功臣受封者，均屬經文所稱的「君子」，士大夫則屬
「大人」，受統治之百姓稱為「小人」。

五　結論

　　清朝王夫之稱「革」卦含有殷周革命之象，他認為：「商周之革命
也，非但易位而已，文質之損益，俱不相沿；天之正朔，人之典禮、
物之聲色臭味，皆懲其弊而易其用，俾可久而成數百年之大法。」[8]事實
上，商朝之祭祖方式是依「旬祭」方式舉行，陽曆一年共有三十六旬
或三十七旬，且有五種以上不同祭祀方式或祭品分類，祭後還會有聚
食飲宴之情事。朝代進入西周以後，即有後來的周公制禮之舉動，並
以「時祭」取代「旬祭」。「時祭」為「祠、禴、嘗、烝」四時之祭；
周人每歲分春、夏、秋、冬，只在四季各舉行一次祭祖儀式。「革」卦
含有更、改、變之義，以古代祭祀文化而言，從商朝繁縟的「旬祭」，
邁向周朝簡省的「時祭」發展，代表文化量變（Quantitative Change）
的效益性，這也是傳統中華文化發展史上的一次重大變革。
　　《禮記・禮器》曰：「禮，時為大，順次之，體次之，宜次之，稱
次之。」這是進入周朝以後的禮法新概念。古人認為：儀繁則易疏，禮
應以時為大；一旦時空已有重大改變，舊朝禮制就應隨政治體制之不

同而進行調整或改變。事實上，改革必須順應時代潮流，要能因地制宜，更要體察不同地域之民情變化。「大人」治民與帶兵作戰，要像老虎之勇猛威武；「君子」封爵與采食邑地，很像花豹之獵食領地。爻辭「大人虎變，未占有孚。」意指文武命官之辦案鋤奸與沙場作戰，要變成像老虎一般之威武果斷；官員能夠展現衙門之威武及軍人之威德以便折衝萬里，如此對於他們的治民與作戰能力，不待占筮結果就可以相信他們了。經文「大人」一詞，意指古代政府之官員；在傳統中國政治官場中，最能代表衙門之形象與官員之精神者，正是「威武」兩字。爻辭「君子豹變，小人革面，征凶居貞，吉。」意指君子貴族之食采邑地（Territory），有如花豹之獵食領地（Territory）一樣；如果食采邑地與獵食領地改變了，貴族之轄區百姓與花豹之獵物種類也會跟著改變。采邑領地改變，民風習俗也會不同，但對於出征用兵及辦理喪事之禮儀，及為了安定民心，貴族行事就要有智慧並能因地制宜，這樣才能得到平安吉祥。

　　革卦之文辭結構顯得比較特殊，因為在爻辭內容中，作者特別安排「吉、凶、征」三種禮制，利用「牛、虎、豹」三種動物，及引述「君子、大人、小人」三種人物。爻辭「吉、凶、征」三字，可以代表商周政體交替以後的「吉禮、凶禮、軍禮」，這也是三種上古時代最為重要的禮制。爻辭「牛、虎、豹」三物，足以用來解說量變（Quantitative Change）或質變（Qualitative Change）之改變情況；爻辭「君子、大人、小人」三人，則是借用不同人物論述他們的身分改變與應變緣由。總而言之，易卦之經文內容，概以物象說明意象，並藉意象闡述哲理。因此透過卦中之三種禮制、三種動物、三種人物之差異與改變，讓我們體會出政體改變確實會影響文化改革。此外，從革卦經文內容之物象與意象，也讓我們理解古代祭祀禮制如何從殷商一年三十六次「旬祭」，朝向周代一年四次「時祭」之改變事實；同時也印

證了《禮記》所言的，禮應以時為大之緣由。

注釋

1 維基百科〈虎〉：（http://zh.wikipedia.org/wiki/%E8%99%8E），2014/6/14。

2 〔明〕來知德：《易經來註圖解》（臺北市：大千世界出版社，1981年），頁358-359。

3 維基百科〈豹〉：（http://zh.wikipedia.org/wiki/%E8%B1%B9），2014/6/14。

4 廖慶六：〈淺釋易經損卦〉，《國文天地》第349期（2014年6月），頁113。又收入本集第十一講，頁161-176。

5 廖慶六：〈淺釋易經解卦〉，《國文天地》第348期（2014年5月），頁117-118。又收入本集第十講，頁143-160。

6 呂文郁：《周代的采邑制度》（北京市：社會科學文獻出版社，2006年），頁1。

7 唐際根：《殷墟：一個王朝的背影》（北京市：科學出版社，2009年），頁60-63。

8 〔清〕王夫之：《船山易傳》（臺北市：夏學社，1980年），頁347-348。

第十五講
淺釋易經兌卦

一　前言

　　人為萬物之靈，因為人類能夠藉對話來溝通意見及化解糾紛，利用語言及彼此智慧，締造一個雙贏機會，並藉此推動全體文化水平的提升。人與人之間，或許因為語言不同，思緒有別，表達態度不一樣，因此才會造成一些誤會、爭議或禍端。現代人認為，說話是一種藝術，對於說話者而言，是必須掌控說話的對象、內容與時機，要能符合得體與得當之條件，這樣才能藉說話得到最大利益，與獲得一個吉祥之局面。自古以來，常有透過遊說或辯論，以言論說服對方，讓敵對情勢舒緩改觀之情況。事實上，人與人、國與國，雙方之紛爭，本應採取誠信善意之態度對話，以達化解大動干戈之風險，這正是常人所強調的，君子動口不動手之哲理。另一方面，如果想讓他人口服心服，言論內容必須具有建設性，而且表達方式必須很謙卑平和，絕不能出現來勢洶洶之樣子，不能露出仗勢欺人或得理不饒人之高傲姿態。

　　以言論對話來化解糾紛，這是為人處事與力保平安之基本原則，而身居高位的領導人，更應知道與人諮商之重要性；他要知道隨時利用機會，諮詢屬下之寶貴意見，以作為執政與解疑之參考。《易經》兌卦有言：「商兌，未寧介疾，有喜」。「商兌」兩字，就是指以諮商對話

來獲取建言，這不但是解疑的良方，更是得到吉祥喜慶結局的良策。
據有關歷史記載，商湯會三千諸侯，周武王會八百諸侯，顯示在上古
夏、商兩個朝代，國家社會尚處於小國林立之競爭環境背景。當時之
國與國、族與族、人與人之間交往，大小紛爭在所難免。不幸的是，
殷商末代皇帝紂王，他身居大國之君主，卻因自大與剛愎自用，不聽
三公之諫言，因此最後才有自取滅亡之命運。現代是民主時代，我們
都知道要多多交流溝通與舉行辯論會，這才是達致和諧的好辦法；例
如在法案完成立法之前，要先行舉辦聽證會或公聽會，藉此機會多與
民溝通，這樣才能讓人民心服口服，事後也才不會出現抱怨之雜音，
甚至孳生抗爭之行動。本文試以語言文字及歷史文獻之研究方法，探
索兌卦經文之意象，並依照卦爻辭之解釋、關鍵字辭之解釋、六十四
卦之聯通，三個段落順序，分別撰述個人鄙見，並就教於方家。

二　卦、爻辭之解釋

卦辭：兌：亨、利、貞。
譯文： 論兌之卦，兩方如有岐見或爭端，雙方都應採理智溫和方式對
　　　　話，如此才可以得到護佑、和合之好效果，這才是充滿智慧的
　　　　好表現。

初九：和兌，吉。
譯文： 採取溫和理性之態度，去進行溝通求和者，這將會是得到吉祥
　　　　之徵兆。

九二：孚兌，吉，悔亡。
譯文： 身懷誠信態度去進行溝通，這才是吉祥之徵兆，其結果將不會

讓人後悔的。

六三：來兌，凶。

譯文： 主動上門來搭訕者，他說話盡是恭維與阿諛奉承之內容；這可能是個邪佞之人，聽信其言恐會帶來凶厄與災禍。

九四：商兌，未寧介疾，有喜。

譯文： 能多和幕僚進行諮商者，就不會輕易做出言詞承諾，也不會固執而堅持己見，不會急躁而胡思亂想；這樣才能得到一個歡喜之好結果。

九五：孚于剝，有厲。

譯文： 進行會談溝通，如果雙方缺乏誠意與互信之基礎，這樣恐會有危厲之情況發生。

上六：引兌。

譯文： 引用證據說話的人，其態度謙虛客觀，這樣才能以言語說服他人。

三　關鍵字辭之解釋

《易經》六十四卦，考其卦名與卦圖，皆從傳統八卦演繹而來，而經文之淵源與留傳，真可謂歷史悠久。傳統八卦是指：乾、坤、離、坎、震、巽、艮、兌，在這八卦中，只有震、艮、兌三卦，尚可見到上古之形、音、義。「兌」卦，在通行本《易經》中，排序第五十八卦，其用字相當精簡，卦名加上卦、爻辭，全卦僅有三十個字，算是

用字最少之一卦。甲骨文有「兌」字，《說文解字》注曰：說也；而「兌」字古音，在臺灣話中也可找到一些實例。按，「兌」字之發音，在臺灣話中似有多種不同情況，例如TUE₁，說話也；另有TOE₇，交換也。還有，作退回或交換之「兌」，一讀TUI₃，意指退換，例如商品之「兌換」（TUI₃ HOAN₇）；一讀TOE₇，意指互換，例如外幣之「匯兌」（HOE₅ TOE₇）。另有臺語專家稱兌換之「兌」為LUI₃；¹就如拿支票去向親友調換現金，臺灣話稱之為「兌錢」（LUI₃ TSIAN₅）。在兌卦之爻辭中，共有五個含「兌」之字詞，包括：和兌、孚兌、來兌、商兌、引兌，這些都是屬於本卦之關鍵詞，從此可以分辨出說話者的不同意境與影響，茲分別解釋如下：

和兌

　　初九爻：「和兌，吉。」意指採取比較溫和理性之態度，去進行溝通求和者，他將會得到一個吉祥之成果。「和」字，《廣韻》曰：順也，諧也，不堅不柔也；段玉裁（1735-1815）之《說文解字注》曰：相應也。「和」字有議和、平和、和氣、和諧等義；臺灣話「講和」（KNG₂ HO₅）之意思，就是指主動向他人釋出善意，表示要主動求和以解決雙方之間的誤會或爭端。做人要有寬宏度量，如果兩方都能心平氣和、態度謙虛進行對話，這樣就能海闊天空，並且收到大事化小、小事化了之結果。事實上，社會需要和諧，而人與人、國與國之交往，「和兌」正是追求永久和平的重要基石。

孚兌

　　九二爻：「孚兌，吉，悔亡。」意指說話者要具有誠信之態度，

如此與他人進行對話溝通，才會有平安吉祥之徵兆，而談判之結果，也不會有後悔之遺憾。「孚」字，意指誠信、信心，彼此能夠建立起互信，這才是雙方進行會談之基礎。異口同聲，彼此互信互賴，這樣的談判結果，才能讓雙方人馬無怨無悔。在本卦九五爻，另有「孚于剝，有厲」之辭，「孚于剝」表示失去誠信之基礎，如果對話雙方缺少誠信，談判當然會破局失敗，而雙方情勢也會變得更緊張嚴峻，甚至釀成災禍之後果。「孚兌，吉，悔亡」與「孚于剝，有厲」兩個爻辭，一前一後形成強烈對比，卻強調「孚」才是「兌」的重要因素。俗話說「無誠勿擾」，表示要進行商談對話的人，不能沒有誠信之心。事實上，雙方態度應以誠信作為基礎，這樣的會談才有意義，才能創造出和諧與吉祥的成果。

來兌

六三爻：「來兌，凶。」意指有一主動上門來搭訕者，他說話的內容，盡是恭維與阿諛奉承之言。這人可能是個邪佞之人，如果輕易聽信其言，恐會帶來凶厄與災禍之結果。「來兌」兩字含有多義：一，主動找上門，而且說話不停之樣子，其情況恰如臺灣話「壘兌」兩字。臺語「壘兌」（LUI₅ TUI₃），意指他人說話婆婆媽媽，他不停地說話因此讓人感到心煩；二，形容只有單方一人說話，其人不但來勢洶洶，而且不符「禮尚往來」之儀，恰如《禮記‧曲禮上》所言的：禮尚往來，往而不來，非禮也；來而不往，亦非禮也；三，來者說話內容都是恭維讚美，都是阿諛奉承之甘言；這是個邪佞之人，聽其言則會有災禍發生。

近年來的臺灣社會，已經不幸發生很多詐騙電話案件，而無辜受害者之身分，則包羅萬象，包括：長者、婦人、官員、學者等等。詐

騙電話之花樣技巧層出不窮，這種怪現象確已造成社會人心惶惶。事實上，詐騙者都是一夥毫不相識之徒，卻專以電話向人搭訕或套話，其手段就是為了向你套取個人資料，然後行詐取錢財之目的。在實際案例中，他們都會編造一個特殊身分，假冒具有公權力者，再以電話威脅恐嚇，不幸者就會因此而喪失大筆錢財。經深入分析詐騙手法，他們都是以電話主動向人搭訕，萬一遇有自信心不夠，或警覺性較差之人，就會上當受騙。時下之詐騙電話案例，確可印證爻辭「來兌，凶」之狀況。另外，臺灣人常常譏笑會哭鬧的小孩有糖吃，那就是指小孩說話很「壘兌」；因為說話情境不對，因此讓人感覺心煩，為了打發這一個「壘兌」者，最後不得不對他施點小惠。

商兌

九四爻辭：「商兌，未寧介疾，有喜。」表示能多和幕僚進行諮商者，就不會信口開河而做出言詞承諾，也不會固執而堅持己見，不會急躁而胡思亂想；這樣才能得到一個歡喜之好結局。「商」字，有諮商、諮詢之意；《唐韻》曰：式陽切，《集韻》、《韻會》、《正韻》曰：尸羊切，與臺灣話「參商」之音、意相合。臺語「參商」（TSHAM₁ SIONG₅），表示有事要與他人進行商討、研議，這是為了解決疑難、爭端或避免禍害發生的正確做法。「寧」字，《說文解字》曰：願辭也，隱含甘願、允諾之詞；「介」字，《經典釋文》馬融註曰：介，大也；又《揚子・方言》曰：介，特也；物無耦曰特，獸無耦曰介；「疾」字，《說文解字》曰：病也、急也；又《玉篇》曰：患也；心急、思患，意指一個人之心理在作祟。臺灣話「介疾」（KAI₃ KIP₃）兩字，就是用來形容一個人之個性特別急的樣子。爻辭「未寧介疾」，表示還沒有做出「寧、介、疾」般之偏頗、錯誤、或急迫性之決定。換

句話說，當事者不空言，不自大，不急躁；引申為做人處事不能有輕言承諾，不能剛愎自用，不能猴急用事之行為。

　　「商兌」之概念，最適用於領導者面臨「稽疑」時候之參考。據《尚書》內容記載，箕子曾對周武王解釋〈洪範九疇〉之內容；其中第七曰「稽疑」，內文為：「汝則有大疑，謀及乃心，謀及卿士，謀及庶人，謀及卜筮。汝則從、龜從、筮從、卿士從、庶民從，是之謂大同；身其康彊，子孫其逢：吉。汝則從、龜從、筮從、卿士逆、庶民逆：吉。卿士從、龜從、筮從、汝則逆、庶民逆：吉。庶民從、龜從、筮從、汝則逆、卿士逆：吉。汝則從、龜從、筮逆、卿士逆、庶民逆：作內吉，作外凶。龜筮共違于人：用靜，吉，用作，凶。」[2]事實上，君王有疑則謀，表示貴為帝王者，若是遇有疑難問題時，就要不恥下問，他要召集眾人，並採取向人諮商之作法，也就是透過對話來聽取各方之寶貴意見，並作謀略決策之參考。歷史上，殷商舊臣箕子，他首先提出五人決策之妙法；他告訴周武王，在做重要決策時，必須要聽取五方之意見，並採「多數決」以作決策之依據。在封建舊時代，連帝王都不能有一意孤行之行為，否則就成獨裁者，並在歷史留下一個昏君之臭名。反之，帝王之行事態度要很客觀，他能善用諮商以供決策之用，這樣才能符合爻辭「商兌」兩字所要傳達之意涵。

引兌

　　本卦上六爻：「引兌。」明末清初大思想家王夫之（1619-1692）解曰：「兌為欣說〔悅〕之說，又為言說〔論〕之說，而義固相通。言說者，非徒言也，稱引詳婉善為辭，而使人樂聽之，以移其情，饋人千金之璧。」[3]爻辭中僅敘「引兌」兩字，未做結語。引用證據說話，且態度謙虛客觀者，這樣才能以言語說服他人。「引兌」表示說話者將會

因其聰明機智與說話藝術,將說話內容與身分立場表達清楚。現代著名學者胡適(1891-1962)有一句名言,他說:「有幾分證據,說幾分話。」此說可以呼應王夫之「言說者,非徒言也」之詮釋,兩位偉大學者之言論,一前一後,最足以見證經文「引兌」兩字之哲理。

四　六十四卦之聯通

在《易經》中,巽卦與兌卦兩卦,分屬原始八卦之一卦;其代表之意象,巽卦為風,兌卦為澤。在《周易》六十四卦中,巽卦與兌卦之卦序相鄰,而巽卦與兌卦皆屬重卦;巽卦之卦象,巽上巽下;兌卦之卦象,兌上兌下;一般認為,兩卦具有綜卦與錯卦之關係。若從兩卦之對比關係而言,巽卦有風、入之意象,兌卦則有澤、說之意象。巽為風之吹入、傳播,並由上而下、強對弱,作出單向之傳送;而兌為澤水之滋潤、溝通,是彼此間的對話、互通、取悅之關係。事實上,巽卦含有上下互順之意涵,而兌卦也有上下溝通之特徵,對於領導者而言,必須時時掌控環境與民心,包括施政、宣導、溝通、稽疑,做法都必須適時而得宜。有關本卦與他卦之聯通關係,僅舉經文「疾」、「來」兩字,簡要說明如下:

疾

《易經》六十四卦中,經文有「疾」字者,共有九見;包括:豫卦「貞疾」,復卦「出入無疾」,無妄卦「無妄之疾」,遯卦「有疾厲」,明夷卦「不可疾貞」,損卦「損其疾」,鼎卦「我仇有疾」,豐卦「往得疑疾」,及兌卦「未寧介疾」。這幾卦之「疾」字,大多是指向一個人的心理狀態而言,表示他很心急,或個性急躁不安。「疾」通「急」

字，《說文解字》曰：病也；一曰急也。「疾」字，臺灣話有二個發音，其一讀音如「急」（KIP₄），另一讀音如「質」（CHIT₈）；「疾」音如「質」，稱人帶「質」者，表示他患有某些心理上之痼疾，或神經很僵直的意思。一個人心理起疑心或個性很著急，就會影響他的行為表現；身為一個領導者，就必須儘量避免這一心理偏差。以兌卦之爻辭為例，「商兌，未寧介疾，有喜」，是在訓示當事者，有事就要立刻與人諮商討論，絕對不能剛愎自用，包括不空言、不自專、不急躁，這樣做事才能得到一個歡喜之好結果。

來

《易經》六十四卦中，經文有「來」字者，共有二十五見；包括：需卦「有不速之客三人來」，比卦「不寧方來」及「終來有它」，泰卦「小往大來」，否卦「大往小來」，復卦「朋來無咎」及「七日來復」，坎卦「來之坎坎」，離卦「突如其來如」，咸卦「憧憧往來」，蹇卦「往蹇來譽」、「往蹇來反」、「往蹇來連」、「大蹇朋來」、「往蹇來碩」，解卦「其來復吉」，困卦「朱紱方來」、「來徐徐」，井卦「往來井井」，震卦「震來虩虩」、「震來厲」、「震往來厲」，豐卦「來章」，及兌卦「來兌」。「來」字雖表示往來互通之動作，但隨不同卦別所用之字辭與環境，分別說明情況與結果會有差異。「來」字之甲骨文，象一芒束之形；「來」字之本義，至也，及也。《禮記‧曲禮上》曰：禮尚往來，往而不來，非禮也；來而不往，亦非禮也；以兌卦六三爻「來兌，凶」為例，這是針對主動上門來搭訕者，你必須小心防範他的阿諛奉承之言，如此才能避凶趨吉。

五　結論

　　說好話、做好事，這是靠後天調教養成的；一個人說話是否得體，是否能夠說服他人，其成敗關鍵，在於說話的時機與目的、態度與內容、以及表達方式是否妥當。這些說話之技巧，都要有父母與老師的教誨與磨練，而且要不斷與兄長、親友與專家進行切磋與琢磨。在《易經》卦辭中，含有「元、亨、利、貞」四字者共有七卦，表示這些卦的先天條件比較好，象徵萬事萬物能享有其資始、護佑、地利、智慧之優勢。但是，觀之兌卦卦辭，卻僅有「亨、利、貞」三字，獨缺一個「元」字，這表示說話與溝通之技巧不是與生俱來，它確實要經過後天之訓練。由此可以理解「兌」字之意涵，是在闡明說話與溝通，就是一種後天的表達藝術與修養德性。

　　兌卦之文字內容相當精簡，在寥寥三十個經文中，作者藉五個字詞：和兌、孚兌、來兌、商兌、引兌，用來敘說五個對話與溝通之哲理：一，說話者要能心平氣和，而爻辭「和兌」兩字，與臺灣話「講和」（KNG₂ HO₅）之義相同，這是化解爭端與獲得吉祥的妙方；二，強調與人說話要有誠信之基礎，俗話「無誠勿擾」，可以說明「孚兌」在對話者心中之重要性；三，來者不善，善者不來；那些上門來搭訕的人，其目的無非是為了私利與錢財。在現實社會中，那些「來兌」者，他們可能是因缺乏資金，所以主動上門來遊說並拉你入股，或向你調頭寸；等而下之者，則是大言不慚、謊話連篇，不管是登門入室或以電話搭訕，目的就是為了進行詐財騙色之實；四，「商兌」兩字，與臺灣話「參商」（TSHAM₁ SIONG₅）之音、意相合；臺語「參商」表示凡事要能與人商議、請益，這是為了解決疑難、爭端或避免禍害發生的正確做法。事實上，帝王之行事態度，最需要遵循諮商程

序，以供決策之參考，這也是爻辭「商兌」兩字所要傳達之意涵。但是，紂王因剛愎自用而敗亡，這是一樁最慘痛的歷史教訓。《史記·殷本紀》形容商紂之行為，稱他：「知足以距諫，言足以飾非；矜人臣以能，高天下以聲，以為皆出己之下。」因此王子比干諫，弗聽；兄微子數諫，也不聽；五，最後，以「引兌」表示說話要有證據，這與王夫之所謂：「言說者，非徒言也，稱引詳婉善為辭，而使人樂聽之，以移其情，饋人千金之璧」；以及胡適之名言：「有幾分證據，說幾分話」；這兩位大學者之高見，頗有同工之妙，同樣都足以用來詮釋爻辭「引兌」之意涵。

注釋

1　董峰政：《臺語實用字典》（臺北市：百合文化出版公司，2003 年），頁 272。

2　吳璵注譯：《尚書讀本》（臺北市：三民書局，2001 年），頁 109。

3　王夫之：《船山易傳》（臺北市：夏學社，1980 年），頁 411。

第十六講
淺釋易經中孚卦

一　前言

　　《列子・湯問》載有古代伯牙、鍾子期兩人知音相交之故事，他們的交往是發自內心，這是誠信的最高表現。人類開始進行正常的社交生活，交往就應本著手牽手、心連心之精神；彼此以守信為原則，這是做人要能忠厚老實的基本要求。易經卦名「中孚」兩字，在於表彰做人要以誠信為原則，就像宇宙自然界中，有各種象徵誠信、吉祥之事物，也有依週期性運轉之天象。從易卦經文列舉之物象，確實可以啟發人們的思維；人類若要追求文明社會，我們就要學習謹守秩序與誠信之準則。但是，當處於一個亂世或比較競爭的社會，有人就為了不當利益而進行惡性競爭，彼此之間、爾虞我詐，甚至不擇手段而散布不實的謠言。如果不幸演變成謠言滿天飛之地步，那就與「中孚」卦爻辭：「翰音登於天，貞凶」之意境，頗為相似不差了。

　　事實上，在動物界中有候鳥之遷徙，也有鮭魚回鄉之說法；在臺灣西部沿海，更有冬至「信魚」報到之喜訊。以鮭魚、烏魚或江豚等魚類而言，牠們都是定期溯河而上，或追逐洋流而前進之現象；不管是為了覓食，或為了繁殖下一代，牠們的行為或習性，都算是自然界「信而不爽」的最佳說明與範例。人應以大自然為師，因此對於中孚卦之卦、爻辭內容，我們應參照大自然界的某些動物行為，並對經文

做出最佳之詮釋。本文試以語言文字、自然界現象及歷史文獻之研究方法，探索中孚卦經文之意象，並依照卦爻辭之解釋、關鍵字辭之解釋、六十四卦之聯通，三個段落順序，分別撰述個人鄙見，並就教於方家。

二　卦、爻辭之解釋

卦辭：中孚：豚魚吉。利涉大川，利貞。

譯文：〔信魚〕論述中孚之卦：看到河中信魚江豚之暢游，這是吉祥的徵兆。有誠信的人能暢行天下，這是最有利而具有智慧的表現。

初九：虞吉，有它不燕。

譯文：〔仁獸〕看到騶虞這種仁獸，這是吉祥之徵兆；但是環境若有所改變，就會產生不安之情況。

九二：鶴鳴在陰，其子和之。我有好爵，吾與爾靡之。

譯文：〔仙鶴〕聽到仙鶴從陰暗隱蔽處發出鳴叫之聲，雛鳥會跟著呼聲回應。就像告訴同伴我這邊有香醇美酒，我們可以歡聚在一起分享共飲般。

六三：得敵，或鼓或罷，或泣或歌。

譯文：〔知音〕能夠擄獲對方的心志，不管他是在鼓琴或停頓下來，無論他是在悲歎或歌唱，我都可以理解他的內心想法，這是知音之交的最佳表現。

六四：月幾望，馬匹亡，無咎。

譯文：〔月圓〕每月一次的望日時辰，快依其固定日期來報到；已經馴
　　　　服的馬匹，雖然一時離開了你的視線，但牠不會有災禍的。

九五：有孚攣如，無咎。
譯文：〔連心〕有誠信才能凝聚天下人心！這樣就不會有禍害了。

上九：翰音登於天，貞凶。
譯文：〔謠言〕不實的謠言滿天飛，雖然放話者自認為很聰明，但謠言
　　　　原本就是無實又缺德的，對眾人而言，它只會帶來凶厄的徵兆。

三　關鍵字辭之解釋

　　卦名中孚，代表內心之誠信。有誠信才能服人，這是傳統中華文
化的美德之一。在本卦之卦、爻辭中，作者分別列舉多種物象，包括
豚、虞、鶴、燕、馬，以這些吉祥動物象徵誠信、安祥、忠貞之本
質；另外以「月幾望」，代表月亮在陰曆每月十五、六日的夜晚，星空
中一定會有一輪滿月高掛著。經文以週期性的月圓，象徵天象之「信」
而不爽；而豚魚、騶虞、仙鶴、吉燕、馴馬，可以代表在水中、在陸
地、在空中之三棲動物；豚魚有微笑天使之雅稱，騶虞是仁獸，馬能
馴服於人，丹頂鶴則享有仙鶴之美名。燕子是北方常見之候鳥，據學
者研究指出，燕可作「燕吉」、「吉燕」，有安燕之義；古人以春分日
為玄鳥即燕子的來臨之時，春分燕子歸來時，產卵孵乳，因而被作為
婚姻與生育的象徵。[1]甲骨文之「燕」字，像燕子形，有頭、翅膀、
尾巴；《說文解字》曰：燕，玄鳥也。殷商王族，屬於子姓。根據考
證，玄鳥是殷商之圖騰，子乃玄鳥之子，更演為子孫，當始自商人。[2]
《說文解字》曰：虞，作騶虞解，乃通體白色黑文，尾長魚身，僅食其

自死者肉，而形似虎之仁獸名。白色黑文（紋）之動物，彰明其體大
易見，這是形容大獸之意思。依文獻之描述，古代「騶虞」之型體膚
色，頗像現代所見之「斑馬」；因為斑馬是草食性動物，其性情尚屬溫
和，屬於珍奇的觀賞動物。《淮南子・道應訓》曰：「文王砥德修政，
三年而天下二垂歸之。紂聞而患之……屈商乃拘文王於羑里，於是散
宜生乃以千金求天下之珍怪，得騶虞、雞斯之乘，玄玉百工，大貝百
朋，玄豹、黃羆、青犴、白虎文皮千合，以獻於紂。」《尚書・大傳》
曰：「散宜生之於陵氏，取怪獸，大不辟虎狼，閒尾倍其身，名曰虞
也。」據此推論而知，虞是騶虞之簡稱，牠屬上古時代的珍獸之一。

　　「孚」，信，真實；「中孚」含有「誠信」或「忠誠」之意。今人
習用的「忠厚」兩字，卻與「中孚」之意涵有別。在現有甲骨文字匯
中，有「中」無「忠」，但在後世的文字演變發展過程中，兩字似有
通假之現象；而「孚」與「厚」兩字，其形、音、義則仍有明顯之差
別。本卦之關鍵字辭，分別敘述如下：

豚魚

　　卦辭：「中孚：豚魚吉；利涉大川，利貞。」這可能是作者藉觀察
豚魚之洄游習性，來論述易經「中孚」卦之意涵。人們能夠看到江河
中的豚魚游動，同時牠們也都能依照季節變化，週期性地從大海溯水
洄游到長江或黃河，如果是如此的話，這就代表一個「信」字，牠是
吉祥的徵兆，也是「中孚」卦之意象所在。據說，江豚體型長相很可
愛，有「微笑天使」之雅號，因此在易經中孚卦，才有可能以「豚魚
吉」做為卦辭之首句。東漢劉熙《釋名・釋水》曰：天下大水四，謂
之四瀆，江、河、淮、濟是也。這是指古代中國之四大河川：長江、
黃河、淮河、濟河而言。《爾雅・釋魚》載有豚魚之文字；清薛悟邨

《易經精華》載曰：江豚，取其有信不爽。長江自古即有豚魚之存在事實，而豚魚與海豚一樣，牠們可能都有遷徙獵食與繁殖之習性；也許牠們會依節氣之變化，依節候定時進入與大海交界的江口，或到洋流交會處，去享受鹹淡水或洋流交會所帶來的豐富食物，然後再洄游到原來的棲息或繁殖水域。有關中國之江豚或白鰭豚之研究報導，謹錄下面兩段內容以供參考：

　　江豚，俗名江豬，是屬於中國國家二級保護動物。……長江江豚（學名：Neophocaena phocaenoides asiaeorientalis）體型較小。頭鈍圓，額部隆起稍向前凸起；吻部短而闊，上下頷幾乎一樣長，吻較短闊。全身鉛灰色或灰白色，體長一般在一點二米左右，最長的可達一點九米，貌似海豚。通常棲於鹹淡水交界的海域，也能在大小河川的淡水中生活，喜單獨活動，有時也三五成群，最多的有過八十七頭在一起的記錄。長江江豚性情活潑，常在江水中游動，食物包括青鱗魚、玉筋魚、鰻魚、鱸魚、鱭魚、大銀魚等魚類和蝦、烏賊等。分布在長江中下游一帶，以洞庭湖、鄱陽湖以及長江幹流為主。……如果集體發現魚群，就協調行動，彼此分開游動，潛水不深，游動方向不定，常伴有前捕和甩頭的動作，將獵物包圍，被追逐的數十至上百條銀白色的小魚被迫跳出水面，使水面一片銀光閃閃，場面蔚為壯觀。[3]

　　白鰭豚，亦稱淡水海豚，鰭豚科，屬中國一級保護的野生哺乳類動物。其成年體長約二點五米，有齒約一百三十枚，體背面淡藍色，腹部白色，楚楚動人，十分可愛。它的生存年代已有兩千多萬年的歷史，遠比國寶大貓熊還要古老和珍稀，故有「水中大貓熊」之稱。近十多年來，長江漁業資源不斷減少，航運業飛速發展，大型水利工程不斷興建，工業污染日趨嚴重，白鰭豚的生態環境日益惡化，造成了白鰭豚數量銳減。江豚也和白鰭豚同樣古老，目前存量也在急劇減少。「銅陵淡水豚自然保護區」位於安徽省銅陵市郊區，屬於國家級自

然保護區，是世界上首座利用半自然條件對白鱀豚、江豚等進行易地養護的場所。[4]

在臺灣每年冬至都會上演烏魚汛期，據報導，烏魚分布於太平洋、印度洋、大西洋、地中海、黑海等熱帶、亞熱帶及溫帶沿岸水域，每年十一月中、下旬至二月初期間，會有三至五個主魚群自中國大陸長江流域口游至福建沿海的育成場，冬至前後沿著約攝氏十八至二十度等水溫線的大陸沿岸，洄游至臺灣西南沿岸海域。當海洋烏魚洄游到臺中以南，卵巢及精囊發展成熟，此時肉質最為鮮美肥嫩，烏魚子最飽滿。[5]據連橫（1878-1936）所撰〈雅言〉之記載內容，臺灣烏魚又稱之為「信魚」，他說：「塞鴻秋至，海燕春歸，禽鳥之微，能知節候。而臺南之烏魚，以冬至前十日而來，後十日而逝，名曰「信魚」。[6]

根據相關新聞報導，在山東煙台之沿海，於二〇一二年十一月九日曾經網到一條受傷的小江豚。江豚是鼠海豚科的一個物種，但與海豚的最大區別是牠沒有背鰭。江豚主要分布地是在熱帶至暖溫帶水域，妊娠期是十一個月，牠們多會在晚春至早夏繁殖。當小江豚生下來後，牠們會黏着江豚媽媽的背部，跟隨着母親暢泳，而小江豚會在六至十五個月內斷奶。江豚別名江豬、海豬、鼠海豚，喜歡生活在近岸淺水域及鹹淡水交會水域，北方主要分布於渤、黃海區。[7]從此則新聞報導內容，稍可見證江豚會出現在沿海，應與牠們棲息、繁殖、覓食或遷徙於江海之間的習性有關。

鶴鳴

鶴有仙鶴之美名，傳說中的仙鶴，就是丹頂鶴（Grus japonensis）；宋人羅願（1136-1184）之《爾雅翼》，稱牠為仙禽。根據報導，丹頂

鶴是生活在沼澤或淺水地帶的一種大型涉禽，常被人冠以「濕地之神」的美稱。丹頂鶴是中國國家一級保護動物，在東亞地區的居民，用丹頂鶴象徵幸福、吉祥、長壽和忠貞。丹頂鶴的棲息地主要是沼澤和沼澤化的草甸，也棲息在湖泊河流邊的淺水中，及蘆葦茂密的沼澤地區，或水草繁茂的有水溼地。雛鳥的鳴叫聲主要有索取食物，保持聯繫和也許是出於某種生理需要的使勁鳴叫；丹頂鶴的鳴聲非常嘹亮，作為明確地盤的信號，也是發情期交流的重要方式。[8]這些沼澤溼地具有較高的隱蔽性，正是仙鶴族群喜愛的棲息與覓食地，而仙鶴親子之間的鳴叫聲，正可傳達安全與和諧的信息。

事實上，九二爻辭：「鶴鳴在陰，其子和之。我有好爵，吾與爾靡之」，就是指成年仙鶴靠其鳴叫聲，作為與雛鳥保持聯繫的方式；另外，我家若有美酒，也願意與人共飲分享之。哲學家程石泉（1909-2005）稱此四句爻辭是一首協韵之詩，而其中之意涵，應可解讀為宇宙生類，「同聲相應」、「同氣相求」；而父母子女，則是「同類相感」。[9]

得敵

《孟子‧梁惠王上》曰：「仁者無敵，王請勿疑」。綜合孟子所提出的儒家思想，除了「仁者無敵」外，還包括有：「勇者無懼，智者無惑，誠者有信」等名句。本卦六三爻辭：「得敵，或鼓或罷，或泣或歌。」「敵」，對手；「得敵」，意指得到對方的欽賴，或成知音之交，或結成婚配之人。事實上，古代伯牙、子期兩人相交之典故，與六三爻辭之意境最為相似。《列子‧湯問》之典故記載如下：

> 伯牙善鼓琴，鍾子期善聽。伯牙鼓琴，志在登高山，鍾子期曰：「善哉！峨峨兮若泰山！」志在流水，鍾子期曰：「善哉！

洋洋兮若江河！」伯牙所念，鍾子期必得之。伯牙游於泰山之
陰，卒逢暴雨，止於巖下；心悲，乃援琴而鼓之。初為霖雨之
操，更造崩山之音；曲每奏，鍾子期輒窮其趣。伯牙乃舍琴而
歎曰：「善哉！善哉！子之聽夫志，想象猶吾心也。吾於何逃聲
哉？」

知音難求，子期死，伯牙從此絕弦，以無知音者也。再如夫妻本屬
男、女異性之體，但兩人經婚配而結合在一起。得敵就是能夠擄獲對
方的心志，不管他是在鼓琴或停頓下來，無論他是在悲歎或歌唱，我
都可以理解他的內心想法，這正是知音之交的最佳表現。再者，雙方
在互信互賴情況下，就可以在一起分享喜樂生活，或一起共度哀苦日
子。「夫妻敵體」，這是傳統族譜所見之一種書法體例。自古以來，
民間的修譜風氣頗盛，歷代所編修出版的各姓氏族譜，目前在各大圖
書館所典藏的數量，確實相當龐大。在傳統譜牒內容中，因保留很多
知名人物的家族歷史，所以受到學術界的重視與研究。事實上，一部
信實可靠的族譜，對於編輯體例是比較嚴謹的，而譜式與書法，正是
構成信實、客觀、公正之標準。譜式就是編輯世系人名絲貫繩牽之圖
式，而書法就是書寫世系內容遣詞用字之法則。以「書法」之編次為
例，對於文字之上下、左右、大小、多少之處理方式，都會訂立一些
規範以供遵行。例如，《陳氏四修族譜》（湖南沅江：一九四八年）卷
一凡例曰：「髮妻書元配某氏，重敵體也」；《周氏三修族譜》（湖南長
沙：一九四九年）卷一凡例言：「配某氏及繼配、再繼，俱與夫並列，
重敵體也」；《邵陵劉氏四修族譜》（湖南邵陵：一九四二年）卷首凡
例曰：「夫婦敵體，自宜伸提，然夫為妻綱，故婦附注于後，亦必大書
者，取乾坤配偶之義也」。夫妻敵體之書法，表示處理夫婦兩人之姓
名、文字大小、行實內容，都具有男女平等之觀念，因此在舊譜世系

中記載夫妻之名，大多採取平行而不分上下方式為之。[10]

翰音

　　上九爻：「翰音登於天，貞凶。」此爻之意涵，是指不實的謠言滿天飛，而放話者卻洋洋得意、自認很聰明；但是謠言總是無實又缺德，對眾人而言，恐將會帶來凶兆厄運。《周易正義》魏王弼注曰：翰，高飛也；飛音者，音飛而實不從之謂也。唐孔穎達疏曰：翰，高飛也。按，飛向高空的聲音，比喻徒有虛聲；虛聲無實，何可久長。所以《周易・象傳》解曰：翰音登於天，何可長也。若依韻書《集韻》、《韻會》、《廣韻》之注釋：「翰」，侯旰切，音旱。又，《正韻》曰：翰有平、去二音；《集韻》、《韻會》、《正韻》注曰：河干切；《廣韻》注曰：胡安切，从音寒。[11]臺灣話是上古漢語的活化石，「翰」字就是一個好例子。以臺灣話讀「翰」，它與「罕」之發音相同；臺灣話「用翰的」，意指有人用比較缺德的手法，去散播不實的謠言。從字形考證，「翰」之古字，甲骨文未見著錄；《正字通》曰：爾雅作鶾，亦作𪇮；《爾雅・釋詁》注曰：翰，榦也。《爾雅・釋鳥》曰：鶾雉，雗。《疏》曰：雗，即鶾也。依《正中形音義綜合大字典》注「翰」：古音「荷岸切」（HANN₂），意思「高飛的」；注「鶾」曰：形聲、會意字，甲文從【方人】、從佳，音翰；注「雗」曰：鶾同字。[12]由此推論，古代之翰、雗、鶾三字，屬同字異體，音、義相同。

　　爻辭「翰音登於天」，指謠言滿天飛的意思，以現代人對「音飛而實不從者」之瞭解，似可稱他為「吹牛」，或形容他的話「騙很大」。臺灣曾有候選人為了大選取勝，竟然有幕僚高喊「如果我們的候選人當選總統，將來國內股票一定會漲破二萬點」，後來證明這是一句空口無憑之文宣。不幸的是，四年任期做完，股票指數不但沒有漲破二萬

點，而且還下滑到七千點上下，因此釀成數以百萬計的股民慘賠不少錢財，而那位放話的政務官，還狡辯那只是一句玩笑話，但最終還是被逼出面表示認錯與謝罪。對於這些喜愛放假話者而言，他們也許是為了一時的不當得利，因此採取不擇手段之作法。再看一例，多數臺灣人都經歷過一九九九年的「九二一大地震」，事發後不久，民間就一直有「某年某月某日」，臺灣又會遭遇到更大級、更恐怖的地震，因此叫大家不要留在屋內，所以也讓很多無知的百姓，到處搶購貨櫃屋，或在庭院搭起帳棚過夜。事實上，缺德捏造「翰音」之舉動，看似很聰明，但對廣大無辜人民來說，卻要被毫無事實根據的「謠言」給害慘了。清人朱駿聲指出，人之華美外揚，中無實德者，終罹其咎。他更引《易緯稽覽圖》曰：「有貌無實，此佞人也」[13]，其說甚是。

四　六十四卦之聯通

　　「中孚」兩字，意指存於心中之誠信；「中」指心中，「孚」指誠信；做人誠信，態度虛心，這樣才能感動他人。「中孚」是本卦之卦名，而易經「孚」字共有四十二見，其中合稱「有孚」者，有二十六見，除本卦九五爻之外，尚有需、訟、比、小畜、隨、觀、習坎、家人、損、益、井、革、豐、未濟等十四卦，以上諸卦卦、爻辭之「有孚」兩字，均表示做人、做事，內心有誠信。易經「翰」字只有二見：本卦上九爻：「翰音登於天」，及賁卦六四爻：「賁如皤如，白馬翰如」。「翰音」可指謠言，為不實之聲音，它將會隨風高飛而消逝；「白馬翰如」意指白馬疾馳，表示快速如飛的樣子。以下簡述六十四卦之聯通性：

中孚、小過

　　在易經六十四卦中，中孚卦與小過卦，兩卦相鄰、六爻互異而成錯卦之關係。中孚、小過兩卦，在其卦、爻辭中，均提到高飛與聲音之行為意象。中孚上九爻：「翰音登於天，貞凶」，翰音以登上天為凶；小過卦辭：「飛鳥遺之音，不宜上，宜下大吉」。宜下大吉，表示候鳥沿途飛行，應適時著陸休息，並做補給與過冬之準備。中孚之「翰音」，意指「散播謠言」，因其內容不實而會成為凶兆。小過之「飛鳥遺之音」，意指「候鳥遷徙飛翔」時所發出的叫聲；「不宜上，宜下大吉」，表示飛鳥看到地上若有過冬之沼澤地，此時就應降落下來，不宜繼續再往前高飛。等到來年春回大地，再度飛回繁殖地時，牠們的回程飛行，就可省下不少里程與體力，故曰「宜下為吉」。易經小過卦之「飛鳥」，就是目前所通稱的「候鳥」；而中孚卦之「豚魚」，就是指溯河回游的「信魚」。不管是「候鳥」或「信魚」，牠們都象徵大自然界的「信而不爽」之行為表現。

有它

　　初九爻：「虞吉，有它不燕。」甲骨文古字「它」，是指「蛇」之義，引申為有變化之意思。爻辭「有它不燕」，具有一語雙關之效果；一方面指洞穴或鳥巢有蛇類之出現，因此燕子就不敢回巢，這是指環境有所改變，因此讓人產生不安之情況。另一方面，有人因受到誘惑而心中起了變化，就如人君沉迷於豫樂，最後因不理朝政而喪國，殷紂之亡國與此有關。按，殷商之圖騰為玄鳥，玄鳥就是燕子；燕巢被蛇族據有，象徵殷商之亡國。以爻辭「虞吉，有它不燕」為例，據

歷史文獻之記載，文王之謀臣散宜生，他以千金求天下之珍怪，因得
「騶虞」以獻紂王，周文王終於被釋放回國了。從此以後，周族反商勢
力增強，過了大約二十年功夫，即有武王翦商之最後結局。

　　易經出現「有它」之詞，共有三見。在比卦之初六爻，其辭曰：
「有孚比之，無咎。有孚盈缶，終來有它，吉。」另外，大過九四爻：
「棟隆，吉；有它，吝」，及中孚初九爻：「虞吉，有它不燕。」古代
「它」字，本義是虫；虫，今字或作蟲。據《說文解字》曰：虫也，本
作它，从虫而長。《玉篇》曰：古文佗字。佗，蛇也。上古艸居，慮
它，故相問無它乎？又《玉篇》曰：非也，異也。《韻會》曰：蛇，
本作它，湯河切。《說文解字》曰：它，从虫而長，象冤曲垂尾形。上
古草居患它，故相問無它乎？臣鉉等曰：今俗作食遮切。依詞定義，
易經中「有它」一詞，應以「有異」解為佳。臺灣話之用字發音，是
上古漢語的活化石。在臺灣話中，對於他人改變或準備改變之一種情
境，常會順口說出「無確它」（BUO₅ KHAK₄ ZUA₅）三個字。「無確
它」之「它」，發音如同「蛇」（ZUA₅）。按，「蛇」本作「它」，而
「蛇」之古音，《唐韻》注曰：食遮切。[14]

五　結論

　　「孚」，信、真實也。《周易正義》孔穎達疏曰：「信發於中，謂之
中孚」；「中孚」兩字，「中」指心中之意，「孚」指誠信之意。在「中
孚」卦卦、爻辭內容中，作者分別以信魚、仁獸、仙鶴、滿月、馴馬
等物象，用來象徵吉祥徵兆或無咎之結局，並突顯了人與人之間，「誠
信」是相當珍貴的一項美德。在另一方面，信衰則詐起，作者以「翰
音」來表示「謠言」滿天飛，並以它來諷刺不實又缺德的人，這將會
給眾人帶來一場災禍。

　　俗話說：知音難遇、知己難覓、知心難求。爻辭「得敵」一語，意指得到知音之人，或得到一位好配偶。《列子‧湯問》記載伯牙、子期兩人知音相交之故事，這與六三爻辭之意境最為相似；而傳統族譜亦有「夫妻敵體」之書法。夫妻本屬男、女異性之體，但兩人經婚配而結合在一起；為了婚姻能「百年好合」、「琴瑟和鳴」，永遠擄獲對象的心志，雙方必須在互信互賴情況下，一起分享喜樂生活，一起共度哀苦日子。

　　易經「中孚」之概念，深深影響後起之儒家思想，《論語‧為政》曰：「人而無信，不知其可也。」說明孔子對於「信」字的重視，能夠守信的人，這樣才能得到他人的信任。在孔子以後，儒家思想更從「信」字出發，並提出更有意義的詮釋。《孟子‧離婁篇上》曰：「誠者，天之道；思誠者，人之道也。至誠而不動者，未之有也；不誠，未有能動者也。」在孟子之偉大思想中，更具有「勇者無懼，智者無惑，誠者有信，仁者無敵」之深奧哲理。

　　大自然界之現象，就是天道的反映，包括日月星辰的不息運行，春夏秋冬的規律交替。事實上，以江豚、烏魚週期性的洄游、遷徙、繁殖等習性，都是代表大自然界信實表現的案例。動物牠們的行為，一點也沒有虛偽欺詐，這些都是「信而不爽」的好表現。孔子的「信」，與孟子的「誠」，兩字相連，形成今日俗稱的「誠信」。總之，易經「中孚」卦之意涵，可以做為人類相處之準則，而大自然界之現象，讓我們知道互信互賴之可貴；做人應該嚴守「誠信」之精神與原則，雙方才能獲得一個善意而有利的交往。

注釋

1　朱彥文：《商族的起源、遷徙與發展》（北京市：商務印書館，2007年），頁105。

2　李玄伯：〈中國古代圖騰制度及政權的逐漸集中〉，《中國古代社會新研》（北京市：開明書局，1949年），頁120-121。

3　百度百科〈長江江豚〉：（http://baike.baidu.com/view/8506191.htm）。

4　百度百科〈銅陵市淡水豚保護區〉：（http://baike.baidu.com/view/1280034.htm）。

5　自由電子報（http://www.libertytimes.com.tw/），2008年12月22日。

6　連雅堂：《臺灣語典》附錄「雅言」（臺北市：金楓出版社，1987年），頁268。

7　高偉、臧保東報導：新華網：（http://www.sd.xinhuanet.com/sd/yt/2012-11/10/）

8　百度百科〈丹頂鶴〉：（http://baike.baidu.com/view/591821.htm）。

9　程石泉：《易辭新詮》（上海市：上海古籍出版社，2000年），頁158。

10　廖慶六：〈論傳統譜牒之譜式與書法〉，「亞洲族譜研討會（CGP Conference at Sungkyunkwan University）」發表之論文（首爾市：成均館大學，2011年8月）；韓文譯文載《大東文化研究》第77期（首爾市：大東文化研究院，2012年3月30日），頁29-66。

11　《漢典・翰》（http://www.zdic.net/zd/zi/ZdicE7ZdicBFZdicB0.htm）。

12　高樹藩：〈正中形音義綜合大字典〉（臺北市：正中書局，1977年），頁2029-2031。

13　朱駿聲：《六十四卦經解》（臺北縣：頂淵文化公司，2006年），頁269。

14　廖慶六：〈淺釋易經「比卦」〉，《國文天地》第333期（2013年2月），頁120-127。又收入本書第一集，頁111-122。

後記

　　本書是繼《歸○解易十六講》第一集出版後，陸續發表於《國文天地》雜誌的第二本有關易經研究論文集。本集內容同樣收錄十六篇不同卦別之文章，而有關本集之書名與體例，研究方法與詮釋方式，大致與第一集相同。本集之各篇解易文章，仍以通行本易經之經文內容為本，但不包含易傳內容之解讀，且行文一概不涉及象數、卦象、易例、占卜、或風水等易學觀點之探討。

　　臺灣閩南語，通稱為臺灣話，或簡稱臺語。臺灣話確實是上古漢語之活化石，相信透過臺灣話之探索，將可發明不少易經著作時代之語言特色。事實上，在易經六十四卦所用之經文中，確實每卦各含有數個關鍵字辭，是可以透過臺灣話之比對解析，達到以音辨字之好效果。本集特先整理一篇〈易經與臺灣話對照索引〉，並附錄於本書末端，用以收錄第一集及第二集、共計三十二卦之用字對照索引，幫助讀者查詢相關字彙之用。

　　本人從二○一二年六月份起，連續在《國文天地》雜誌發表研究易經之論文；在該專業優良文學雜誌之〈布克〉專欄中，已經刊登過之拙作，至今已達三十多卦。其中，在二○一三年先行結集出版的《歸○解易十六講》一書，更已獲選為「臺灣出版 TOP1：二○一三年度代表性圖書」之一。很榮幸能夠獲得此項殊榮與肯定，對於本人之研讀與詮釋《周易》這一本古典經書，確實具有很大的激勵與鼓舞作用；期盼今年及來年即將陸續出版的各本解易文集，也都能獲得各界

與讀者們的喜愛與指教。

　　合第一集及第二集收錄之解易文章共計三十二卦，其數量剛好是易經六十四卦之一半；尚餘各卦之解讀文章，也持續在《國文天地》雜誌刊登發表中。在本專書出版及各期刊物編輯過程中，對於文稿內容與版面編排等諸多問題，萬卷樓圖書公司及《國文天地》編輯部同仁，都不吝提供諸多建議與修正意見，讓拙文能夠連續如期刊登，也讓本書得以順利結集出版。《國文天地》雜誌社全體同仁確實功不可沒，在此衷心感謝董事長兼總編輯陳滿銘，總經理梁錦興，副總編輯張晏瑞三位老師的賞識與提拔；同時也要感謝編輯游依玲、陳若菜及蔡雅如，以及編輯部與美編顧問等所有同仁的全力幫忙。

廖慶六

二○一四年十一月

編案：《歸○解易十六講》第一集內容勘誤：

1. 文中「音」字，均更正為「吝」：頁43, 48, 56, 57, 146, 161, 173。

2. 晉卦之九二、九三、六四、九五，諸爻名稱更正為：六二、六三、九四、六五。

3. 漸卦之九二，此爻名稱更正為：六二。

重要參考文獻

一 先秦及兩漢古籍

周易

尚書

世本

列子

爾雅

說文

史記

禮記

逸周書

春秋左傳

竹書紀年

二 易經注釋與研究

丁四新 《楚竹書與漢帛書周易校注》 上海市 上海古籍出版社 2011年

王弼註 《周易經翼通解》 臺北市 華聯出版社 1977年

王夫之 《船山易傳》 臺北市 夏學社 1980年

王明雄 《易經原理》 臺北市 遠流出版社 1996年

王　鉞、李藍軍、張穩剛　《白話周易解析》　西安市　三秦出版社
　　　1998年

王振復　《周知萬物的智慧——《周易》文化百問》　上海市　復旦大
　　　學　2011年

王亭之　《周易象數例解》　上海市　復旦大學　2013年

尹寶生、錢明嘯　《易經的應用哲學》　北京市　宗教文化出版社
　　　2008年

田合祿、田峰　《周易真原：中國最古老的天學科學體系》　太原市
　　　山西科學出版社　2006年

朱駿聲　《六十四卦經解》　臺北市　頂淵文化　2006年

朱　熹　《易本義》　臺北市　世界書局　1962年

朱伯崑主編　《周易知識通覽》　濟南市　齊魯書社　1996年

朱高正　《周易六十四卦通解》　臺北市　臺灣商務印書館　1995年

江國樑　《易學研究基礎與方法一》　臺北市　學易齋　2000年

李光地纂，劉大鈞整理　《周易折中》　成都市　巴蜀書社　2010年

李學勤　《周易經傳溯源》　長春市　長春出版社　1992年

李漢三　《周易卦爻辭釋義》　臺北市　中華叢書編委會　1969年

李士珍　《周易分類研究》　臺北市　臺灣書店　1959年

李循絡　《奇門易經》　臺北市　將門出版社　1985年

李鐵筆　《易經占卜應用》　臺北市　益群書店　1988年

李鏡池　《周易探源》　北京市　中華書局　1991年

李　申主編　《周易經傳譯注》　長沙市　湖南教育出版社　2004年

李安綱主編　《儒教三經：易經》　北京市　中國社會　1999年

何　新　《大易通解》　成都市　四川人民出版社　2000年

來知德　《易經來註圖解》　臺南市　大千世界出版社　1981年

金景芳、呂紹綱　《周易全解》　上海市　上海古籍　2005年

金景芳講述，呂紹綱整理 《周易講座》 桂林市 廣西師範大學出版
　　　社 2007年

余敦康 《周易現代解讀》 北京市 華夏出版社 2006年

邢 文 《帛書周易研究》 北京市 人民出版社 1997年

沈仲濤 《華英易經》 上海市 世界書局 1935年

呂紹綱主編 《周易辭典》 臺北市 漢藝色研文化 2001年

尚秉和 《周易尚氏學》 北京市 中華書局 1998年

屈萬里 《讀易三種》 臺北市 聯經出版公司 1984年

屈萬里 《漢石經周易殘字集證》 臺北市 中央研究院 1999年

南懷瑾、徐芹庭 《周易今註今譯》 臺北市 臺灣商務印書館 1992年

南懷瑾講述 《易經雜說》 臺北市 老古文化 1987年

胡安德 《周易淺說》 臺北市 上智出版社 1979年

周振甫譯注 《《周易》譯注》 南京市 江蘇教育出版社 2006年

柳 村 《周易與古今生活》 武漢市 長江文藝出版社 2004年

孫振聲 《白話易經》 臺北市 星光出版社 1981年

程石泉 《易辭新解》 上海市 上海古籍 2000年

程 頤 《易程傳》 臺北市 世界書局 1962年

崔波注譯 《周易》 鄭州市 中州古籍出版社 2007年

袁庭棟 《周易初階》 成都市 巴蜀書社 2004年

高 亨 《周易古經通說》 臺北市 華正書局 1977年

高 亨 《周易雜論》 上海市 上海古籍 1979年

高 亨 《周易古經今說》 臺中市 文听閣 2008年

高 亨 《周易古經今注》 臺北市 華正書局 2008年

高 亨 《周易大傳今注》 北京市 清華大學 2010年

唐赤蓉主編 《易經64卦384爻故事》 成都市 四川人民 2011年

秦磊編著 《大眾白話易經》 西安市 三秦出版社 1997年

馬恆君　《周易正宗》　北京市　華夏出版社　2004年

黃　凡　《周易：商周之交史事錄》（上、下冊）　汕頭市　汕頭大學出
　　　　版社　1995年

黃沛榮　《周易彖象傳義理探微》　臺北市　萬卷樓圖書公司　2001年

黃沛榮　《易學乾坤》　臺北市　大安出版社　1998年

黃沛榮編　《易學論著選集》　臺北市　長安出版社　1985年

黃壽祺、張善文　《周易譯註》　上海市　上海古籍出版社　2004年

黃忠天　《周易程傳註評》　高雄市　復文圖書出版社　2004年

黃漢立　《易經講堂》　香港　三聯書店　2009年

黃家騁　《洪範易知》　臺北市　皇極出版社　1980年

黃道周撰，翟奎鳳整理　《易象正》　北京市　中華書局　2011年

陳瑞龍　《周易與適應原理》　臺北市　臺灣商務印書館　1985年

陳鼓應、趙建偉注譯　《周易今注今譯》　北京市　商務印書館　2005年

陳夢雷　《周易淺述》　北京市　九州出版社　2004年

陳文德　《易經解碼》　臺北市　奇德爾兒科技　2003年

陳明拱　《白話易經講義入門》　臺北市　智商出版社　年不詳

張曉雨　《周易筮法通解》　濟南市　山東人民出版社　2009年

張政烺　《論易叢稿》　北京市　中華書局　2012年

張文智、汪啟明整理　《周易集解》　成都市　巴蜀書社　2004年

張善文　《象數與易理》　臺北市　洪葉文化　1997年

張善文　《周易：玄妙的天書》　上海市　上海古籍出版社　1998年

張延生　《易學入門》　北京市　團結出版社　2005年

張　朋　《春秋易學研究——以《周易》卦爻辭的卦象解說方法為中
　　　　心》　上海市　上海古籍出版社，2012年

張　漢　《周易會意》　成都市　巴蜀書社　2002年

喬一凡　《喬氏易傳》　臺北市　臺灣中華書局　1981年

賀華章　《圖解周易大全》　西安市　陝西師範大學出版社　2007年

曹　音　《周易釋疑》　上海市　上海三聯書店　2011年

郭建勳注譯，黃俊郎校閱　《新譯易經讀本》　臺北市　三民書局　1996年

傅佩榮　《傅佩榮解讀易經》　新店市　立緒文化　2005年

曾春海　《王船山易學闡發》　臺北市　嘉新文化基金會　1978年

萬樹辰　《周易變通解》　臺北市　中華叢書　1960年

閆修篆　《易經的圖與卦》　臺北市　五洲出版社　1983年

鄒學熹　《易學精要》　成都市　四川科學技術出版社　1997年

錢基博　《周易解題及其讀法》　桂林市　廣西師範大學出版社　2010年

楊家駱主編　《周易注疏及補正》　臺北市　世界書局　1978年

楊淀植　《周易宗義》　北京市　北京大學出版社　2010年

廖名春　《《周易》經傳十五講》　北京市　北京大學出版社　2004年

廖慶六　《歸○解易十六講》第一集　臺北市　萬卷樓圖書公司　2013年

鄧秉元　《周易義疏》　上海市　上海古籍出版社　2011年

鄧球柏　《帛書周易校釋》　長沙市　湖南出版社　1996年

鄧加榮　《易經的智慧與應用》　北京市　新華書店　2006年

黎凱旋　《易數淺說》　臺北市　名山出版社　1975年

劉大鈞　《周易古經白話解》　濟南市　山東友誼出版社　1998年

劉大鈞　《周易概論》　成都市　巴蜀書社　2004年

劉大鈞主編　《簡帛考論》　上海市　上海古籍出版社　2007年

劉思白　《周易話解》　臺北市　弘道文化公司　1977年

劉君祖　《易經與生活規劃》　臺北市　牛頓出版社　1995年

歐陽維誠　《周易新解》　北京市　中國書店　2009年

薛悟村　《易經精華》　臺北市　傳統書局　1978年

熊十力　《乾坤衍》　臺北市　臺灣學生書局　1983年

謝祥榮　《周易見龍》　成都市　巴蜀書社　2000年

（日）大島順三郎　《易占自在》　日本東京　生生書院　1926年

三　語言文字研究

王延林　《常用古文字字典》　上海市　上海書畫出版社　1987年

王　力　《漢語史稿》　北京市　中華書局　2005年

王宇信、楊升南、聶玉海主編　《甲骨文精華選讀》　北京市　語文出版社　1996年

李學勤　《古文字學初階》　北京市　中華書局　1985年

李學勤　《簡帛佚籍與學術史》　臺北市　時報出版　1994年

李學勤　《甲骨百年話滄桑》　上海市　上海科技教育出版社　2000年

李孝定　《甲骨文字集釋》　臺北市　中央研究院歷史語言研究所　1970年

李葆嘉　《清代上古聲紐研究史論》　臺北市　五南圖書出版公司　1970年

何九盈　《中國古代語言學史》　廣州市　廣東教育出版社　2000年

沈富進　《彙音寶鑑》　嘉義梅山　編者　1954年

吳其昌　《殷虛書契解詁》　臺北市　文史哲出版社　1971年

吳守禮　《綜合閩南方言基本字典》　臺北市　文史哲出版社　1987年

林祖恭　《西周甲骨文字考釋》　臺北市　編者　1988年

林正三　《閩南語聲韻學》　臺北市　文史哲　2002年

周克庸　《漢字文字學》　貴陽市　貴州人民出版社　2009年

洪惟仁　《臺灣河佬語聲調研究》　臺北市　自立晚報社　1985年

洪惟仁　《臺灣禮俗語典》　臺北市　自立晚報社　1990年

洪惟仁　《臺灣方言之旅》　臺北市　前衛出版社　1994年

洪乾祐　《閩南語考釋》　臺北市　文史哲出版社　1992年

洪乾祐續編　《閩南語考釋》　臺北市　文史哲出版社　2003年

莊永明　《臺灣諺語淺釋》　臺北市　時報文化　1987年

夏　炘　《詩古音表二十二部集說》　臺北市　廣文書局　1966年

姜亮夫　《中國聲韻學》　臺北市　文史哲出版社　1971年

高樹藩　《正中形音義綜合大字典》　臺北市　正中書局　1977年

段玉裁　《說文解字段注》　臺北市　藝文印書館　1966年

徐金松　《最新臺語字音典》　臺北新店　開拓出版社　1998年

許進雄　《許進雄古文字論集》　北京市　中華書局　2010年

馬如森　《殷虛甲骨文引論》　長春市　東北師範大學出版社　1993年

連雅堂原作，姚榮松導讀　《臺灣語典》　臺北市　金楓出版社　1987年

黃陳瑞珠　《蘭記臺語手冊》　嘉義市　蘭記出版社　1995年

陳成福　《國臺音彙音寶典》　臺南市　西北出版社　1991年

陳冠學　《臺語之古老與古典》　高雄市　第一出版社　1984年

陳彭年等　《宋本廣韻》　臺北市　黎明文化　1988年

陳新雄　《音略證補》　臺北市　文史哲　2002年

陳夢家　《殷墟卜辭粽述》　北京市　科學出版社　1956年

陳滿銘　《多二一（○）螺旋結構論》　臺北市　文津出版社　2007年

張　恢　《古文字辨第二、三卷》　臺北市　七宏印刷　1987年

張政烺　《甲骨金文與商周史研究》　北京市　中華書局　2012年

葉夢麟　《古音左證》　臺北市　著者　1956年

葉夢麟　《古音蠡測》　臺北市　著者　1962年

董宗司　《福爾摩沙的烙印——臺灣閩南語概要》（上、下冊）　臺北市　文建會　2001年

董宗司總編纂　《臺灣閩南語辭典》　臺北市　五南圖書公司　2003年

薛俊武　《漢字揆初第三集》　西安市　三秦出版社　2009年

楊伯峻、何樂士　《古漢語語法及其發展》　北京市　語文出版社　1992年

董峰政　《臺語實用字典》　臺北市　百合文化出版公司　2003年

董作賓　《殷虛文字甲編》　中央研究院歷史語言研究所　1948年

董作賓　《殷虛文字乙編》　中央研究院歷史語言研究所　1948-1953年

董作賓　《殷虛文字外編》　臺北市　藝文印書館　1956年

董作賓　《董作賓學術論集》　臺北市　世界書局　2008年

羅振玉　《殷虛書契》影印本　1913年

羅振玉　《殷虛書契續編》影印本　1933年

郭沫若　《卜辭通纂》　日本東京　文求堂　1933年

郭沫若　《殷契粹編》　日本東京　文求堂　1937年

鄭良偉　《走向標準化的臺灣話文》　臺北市　自立晚報社　1989年

滕壬生　《楚系簡帛文字編》　武漢市　湖北教育出版社　1995年

顧炎武　《音學五書》　北京市　中華書局　2005年

《辭彙》　臺北市　文化圖書　1974年

《增補彙音》　臺中市　瑞成書局　1961年

謝秀嵐　《彙音雅俗通十五音》　1818年編

中國社會科學院考古研究所編　《甲骨文編》　北京市　中華書局　2005年

廈門大學漢語方言研究室編　《普通話閩南方言詞典》　廈門市　廈門大學出版社　1982年

臺灣總督府民政部　《臺灣十五音字母詳解》　臺北市　秀英舍　1901年

（日）白川靜著、蘇冰譯　《常用字解》　北京市　九州出版社　2010年

四　相關文獻與研究

王玉林　《中醫古籍考據例要》　北京市　學苑出版社　2006年

王愛和　《中國古代宇宙觀與政治文化》　上海市　上海古籍出版社
　　　　2011年

王國維　《觀堂集林》　北京市　中華書局　2006年

江　灝、錢宗武譯　《白話尚書》　臺北市　地球出版社　1994年

史昌友　《燦爛的殷商文化》　北京市　中國社會科學出版社　2006年

朱季海　《楚辭解故》　上海市　上海古籍出版社　2011年

朱彥民　《商族的起源、遷徙與發展》　北京市　商務印書館　2007年

朱士光、吳宏岐主編　《黃河文化叢書‧行住卷》　西安市　陝西人民
　　　　出版社　2001年

朱高正　《乾坤大挪移》　臺北市　臺灣商務印書館　1995年

李　零　《中國方術正考》　北京市　中華書局　2006年

李　零　《中國方術續考》　北京市　中華書局　2006年

李辰冬　《詩經研究》　臺北市　水牛出版社　1974年

李辰冬　《詩經通釋》　臺北市　水牛出版社　1980年

李學勤　《青銅器與古代史》　臺北市　聯經出版社　2005年

何光岳　《商源流史》　南昌市　江西教育出版社　1994年

何光岳　《周源流史》（上、下冊）　南昌市　江西教育出版社　1997年

沈　括　《夢溪筆談》　北京市　團結出版社　1996年

宗鳴安　《酓明樓金文考釋》　西安市　陝西人民美術出版社　2002年

吳　璵　《新譯尚書讀本》　臺北市　三民書局　2001年

呂文郁　《周代的采邑制度》　北京市　社會科學文獻出版社　2006年

林慶彰　《中國經學史研究的新視野》　臺北市　萬卷樓圖書公司
　　　　2012年

唐際根　《殷墟：一個王朝的背影》　北京市　科學出版社　2009年

韋心瀅　《殷代商王國政治地理結構研究》　上海市　上海古籍出版社　2013年

屈萬里　《尚書今註今譯》　臺北市　臺灣商務印書館　1970年

屈萬里　《屈萬里先生文存》　臺北市　聯經出版公司　1985年

高　亨　《詩經今注》　上海市　上海古籍出版社　1980年

胡家聰　《管子新探》　北京市　中國社會科學出版社　1995年

常玉芝　《商代周祭制度》　北京市　中國社會科學出版社　1987年

許倬雲　《西周史》　臺北市　聯經出版公司　1984年

袁珂校注　《山海經校注》　臺北市　里仁書局　1995年

陳夢家　《尚書通論》　石家莊市　河北教育出版社　2001年

張渭蓮　《商文明的形成》　北京市　文物出版社　2008年

馮　時　《出土古代天文學》　臺北市　臺灣古籍出版有限公司　2001年

馮　時　《中國天文考古學》　北京市　中國社科　2010年

馮天瑜　《「封建」考論》　武漢市　武漢大學出版社　2006年

費成康主編　《中國的家法規則》　上海市　上海書店　1998年

萬心權　《大學中庸精注》　臺北市　正中書局　1969年

楊善群、鄭喜融　《創世紀在東方》　上海市　上海文藝出版社　2003年

裴普賢　《詩經比較研究與欣賞》　臺北市　臺灣學生書局　1983年

鄒昌林　《中國禮文化》　北京市　社會科學文獻出版社　2000年

褚斌杰　《楚辭要論》　北京市　北京大學出版社　2003年

韓江蘇、江林昌　《《殷本紀》訂補與商史人物徵》　北京市　中國社科　2010年

劉　源　《商周祭祖禮研究》　北京市　商務印書館　2004年

鄭天杰　《曆法叢談》　臺北市　中國文化大學　1985年

趙尚華　《醫易通論》　太原市　山西科技　2006年

賴貴三主編 《中孚大有集》 臺北市 里仁書局 2011年

樓宇列 《王弼集校釋》 臺北市 華正書局 1992年

蔡玫芬主編 《武丁與婦好：殷商盛世文化藝術特展》 臺北市 故宮
博物院 2012年

楊家駱主編 《呂氏春秋集釋等五書》 臺北市 世界書局 1977年

熊任望譯注 《屈原辭譯注》 保定市 河北大學出版社 2004年

陝西歷史博物館編 《西周史論文集》（上、下集） 西安市 陝西人民
教育出版社 1993年

（美）夏含夷 《興與象：中國古代文化史論》 上海市 上海古籍出版
社 2012年

（美）夏含夷著、黃聖松等譯 《孔子之前：中國經典誕生的研究》 臺
北市 萬卷樓圖書公司 2013年

五 網路資訊

谷歌網 www.google.com

美國航太網 www.nasa.gov

維基百科網 www.wikipedia.org

百度百科網 www.baidu.com

互動百科網 www.baike.com

漢典網 www.zdic.net

中國哲學書電子化計劃網頁 http://ctext.org/zh

山東大學易學研究中心網頁 http://zhouyi.sdu.edu.cn/index.asp

易經與臺灣話對照索引

序號	出處 （集：頁）	卦名	字例	臺灣話發音
1	一：7	乾	元	GOAN5
2	一：7	乾	亨	HIENG1
3	一：7	乾	貞	TSIEN1
4	一：8	乾	利、內	LAI7
5	一：8	乾	利	LI7
6	一：14, 16	乾	龍、能	LENG5
7	一：14	乾	亢龍、哄乳	HONG2 LENG1
8	一：26	坤	月晦	GOEH8 BAI5
9	一：27	坤	習	PET8
10	一：30	坤	總囊	ZHONG1 LARNG2
11	一：32	坤	黃	NG5
12	一：35	坤	龍	LENG5
13	一：47	屯	非	HUI1
14	一：49	屯	虞	JU5
15	一：57	蒙	蒙	BON3
16	一：87	訟	有孚	WU1 ALL4
17	一：126, 132	大有	交頭	KAU3 TAU5
18	一：127, 132	大有	彭土	PHEN5 TOLL5
19	一：165	晉	晦	BAI5
20	一：174	姤	遘	GOU3
21	一：174	姤	姤	KAU3
22	一：193	漸	孕	HEUNG3
23	一：206	豐	蔀	POH2
24	一：215	巽	巽	SENG3

25	一：215	巽	床	CHUNG$_6$
26	一：215	巽	床	SHUNG$_6$
27	一：216	巽	喪	SHIUN$_1$
28	二：4	泰	彙	RUI$_1$
29	二：4	泰	茹	DZIAH$_8$
30	二：7	泰	否	HOU$_2$
31	二：7	泰	遐	HEI$_5$
32	二：8	泰	陂、埤	PI$_1$
33	二：14	泰	女、你	LI$_2$
34	二：19, 20	否	否	PHI$_2$
35	二：20	否	否	HOU$_2$
36	二：20	否	羞	TSAU$_1$
37	二：20	否	粒仔否	LIAP$_8$ A$_2$ PHI$_2$
38	二：21	否	鼎否	TIAN$_2$ PHI$_2$
39	二：21	否	羞	TSAU$_1$
40	二：33, 40	同人	同的	TONG$_5$ E$_5$
41	二：36	同人	同事	TONG$_5$ SU$_7$
42	二：36	同人	同心	TANG$_5$ SIM$_1$
43	二：40	同人	同門	TANG$_5$ MNG$_3$
44	二：40	同人	同姒	TANG$_5$ SAI$_7$
45	二：49, 53, 63	無妄	無妄	BO$_5$ GONG$_7$
46	二：52	無妄	女、你	LI$_2$
47	二：52	無妄	女、汝	LU$_2$
48	二：53	無妄	憨	HAM$_1$
49	二：53	無妄	戇	GONG$_7$
50	二：54	無妄	泅	SIU$_5$
51	二：56	無妄	行口	HANG$_5$ KHAU$_2$
52	二：56	無妄	靠行	KHO$_3$ HANG$_5$

53	二：59	無妄	疾、急	KIP$_4$
54	二：59	無妄	疾、質	CHIT$_8$
55	二：59	無妄	疾	TSIT$_8$
56	二：63	無妄	妄	GONG$_7$
57	二：68, 76	大畜	畜	HAK$_4$
58	二：68, 76	大畜	畜	HIOK$_4$
59	二：68, 76	大畜	畜	THIOK$_4$
60	二：70	大畜	牿	GOUN(ŋ)$_2$
61	二：71, 77	大畜	殘	ZHAN$_5$
62	二：73	大畜	車	GI$_1$
63	二：83	坎	窟窞	KHUT$_4$ LAM$_3$
64	二：84	坎	沙屢	SUA$_1$ ZUV$_5$
65	二：84, 91	坎	窞	LAM$_3$
66	二：86, 91	坎	膈、羑	IU$_2$
67	二：90	坎	歲	SUE$_3$
68	二：90	坎	歲	HUE$_3$
69	二：96, 99, 103	離	離	LAI$_7$
70	二：96, 98, 99, 103, 108	離	利、內	LAI$_7$
71	二：96, 99	離	荔	LAI$_7$
72	二：104, 109	離	蠡、跌	TIAT$_8$
73	二：106, 108, 109	離	出	TSUT$_4$
74	二：106	離	醜醜伀見笑	TSIU$_2$ TSIU$_1$ PUE$_5$ KIAN$_3$ SIAU$_3$
75	二：106	離	醜	TSIU$_2$
76	二：106	離	皮	PUE$_5$
77	二：117	家人	家	KA$_1$
78	二：117	家人	家	KE$_1$

79	二：118	家人	閑	HAN$_5$
80	二：119	家人	遂在伊	SUI$_7$ TSAI$_7$ I$_3$
81	二：119	家人	幸、餉	HING$_7$
82	二：119	家人	睨餅	HING$_7$ PIANN$_2$
83	二：124	家人	女、你	LI$_2$
84	二：132, 137, 140	蹇	蹇顛	KIAN$_2$ TIAN$_1$
85	二：138, 141	蹇	碩	SIK$_8$
86	二：138	蹇	熟	SIK$_8$
87	二：150	蹇	負	PE$_7$
88	二：150	解	俎	TSO$_2$
89	二：150, 151	解	拇	BOA(ŋ)$_1$
90	二：151	解	拇	MOU$_2$
91	二：151	解	拇	BO$_2$
92	二：152	解	綰	KUAN$_7$
93	二：155	解	吝	LIM$_7$
94	二：162, 169, 174	損	朋、平	PIN(ŋ)$_5$
95	二：164	損	損	SUN$_2$
96	二：164	損	筍	SUN$_2$
97	二：169	損	平	Pi(n)$_5$
98	二：169	損	平	PIA(n)$_5$
99	二：169	損	平	PI$_5$
100	二：170	損	扒朋	PAT$_4$ PIN(ŋ)$_5$
101	二：170, 173	損	卜	POH$_4$
102	二：180	益	益	IK$_4$
103	二：181	益	造作	TSO$_7$ TSOK$_4$
104	二：182	益	凶事	HIONG$_1$ SU$_7$

105	二：183	益	從	CIONG$_5$, CING$_7$, CHIONG$_1$, TUI$_5$, UI$_5$
106	二：183	益	從啥	CIONG$_5$ SIA$_2$
107	二：184	益	依、衣、月	I$_1$
108	二：186, 187	益	朋	PIN(ŋ)$_5$
109	二：186, 187	益	平	PIN(ŋ)$_5$, PI(N)$_5$, PIA(n)$_5$, PI$_5$
110	二：187	益	圭	KUI$_1$, KE$_1$
111	二：188	益	羅庚	LO$_5$ KENN$_1$
112	二：189	益	般、搬	PUANN$_1$
113	二：190	益	布	POO$_3$
114	二：190	益	播田	POO$_3$ CHAN$_5$
115	二：200	井	射	SIA$_7$
116	二：200	井	射	HIA$_1$
117	二：200	井	鷩射	HOW$_7$ HIA$_1$
118	二：200	井	鮒溜	HOU$_5$ LIU$_4$
119	二：201	井	放伴	PANG$_3$ POA(ŋ)$_7$
120	二：203	井	贏	LEI$_3$
121	二：210	革	革	KEK$_4$
122	二：214	革	大人	TAI$_7$ JIN$_5$
123	二：217, 218	革	凶	HIONG$_5$
124	二：217	革	強驚凶，凶驚無天良	KIONG$_5$ KIANN$_1$ HIONG$_5$，HIONG$_5$ KIANN$_1$ BO$_1$ THIAN$_1$ LIONG$_5$
125	二：218	革	凶事	HIONG$_1$ SU$_7$
126	二：228	兌	兌	TUE$_1$, TOE$_7$, LUI$_3$
127	二：228	兌	兌換	TUI$_1$ HOAN$_7$

128	二：228	兌	匯兌	HOE5 TOE7
129	二：228	兌	兌錢	LUI3 TSIAN5
130	二：228, 234	兌	講和	KNG2 HO5
131	二：229	兌	壘兌	LUI5 TUI3
132	二：230, 234	兌	參商	TSHAM1 SIONG5
133	二：230	兌	介疾	KAI3 KIP4
134	二：233	兌	疾、急	KIP4
135	二：233	兌	質	CHIT8
136	二：245	中孚	翰	HANN2
137	二：248	中孚	無確它	BUO5 KHAK4 ZUA5
138	二：248	中孚	它、蛇	ZUA5

經學研究叢書　002

歸○解易十六講　第二集

作　　　者	廖慶六
責任編輯	蔡雅如
發 行 人	陳滿銘
總 經 理	梁錦興
總 編 輯	陳滿銘
副總編輯	張晏瑞
編 輯 所	萬卷樓圖書股份有限公司
排　　版	浩瀚電腦排版股份有限公司
印　　刷	百通科技股份有限公司
封面設計	斐類設計工作室

發　　行　萬卷樓圖書股份有限公司

臺北市羅斯福路二段 41 號 6 樓之 3

電話 (02)23216565

傳真 (02)23218698

電郵 SERVICE@WANJUAN.COM.TW

大陸經銷　廈門外圖臺灣書店有限公司

電郵 JKB188@188.COM

ISBN 978-957-739-896-3

2014 年 12 月初版

定價：新臺幣 380 元

如何購買本書：

1. 劃撥購書，請透過以下郵政劃撥帳號：

帳號：15624015

戶名：萬卷樓圖書股份有限公司

2. 轉帳購書，請透過以下帳戶

合作金庫銀行　古亭分行

戶名：萬卷樓圖書股份有限公司

帳號：0877717092596

3. 網路購書，請透過萬卷樓網站

網址　WWW.WANJUAN.COM.TW

大量購書，請直接聯繫我們，將有專人為您服務。客服：(02)23216565 分機 10

如有缺頁、破損或裝訂錯誤，請寄回更換

國家圖書館出版品預行編目資料

歸 0 解易十六講　第二集 / 廖慶六著. -- 初版. -- 臺北市：萬卷樓，2014.12-

冊；　公分. --（經學研究叢書）

ISBN 978-957-739-896-3(第 2 集：平裝)

1.易經　2.研究考訂　3.臺語

121.17　　　　　　　　　　103022431